深草正博著

環境世界史学序説

国書刊行会

まえがき

本書は一九九五年以降に私が書いた論文で、表題にかかわるものをまとめ、加筆・修正を施したうえで編集したものである。

現代社会において大きな問題となっているものは、国際化、情報化、環境問題の三つとまとめてもそれほどまちがってはいないであろう。教育においてもそれらは多大なインパクトを与えている。前著『社会科教育の国際化課題』（国書刊行会、一九九五年）では、表題をみてのとおりこれら三者のうち国際化に焦点を当て、ヨーロッパ文明の相対化、日本文化・日本歴史の相対化、現代の相対化という「三つの相対化」を打ち出してみた。本書はこれらの問題意識を受け継ぎつつ、環境問題を世界史教育学的にクローズアップしようとしてみたものである。が、そのことについてはもう少し説明が必要であろう。

もともと私自身が高等学校の教師時代より世界史を担当してきたこともあり、また大学においてもいわゆる地理歴史科教育法において、世界史教育の在り方をめぐって思索を続けてきた一人として、現代の環境問題に触発されて何か問うことはできないかと考えてきたのである。そのような折りに出会ったのが安田喜憲氏の書物であった（この出会いについては別の形で本書の「あとがき」に記したい）。現代の地球上の熱帯林の壊滅的破壊に心を痛め、講義でもなんとかしないといけないと学生に訴えている私自身が、氏の本に出会って衝撃を受けたというべきであろう。そこには森を破壊した文明は滅びると書かれてあったからである。それから氏の本を次から次にむさぼるようにして読んだ。それまでにいくつかの疑問を感じてはきたが、おおよそにしてマルクス主義的な生産力論を軸に世界史を理解してきた私にとって、これまでのパラダイムを一八〇度ひっくりかえさなければならないと、その時ほど強く感じたことはない。このような思いのうえに出来上がったのが本書第二章の論文であり、この本の中核をなしている。もとよりこの論文には私自身のこれまでの研究の蓄積（特に大学院時代から研究してきたフランス「一七世紀の危機」の問題意識から培われたもの――危機と気候、人口動態、初期資本主義論など）も入っている。さらにグローバル世界史を意識していることをも読み取っていただきたいと思う。また、本論文で述べているような内容はこれまでの世界史教育にはまったく取り入れられていないものであって、その意味でもこの分野で一つのパイオニアの役割を果たすものではないかとひそかに自負している。

続いて第三章は、第二章で提起した問題をもう少し広い視野と違った角度から考察したものである。非常に仮説的な部分も多く今後に課題を残していると思われるかもしれないが、私としてはやっていてかなり興奮した。また第二章と重複しているように感じられる箇所も少なくないが、観点が異なっていることに注意していただければと思う。この論文に関しては、筑波大学の谷川彰英氏から、「問題の立て方が大きすぎる点は難点であるが、ユニークで面白い」という評価をいただいた（『社会科教育研究』一九九八、別冊）。しかし、私はできるだけ大きな問題を立てようと考えていたので、それが難点どころかむしろそのことこそがこの論文の特徴だと思っている。

第四章は、本文中にも書いたが、学会での口頭発表から足かけ五年かかって一応の完成をみたものである。私は前著において、日本人の世界史像がヨーロッパの一九世紀に確立された様々な成果や概念によってとりこにされてしまっていることを強烈に意識し、これらを脱却しないでは正しい世界史観は形成されないのではないかと考え、ヨーロッパ文明の相対化を論じたのであった。本章はその継承であって、今回は中でも最も問題の多いと感じた「進歩」・「発展」、「個人主義」、「時空」概念を再検討した。が、正直なところこれらは個人の手には余る課題であることを実感した。それこそ「問題の立て方が大きすぎる点が難点」と言われそうである。考察も不十分なところばかりである。ただ、グローバル化が進み、改めて世界の諸地域のアイデンティティが模索される中、ここで述べていることがなんらかのヒントにはなるであろうし、これまで読者が持ってきた世界史観の反省にはなるのではないかと思う。

第五章は、先の第二章の論文の終わりのところで公約した以上、ぜひともやってみたかったものである。高等学校の教師時代に世界史よりも日本史の方が担当年月が長かったこともあり、その間に気候と歴史の相関についての色々な本を読むことができ、折りに触れ授業の中で話してきた。しかしそれらはきわめて断片的であったことは否めない。大学の教員になっていよいよ関心を強め、コツコツと資料を集め、これまた安田氏らの業績の刺激によってようやく一通りの見通しがついたので、思い切って仕上げたものである。その間二〇年以上がたっている。もとより、本論文もこれら先学の研究成果を自分なりにまとめただけであって、とくにオリジナルなものはない。ただ、まだ誰れも触れていない発見がいくつかあったこと、気候というグローバルな性格をもったものを相手にしているだけに、そして第二章をすでに書き上げていたために、常に世界史を意識して書かざるをえなかったこと。この二つが、本論文のメリットといえばメリットといえるであろう。なお、この論文に関しては、愛知教育大学の奥住忠久氏より私の文章をまとめながら、次のような御論評をいただいた。「『日本歴史を気候変動から再構築しようと試みたもの』であり、従来の日本史教育が、世界史教育と同様に『生産力の発展の観点を基礎に据えた、進歩史観の影響がきわめて強く』『歴史に与えた気候のインパクトを十分に考慮していない』ことの反省のうえに立っている。環境問題を歴史教育の文脈で扱う際の基礎作業として注目される」(『社会科教育研究』一九九九、別冊)と。

さて、第六章〜第八章は、フランス革命を研究しようと思った学部時代からずっと続いていた問題関心が結実したものである。高橋幸八郎氏の『近代社会成立史論』（御茶の水書房、一九五三年）や『市民革命の構造』（同、一九五〇年）を何度も読みながら、フランス革命と対比して明治維新とは何かに思いを巡らせたものであった。その後色々な研究に触れることによって、江戸時代が不当に扱われていると考えざるをえなくなった。どう考えても日本独自の近代化が進んだ時代であるのに、封建社会としてもっぱら否定的にのみ取り扱われているのである。日本人には西洋化を以て近代化というきわめて強い思い込みがあるのではなかろうか。こうした捉え方は教育の分野にも深く浸透しており、子ども達の歴史像を歪んだものにしてしまっていると思う。なんとかしなければという、私の強い思いを読み取っていただければ幸いである。しかも最近は環境問題から江戸時代を読み解くということが盛んになっているが、そのような視点から眺めた場合、現代社会が学ぶべきものがそこに多く見いだされるのではないであろうか。まさしく江戸時代に対するイメージ転換が必要である。

第九章は、最初にも述べた「現代の相対化」にかかわるものである。高校の日本史で司馬遼太郎の作品は授業を面白くするのに本当に役立った。様々なエピソードがちりばめられているからである。おかげで高校生がどれほど私の話を楽しんでくれたか。いつか彼の作品をいかに授業で使うかという論文を書いてみたいと思っているほどである。そんなわけで、司馬の書いたものはほとんど読んでいた。大学の教員になって、歴史をあまりにも現代的観点から読み込みすぎると反省するようになって思案を巡らしていた時、なんらかの機会を得て再び『坂の上の雲』を読んだのである。そしてびっくりした。そこには私が苦しんで考えてきたことがすべて書いてあるではないか。そこで私のいう「タテの異文化」の観点からこの作品を整理してみたわけである。その意味でこれは厳密な日露戦争論ではなく、あくまでも司馬の作品理解にすぎない。

なお、第六章~第九章は、近現代史の授業改革を主張する藤岡信勝氏に賛同するところがあって（もとよりすべてではない）、普段考えてきたことを純学問的に論じたものであることを付け加えておかなければならない。

順序としてまったく逆になってしまったが、第一章について述べねばならない。研究者のみならず、人であるならば誰でも自分がこの世に生きている証として、他の人にはないものを求めようとする。それが独創性ということである。本書がどこまで独創的かは、読者の判断に俟つこととして、どのようにすれば独創的になれるか。それを社会科教育、なかでも歴史教育に託して私なりに展開してみたのが本章である。しかも内容的にみて本書全体のまとめにもなっているようにも思われ、あえてトップに掲げてみた次第である。

その他に、補論を三つ付け加えた。特に、補論二は思い出に残るもので、三重県の依頼に基づき、県下で内外の国際関係にかかわるボランティア諸団体を訪問させていただき、何人かと一緒に聞き取り調査を行なって、その結果を私なりにまとめたものである。実に色々教わったが、ある時日本人の経営するインド料理店で調査をさせていただいた。その時にご馳走になったナンとそれにつけたカレーの味は今でも忘れることができない。

最後に二点ほど指摘しておかなければならない。まず、目次を見ていただいただけでも容易にわかっていただけることだが、世界史・日本史を中心としたいわゆる社会系教科教育的なものと、専門的なものとが混ざっていることが本書の特色の一つをなしていることである。が、逆にどちらから見ても不十分であるとの誹りをまぬがれないことも覚悟している。ただ私としては、専門と教育の橋渡しができないであろうかと常日頃考えており、本書もそうした試みの一つである事を念頭において読んでいただければ、これ以上ありがたいことはない。もう一つは表題に関してである。最初にも述べたとおり、本書の主眼は世界史における環境問題を究明することである。したがって、これまでにない新しい用語を創りだす意味で「環境世界史学」と銘打ちたいと思う。ただしかし、「世界史」とはいっても、本書で取り扱われているのはなかでもヨーロッパと日本が主であり、とても世界史全体とはいえない。今後の課題も含めて「序説」としたゆえんである。

環境世界史学序説　目次

第一章　社会科教育の本質と創造性

はじめに

社会科が「暗記科目」と言われて久しい。しかも毎年多くの大学生に接してみて、そのイメージは少しも修正されていないようにみえる。しかし私自身は、社会科教育の本質の一つは子どもの創造性の育成にあると考える一人であり、大学生にもそうなって欲しい願いも込めて、「いかにしたら創造的《クリエイティヴ》になれるか」という講義を毎年行っている。

もとより、子どもの創造性を育む方法として、ただちに思い浮べられるものは問題解決学習であろう。梅根悟氏は早くからこれを「創造的思考の真の出発点」として高く評価し、精緻な議論を展開している。(1) ①〈困難の発生〉(困難の漠然たる自覚)→②〈困難点の明確化〉(困難の正体を突きとめ、何が問題であるかをはっきりさせる)→③〈思いつき〉(尤もらしい解決を思いつく)→④〈着想の推論的洗錬〉(この思いつきのもつさまざまのかくれた意味内容を推論によってはっきりさせる)→⑤〈着想の確認〉(一層進んだ観察と実験による思いつきの是認、または拒否)というデューイの考えた手順は、今日でも大枠として承認されるべきものであろう。(2) 特に③④は、本文中でも明らかにするように、きわめて重要な意味を持っていると思っている。問題はそこに至るプロセスであり、鍛え方である。本稿はそれに対する私自身の考え方を示すものであり、先に述べた講義の展開事例でもある。ただその際、私のこれまでの問題関心が歴史学、歴史教育にあるために、社会科といってもその領域が中心になってしまうことをあらかじめおことわりしておきたいと思う。

（1）梅根悟教育著作選集7『問題解決学習』明治図書、一九七七年、七一頁以下。
（2）問題はその具体的な運用をどうするかにあり、今日でも活発な議論が続いている。以下の書物・雑誌を参照。谷川彰英『問題解決学習の理論と方法』明治図書、一九九三年、藤井千春『問題解決学習のストラテジー』明治図書、一九九六年、『社会科教育』（問題解決学習の新しいストラテジー）明治図書、一九九五年一月号、同、二〇〇一年一月号など。

一、批判的視座の設定

新しい考え方や理論を生み出すためには、それ以前にあった「通説」と呼ばれ、長い間正しいと思われてきたものを批判することから始めなければいけない。

㈠　陥ってはならない落し穴

しかしながら批判はそう簡単なことではない。次の例はその事を実によく物語っている。ルネサンス時代にヴェサリウス（一五一四―六四年）という偉大な解剖学者がおり、彼はそれまできわめて長期間に亙って信じてこられたガレノス（紀元後二世紀のペルガモンの人）の医学体系を、自らの解剖の知識を基に再編成しようとしたのである（一五四三年出版の『人体構造学』De humani corporis fabrica にまとめられている）[1]。なかでも特に重要なのは、心中隔に関する知見であって、ガレノス以来、右心と左心を隔てる隔壁には穴があって、右心と左心との間を、血液は浸透して出入りしている、という考え方が変わらずに支配してきた。これに対してヴェサリウスは、次のように述べている。

左心と右心の隔壁は、……心臓のきわめて厚く丈夫な物質で出来上っている……。左心と右心との室内の内容物は決して―少なくとも感覚によって確かめられる限りにおいては―右心から左心へ〔また、左心から右心へ〕と浸透することはありえない。

このようにヴェサリウスは、はっきりとガレノスの知見を斥けたのであり、我々の眼からみれば、ガレノスの体系はこれによって大きく修正されざるを得ないとみえるが、実際にはそうはならない。ヴェサリウスは次のように言う。

それゆえわれわれは、創造主の造化の妙に驚かざるを得ない。なぜなら、創造主は、われわれの〔感覚による〕観察にはまったくかからないような〔微細な〕何らかの通路を通して、血液を右心から左心へと浸み出させることができるからである。

驚くべきことであるが、我々からみた正しい事実も、ヴェサリウスにとってはガレノスの体系をくずすには至らず、逆に「見える」穴がないならば「見えない」穴があるに違いないという形で、あくまでガレノス理論を信じようとしたのである。ガレノスの体系があまりに偉大であったために、それにねじまげられてしまったともいえよう。[2]

このように事実を誤った理論によってゆがめてしまうことを、大塚久雄氏は、「《Prokrustesbett》のあやまち」という。[3] プロクルステスとはギリシア伝説にあるアッティカの強盗であって、客を寝台に寝かせ、寝台に合わせて背の高すぎる者は切り、低い者は無理に引き伸ばして殺したという。つまり寝台を理論に、人間を事実になぞらえることができよう。また同じ箇所で、大塚氏は、地図と現実の地形をひきあいに出しながら、両者の間にくいちがいが見出されるならば、訂正されねばならぬのはつねに地図の方であって地形ではない。母胎である史実（現実の地形）は理論（地図）よりもつねにはるかに内容豊富なものであるからであると述べ、次のような重要な指摘をしている。

　われわれの用いる諸概念や理論はそもそも限られた史実を基礎として構想されたものであり、つねに何らかの程度で仮説（Hypothese）に過ぎず、したがってまた当然に一層豊富な史実に基づいて絶えず検討しなおされ、訂正あるいは補充され、再構成されねばならない。(4)

ここにはこれから本稿で展開しようとする内容のすべてが論じられているといっても過言でない。今後何度も目を通す必要がある。

(二)　批判の方法

我々が常に陥り易い以上の点をしっかりふまえた上で、それではどのような手続きで批判したらよいのか。この点については世良晃志郎氏が明快に論じている。すなわち、我々はある一定の「観点」から「問題」を提起し、この問題の解決にとって重要な「事実」を検証しつつ一つの「仮説」を構成する。問題はこの「仮説」の「妥当性」いいかえれば「科学性」がいかに保証されるか、ということである。世良氏は次のように言う。

　ある仮説の妥当性は、もっぱら、(a)その仮説が論理的整合性をもっているかどうか、(b)その仮説を反証するごとき事実はないか、ということの検討によってのみ決定されるのであり、この作業は、仮説形成の基礎に置かれた「観点」のいかんにかかわらず、完全に「客観的」におこなわれうるし、またおこなわれなければならない。あらゆる経験科学の客観性の保証はこの点にのみ求められうるのである。(5)

以上のようにここでは、一つの仮説を批判するために、その①「論理的整合性」と②「反証事実の有無」の二点が決定的ポイントであることを確認しておきたいと思う[6]。

（1）以下の叙述については、村上陽一郎『西欧近代科学』（新曜社、一九七一年）に負うている（第三章）。なおヴェサリウスについては、藤田尚男『人体解剖のルネサンス』（平凡社、一九八九年）に詳しい。

（2）村上氏には、この例にみられるように、「事実は理論を変えない」、むしろ研究の準拠する枠組の問題であるという考え方がある。それゆえ、「知識の源泉としての準拠枠自体に対しても、ときどき疑問をぶつけてみることのどれほど重要であるか」というのである（同氏、前掲書、一三六頁）。その点で氏の『新しい科学論―「事実」は理論をたおせるか―』（ブルーバックス、一九七九年）をも参照。また、以上との関連で、宮崎市定氏の次の言葉も重要であろう。「歴史家の本当の任務は、むしろ先入観として世人の歴史意識を支配している幾多の枠そのものの検討にあるであろう」『東洋的近世』中公文庫、一九九九年、一四二頁。

（3）（4）大塚久雄『共同体の基礎理論』（改版）岩波書店、一九七〇年、九頁。

（5）世良晃志郎『歴史学方法論の諸問題』木鐸社、一九七五年、一九頁。傍点は原文。

（6）もとより世良氏も言うように、自分自身の仮説に対しても、この二つの点で、徹底的な吟味を加える必要がある。さらに学界において、完全な思想と言論の自由が保証されていなければならないことは、言うまでもないことである（同、一九〜二〇頁）。

二、仮説再構成の方法

(一) 再構成と創造力

社会科が「暗記科目」として一般には捉えられていることはすでに述べたが、歴史などはその最たるものではないであろうか。多くの子どもにとって、歴史とは、年代順に並べられた項目の寄せ集めにすぎず、歴史ができるとは、その項目（年表）をいかに多く覚えるかにかかっている。極端ないい方をすれば〈歴史のできる子ども＝記憶力の良い子ども〉となってしまいかねないのである。[1]史実一つ一つをひろい集めていけば、そこから自ずと何らかの全体像が浮び上ってくるような錯覚にとらわれているのである。

「歴史は個々の真実のよせ集めではなく、一つの構造体」とは、掘米庸三氏の言葉であるが、[2]実に当を得ている。過去の事実を集積し、ら列するだけでは何らの歴史像も出てこないのである。それではどうすればよいのか。E・H・ノーマンの言葉は一つのヒントとなろう。

ただ煉瓦をむやみに積みあげても家ができあがらないと同様に、事実に関する知識をやたらに並べても歴史はできあがらない。歴史とは本来関連した事実を選び出して、その相互関係を評価することである。歴史家の仕事は写真屋の仕事よりはむしろ画家のそれに似ている。すなわち歴史家は与えられた歴史上の問題のなかから顕著な特色を選び出して、これを排列し強調しなければならないのであって、目についたものを手当り次第に並べたててはならないのである。[3]

すなわち、歴史とは、問題になっているものの中から、顕著な特色をもった事実を選択し、その相互の関係性を評価することなのである。[4]あるいは、選択した諸事実を独自の方法で再構築することだと言いかえてもよいであろう。増田四郎氏が、その事を「家の建て方の問題」であると言うのも、同じ観点からの別の表現なのである。[5]

さて、我々は従来の説を批判し、歴史的諸事実を前にして、新しい仮説を再構成しなければならない地点までやってきた。[6]創造力はまさにこの再構成の仕方、先ほどみた言葉で言えば、諸事実の選択識別、絵の描き方、家の建て方にこそ、深くかかわっているのである。すぐれた創造性を発揮することは並大抵のことではないが、問題なのはそれをどう養うかである。

(二)　推理小説と歴史学の方法の類似性

私自身推理小説が好きでよく読んできた。一方で学生時代からフランス近代史を学びつつ、歴史学の方法論を模索していた。ある時ふと推理小説と歴史研究のあり方が、きわめてよく似ているのではないかと思ったのである。もう二五年以上も前のことである。そんな折に、オリエント史の二人の碩学、板倉勝正氏と江上波夫氏の対話が、私の眼に飛びこんできた。その箇所を引用してみよう。

板倉　歴史家というのは、推理小説に趣味がなければ資格ないと思いますね。

……

江上　歴史や死語の謎を解くのはやはり推理小説的な手続き以外はないのですね。……つねづね推理の訓練ということをやっていなければ、いくら本を読んでも、史料を集めても、それだけでは歴史家になれませんね。[7]

二人とも私よりもはるかに早くから歴史研究における推理小説的手法に着目していたのであった。

すなわち、ある殺人事件が起った時、警察はその事件に関してわかっている事実をすべて集めようとする。歴史家もまた同様に、自分が研究しようとする事件にかかわっている史料をすべて集めることから始める。もとより、どちらもそれらをら列しただけでは、何の解決にもならない。警察は収集したデータをもとに、さまざまな事実を結びつけている背後にある真実、すなわち殺人犯を割り出そうとし、歴史家も同じく、ある歴史理論を導き出そうとする。その際両者ともそのプロセスにおいて、推理力、想像力を働かせているのである。したがって次のようにも言うことができよう。創造性というものは、推理力、想像力の如何にかかわっているのだ、と。

ところで一般に、創造の過程は、①準備期→②あたため期→③啓示期→④検証期の四つの時期を経ると考えられている。[8]①の準備期はまさに先のデータ収集の時期に当り、②のあたため期こそが、一つの問題を寝てもさめても考えている時に相当しよう。まさに"Sleep with problem"の期間である。[9]湯川秀樹氏がノーベル賞をもらう「中間子論」を思いつく直前の状況はその典型的なものである。

　私は、奥のせまい部屋で寝ていた。例によって、寝床の中で物を考えていた。大分、不眠症が昂じていた。いろいろな考えが次から次へと頭に浮ぶ。忘れてしまうといけないので、まくらもとにノートが置いてある。一つのアイディアを思いつくごとに、電灯をつけてノートに書きこむ。こんなことが、また何日かつづいた。[10]

そしてこの時期こそ、推理力、想像力を懸命に働かせているのである。その時突然襲ってくるのが③の啓示期である。インスピレーション、ひらめき、直観などの働きが大きくかかわって、突然問題解決の糸口が見出される時である。掘米氏の言葉を使えば、「種々様々な事件の因果系列を全体一つに見通せるような見地をつかんだとき」[11]であり、ポアンカレによれば、「久しい以前から知られてはいるが、しかも誤まって互に関係なしと見られていた他の事実間の思いもよらぬ脈絡を、吾々に啓示する如き事実」[12]がそれなのである。

これが起こるのも思いがけない時が多い。ポアンカレは馬車の踏み段に足をかけた時であるし、モーツアルトの「魔笛」のメロディーは玉突きをしている時に思いついた。また、ウィリアム・ハミルトン卿はダブリンで夫人と街をぶらぶらしている間に数学の発見をし、化学者のケクレは、ロンドンバスの二階に乗っている時、中空の原子の乱舞を見て新しい理論を思いついた、等々。[13]

いずれにしても②あたため期→③啓示期には、不連続的な飛躍が起こる。創造性の本質はまさにこの点にあると考えられる。[14] したがって推理、想像の部分によほど思い切った発想転換がなければならない。

いくつかの推理小説にそのヒントとなりそうなものがある。

すべての謎を矛盾なく説き明かし、真犯人を絞首台へ送るためには、コペルニクスの転回を必要とした。平行線の公理を否定し去るような、非ユークリッド幾何学の導入が必要だった。…黒と白とを反転する。平行線は一点に会するものと考える……一見、無理な考え方かもしれない。しかし真理は一見して背理と考えられる矛盾の中に、往々にして影をひそめているものなのである。[15]

まず常識的には、事実関係を摑むことでしょう。それも名探偵ともなると、凡人の気がつかないようなごくつまらないことにヒントを得る…なんていうのが多いわね。もちろん分析力もなきゃだめよ。それから仮説を樹《た》てることかな。事件の全体像を頭の中で思い描くのよ。もちろん想像でね。それもやっぱり凡人には思いもよらない、奇想天外なストーリーをね。それからあとは勘かなあ。第六感にピンとくるなんてやつね。それだけ揃えば、

まあ大体、名探偵の素質ありってことになるんじゃない。(16)

後者の内田康夫氏の文章はそのままで本稿で言いたいことの、見事なまとめにもなっていることに気づかれよう。

さて、もう一つ具体的な例に触れたい。それは邦光史郎『幻の高松塚』で、表題の通り、戦後最大の考古学的発見と騒がれ、古代史ブームに拍車をかけた高松塚古墳の被葬者の謎に迫るロマンに満ちた内容となっており、読者を魅了するものである。

さて、この中で著者も注目する義江彰夫説にスポットをあててみよう。被葬者に関するさまざまな見解が飛び交う中で、壁画にみられる人物画像の服装と持物に着目して、独創的な意見を展開したのが義江氏である。(17)すなわち、結論からいえば、壁画中の服装と持物は、『大宝令』で定められた重要祭祀用式服「礼服《らいふく》」とそれに関した持物であるといえるのである。詳しい分析は省略させていただくが、最も興味深いのは、この服装と持物によって年代を確定する箇所である。

まず、年代の上限は、服装が『大宝令』の規定する礼服着用の姿をあらわしているものとみてよいなら、『大宝令』施行の七〇二年以降に描かれたものであり、被葬者も当然これ以後に死んだ人と考えねばならない。次に下限はどうかといえば、義江氏は壁画中の人物のいずれもが、上衣の襟の合わせ方を左衽（左前）にしている点に注目する。ところが、養老三年（七一九）二月に政令が出されて、これが右衽に改められたのである。

以上の点からして、古墳の築造年代はひとまず七〇二年~七一九年の間に絞ることができた。

さらに画中には男子が蓋《きぬがさ》をさしかけている様が描かれており、これも『大宝令』に身分による使用の規定が記されている。それによると、蓋は四角のカサの四隅の頂を錦で覆い、皇太子、親王、大納言以上の場合にのみさらに総を垂れることになっているが、壁画はまさにその条件すべてを満しているのである。被葬者がとりまいて描かれた者より低い身分とは考えにくいから、大納言以上であることは動かしえない。

　こうして、被葬者の範囲はいよいよ絞られ、七〇二年～七一九年の間に死んだ大納言以上の身分のものであることが明らかとなった。そうすると該当者は、次の没年の人たちである。すなわち、七〇五年五月　刑部親王、同年七月紀朝臣麿（大納言）、七一五年六月　長親王、同年七月穂積親王の四人である。紀朝臣麿を除く三人は天武天皇の皇子であり、高松塚古墳が天武持統陵にきわめて近く築造されているので、これら親王たちである可能性は高い。義江氏は四人のうち誰かを特定していないが、邦光氏は忍壁（刑部）皇子と推定している。[18]もとよりそれが正しいかどうかはここでは問題でない。義江氏の着想や推理力の鋭さを読み取っていただければよいのである。[19]

㈢　自然科学の方法との対比

　私は理科教育については全く門外漢であるが、自分が受けてきた授業をふり返ってみて、何よりもまず最初に実験・観察があり、一つの法則はそこから帰納されるものと教えられてきたと思う。たとえば、落体の法則は、実験器具で物を落してみて、グラフ上に記されたドットの間隔を測定して、$v = gt$ や $h = \frac{1}{2}gt^2$ といった関係式を導いた記憶がある。こういった実験思考に慣らされると、初めに実験ありきで、あとはすべてそこから導き出されるといった錯覚に陥ってしまうのではないだろうか。

　しかし現実の物理学の最先端ではどうだろうか。一九六五年朝永振一郎氏とともにノーベル物理学賞を受賞したファインマンは、新しい法則を捜す手順について語ってくれている。それによると、①初めに推測によってある仮説をたてる→②それにもとづいて計算を行う→③その仮説からの帰結を調べる（正しいと仮定した法則から何が出るかを見る）→④その計算の結果を自然、すなわち実験、経験につき合わせる（観測と直接に比較してうまく合うかどうかチェックする）。もし実験と合わなければ、当の仮説はまちがいである。[20] ファインマンはこの最後の単純きわまる宣言のなかに科学の鍵はあるという。それはともかく、私が驚いたのは、先に述べた私の学校教育時代に受けた自然科学のイメージとは全く逆に、最初に推測による仮説提示があり、最後に実験があるということであった。

実は、板倉聖宣氏がこれまで提唱してきた「仮説実験授業」は、私のような誤ったイメージを持たせてしまう学校教育を批判することからスタートしたものである。すなわち氏によれば、偉大な科学者が偉大であったのは、かれらの想像力がたくましく、つぎつぎと自分の仮説をもって自然に問いかけ、その結果を見てついに実り豊かな仮説―法則・理論に到達することができたからであった。学校の理科における子どもたちの認識活動も基本的にはこれと同じで、教師は科学の歴史上での偉大な科学者たちの見通しのきいた仮説のたて方から多くのものを学びとって、生徒の認識活動を援助することにある、というのである。[21]

ここでも仮説形成の際の想像力が問題になっている。ファインマンも新しいアイデアを考えつくためには「とびはなれた想像力」が必要であると力説している。[22] 自然科学も社会科学もその創造性の本質において相違はないのではなかろうか。

（1）　たとえば星村平和氏も、歴史学習においては学習の対象が歴史的過程を主とするために、体系として完結、固定化した「知識」の理解・習得にとどまりがちで、創造的な思考活動がなおざりにされがちだと述べている。同『新しい歴史学習の構想』東京法令、一九八〇年、五二頁。

（2）　掘米庸三『歴史をみる眼』NHKブックス、一九六四年、一九〇頁。傍点は引用者、以下ことわりなきときは、傍点はすべて引用者のものとする。

（3）E・H・ノーマン（大窪愿二編訳）『クリオの顔』岩波文庫、一九八六年、七七～七八頁。

（4）この点でH・ポアンカレの「発見とは識別であり選択である」という言葉はきわめて示唆深い。同（吉田洋一訳）『科学と方法』岩波文庫、一九五三年、五五頁。

（5）増田四郎『大学でいかに学ぶか』講談社現代新書、一九六六年、一六七頁。氏も、歴史家は画家のごとくあらねばならないとして、その歴史叙述はひとつの芸術作品であり、それは「実証主義による裏付けと歴史家の人間をとおして行われた取捨選択との結晶であるべきだ」と言う（同、一六五頁）。

（6）次の井上幸治氏の言葉は、まさにその地点に立ったものである。「自分で勉強してみて、既成の概念では、役に立たないと言うことはありうるわけで、自分で実証的に検証したところから再構成する必要がありますよね」。同『歴史を語る』二玄社、一九七九年、一三七頁。

（7）池島信平編『歴史よもやま話（西洋篇）』文芸春秋、一九六六年、二九～三〇頁。

（8）高辻正基『記号とはなにか』ブルーバックス、一九八五年、一四六頁。これは「はじめに」において述べたデューイの問題解決学習の手順とも類似している。さらには、C・S・パースの探究の論理、すなわち「アブダクション（仮説定立）→ディダクション（推論）→インダクション（検証）」もこうした方法論のひとつである。これについてのすぐれた考察は、荒井正雄氏の『社会科教育私観（私家版）』（中部日本教育文化会、一九九四年）にみられる（とくに第一章）。

（9）この言葉は、ハーバード大学のボット教授のもので、広中平祐氏が好んで用いている。同『学問の発見』佼成出版、一九八二年、一六四頁以下。

（10）湯川秀樹『旅人』角川文庫、一九六〇年、二三三頁。

（11）掘米、前掲書、一一〇頁。ハイゼンベルク流に、登山口から頂上までの全登攀ルートを見通せたときと言ってもよいであろう。W・ハイゼンベルク（湯川秀樹序・山崎和夫訳）『部分と全体』みすず、一九七四年、一六三頁。

（12）ポアンカレ、前掲書、五五頁。

(13) 大体において、ひとつの問題についてあまり真剣に考えていないとき、あるいは、社会の枠から離れた行動をしているとき、ひらめきやすいといわれる。千葉康則『「ひらめき」の開発』講談社現代新書、一九八五年、一七一頁。

(14) 発見の学習・創造性の教育を重視するブルーナーが、「直観的思考」の重要性を説いたのは当然のことといえよう。J・S・ブルーナー『教育の過程』岩波書店、一九六三年、第四章参照。なお、深層心理を重視する金野正氏は、創造性を高めるためには、意識・前意識・無意識のうち、前意識を刺激する必要性を説いている。同『創造力とは何か』創元新書、一九七二年、特にその第五章参照。

(15) 高木彬光『刺青殺人事件』角川文庫、一九七三年、二五三〜二五四頁。ここの関連で、私はいつもニールス・ボーアの次の言葉を思い出す。「正しい主張の反対は誤った主張である。しかし深遠なる真理の反対もまた深遠なる真理でありうる」。ハイゼンベルク、前掲書、一六五頁。

(16) 内田康夫『夏泊殺人岬』徳間書店、一九八三年、一三四頁。なお、勘について、畔上道雄氏は、「科学研究をすすめるときに、それが実験であれ、理論であれ、証明のできない勘ともいうべきものがたいせつだ。その能力がないと、研究の手伝いはできても、研究の指導者にはなれない。科学という
ものの中核、エッセンスはこの理外の理によってうごいている」という興味深い指摘をしている。同『推理小説を科学する』ブルーバックス、一九八三年、一二一〜一二二頁。

(17) 義江彰夫「壁画人物像からみた高松塚古墳の被葬者」末永雅雄、井上光貞編『高松塚古墳と飛鳥』中央公論社、一九七二年、所収、七七〜七九頁。

(18) 邦光史郎『幻の高松塚』カッパブックス、一九七五年、二二六頁。

(19) この説については、私が高校の教師の時も現在も学生に話しているが、かなり多くの者がスリル感を味わってくれているようである。

(20) R・P・ファインマン(江沢洋訳)『物理法則はいかにして発見されたか』ダイヤモンド社、一九六八年、二〇一頁。ファインマンはこの手続を簡潔に「推測・仮説―帰結の算出―実験に比較」とまとめている(同、二二二頁)。

(21) 板倉聖宣、上廻昭編『仮説実験授業入門』明治図書、一九八九年、二六〜二九頁。
(22) ファインマン、前掲書、二二三頁。アイデアや想像力の重要性を知るために次の書物はきわめて有益である。三浦賢一『ノーベル賞の発想』朝日選書、一九八五年。

三、推理力、想像力を練るためには

これまで創造性というものが、その本質において推理力、想像力と深くかかわるものであることを見てきた。したがって、この推理力、想像力を豊かなもの、研ぎ澄まされたものにすることがぜひとも必要である。そのためには推理小説を読みなさい、というのが先の板倉、江上両氏の主張であったが、その他にどのような手だてがあるだろうか。

(一) 類比、類推を使う

「創造工学（シネクティクス）」の創始者ゴードンは、創造的思考を二つの象徴的メカニズムに分けた。すなわち「異質馴化《じゅん》」と「馴《じゅん》質異化」である。前者は「見慣れないものを見慣れたものにすること」であり、後者はその反対に「見慣れたものを見慣れないものにすること」である。この「馴質異化」は「慣れ」とは逆行する思考のために難しく、創造にとってはより本質的なものであり、新しい発見を導くものである。(1)

ゴードンはこの「馴質異化」の実現のために四つのメカニズムを考えており、大変参考になる。[2]

第一に「擬人的類比」で、事物と人間を置きかえ、解決しようとする対象と、解決する当事者である自分とを同一化することによって、「感情移入」の効果を期待するものである。「もしも私が気体の中の分子だったら、原子のなかの電子だったら、細胞の中のDNAだったら……等々」。

第二は「直接的類比」で、対象である事物を、異なるカテゴリーに属する類似した他の事物と置きかえる操作である。これは一種のモデル化であって、たとえば、原子物理学者ニールス・ボーアが原子構造を太陽系の惑星の軌道におきかえたのはその典型的なものとされる。レオナルド・ダ・ヴィンチが鳥が飛ぶ様子からヒントを得て、羽ばたき式飛行機を考えたのも、グラハム・ベルが耳の鼓膜の働きをモデルにして電話機を作ったのも、この「直接的類比」によるものであろう。

湯川氏は、創造的な働きと一番つながりがありそうに思われるものとして「類推」という働きをあげている。自分が何か新しいことを考えつく、わからないことをわかろうとするときに相当に役立つというのだ。[3] 特に「模型」による類推は一番わかりやすいと述べ、ラザフォードやボーアの原子模型を例にあげている。こういった点から考えて、湯川氏の「類推」は、ここでいう「直接的類比」に近似していると思う。ただ湯川氏の論で注意すべきは、類推はあくまで類推であって「類似性と同時に違っている点を探りあてることによって、別の段階に飛躍することができる」という指摘であろう。[4]

第三に、「象徴的類比」で、対象となる事物を、イメージ（心像）によっておきかえることである。アインシュタインは、「思考過程ではある種の記号や、ともかくもはっきりした像が、自然に再現され結合されます。これが思考という過程の要素として働く心理的実体だと思われます」と述べて、創造的思考における「イメージ化」の重要性を強調する。

最後が「空想的類比」で、現実的な物の見方を、「空想」によっておきかえる方法である。夢の利用もこれに含まれる。シンガーミシンの発明者シンガーは、ある夜、槍騎兵が槍で旗をいくども突き刺し、そのたびに旗が羽ばたく夢を見た。そのパタパタという旗の羽ばたくリズミカルな響きと、槍が旗を突き刺す様子から、ミシンの着想を得た。

(二)　現実問題を鋭く見据える――「温新知故」の認識構造――

今、自分が生きている眼前に展開される諸問題を鋭く考察することが、我々にいろいろなヒントを与えてくれるのでないかと、最近強く思うようになった。これは現代の問題・課題をひっさげて過去に向うので、奇をてらうわけではないが、「温新知故」の認識構造と名づけたい。

実際、現在の社会科で大きな問題になっていることは、国際化、情報化、環境問題の三つであろう。このそれぞれが我々に大きな示唆を与え、発想転換を迫るものとなった。私自身の経験もふまえて、今少しく具体的に論じてみようと思う。

まず国際化の問題であるが、何よりも歴史学において顕著なことは、歴史上の各時代における海外交渉や国際交流にスポットが当てられたことであろう。例えば、田中健夫氏は『世界歴史と国際交流』の「まえがき」で、次のように述べている。

国際交流とか国際理解という言葉は、いまでは一種の流行語になっている。日本人の国際認識が現在ほど切実に要請されることは過去のどの時代にもなかったのではあるまいか。[5]

このように、現代のあり様（現実問題）を明確に意識したうえでの歴史叙述となっているのである。それとともに日本史の場合、各時代それぞれにおける国際環境が重視されるようになったことも注目すべきことであろう。[6] 私自身、日本史教育で国際化を扱う場合には、何よりもこの観点の重要性を主張してきたつもりである。[7]

ところで、私はこれまで国際理解教育のさまざまな分野の中でも「異文化理解教育」に強い関心を抱いてきた。外の異文化ばかりに眼を向けていた私が、ある時ふと方言に最も鮮明に現われるような国内の地域差に眼を向けた時、それらの地域的な差違を「内なる異文化」として捉えることができるのではないか、たとえば東京と大阪の文化の違いを異文化として捉え直すことができるのでないか、このような思いが身体中を駆け巡ったのである。現在では、全国→東日本・西日本→県（県民性）→盆地→郡や市町村→各家庭→個人→個人における子どもの時期と大人の時期、といった形で整理しつつ、「開かれた文化相対主義」と名づけて、各レベルをそれぞれ異文化と捉え直す方法論を提唱している。[8]

もう一つ私には大きな発見があった。それは、歴史上の各時代をも、それぞれ独自の価値をもつ異文化という観点から見ることはできないだろうかというものである。これは過去から現在までを発展の相とみる歴史観を乗り越えるための発想であった。現在の同時併存的諸文化を「ヨコの異文化」、歴史的時系列に存在してきた諸時代を「タテの異文化」と命名したのが私の独創であった。[9] このように異文化理解は私に多くのヒントと発想転換を与えてくれたのである。

次に情報化の問題に移ろう。ここでも歴史学からみれば、実に興味深いことに、現代の状況からみた過去の捉え直しがみられる。[10] たとえば山口修氏は、『情報の東西交渉史』の「まえがき」で、現在が〝情報化の時代〟であることを念頭におきつつ、「私たちの先祖が、どのようにして見知らぬ土地からの情報を得てきたのか」、古代から現代までを通観して、「情報の伝達という面から、改めて世界の歴史を見なおした」と、そしてそこに独自性を主張できると述べている。(11)

もう一つは、ネットワークという概念が、広域的結びつきと流動性のダイナミズムを分析する手段として、かなりの有効性をもつことから、国境を超えて生成した広域的地域空間をとらえるための、新しい手段を提供するのでないかと考えるものである。なぜならネットワークという用語のアナロジー（類推概念）から、我々は人間・社会の諸関係・物産の交換、文化・情報の伝達などにみられる広域的・相互的結びつきの方向性、広がり、波及と連続の度合い、結びつきの方法、手段、それらの役割、担い手、中継機能、中心と周縁などの、連関のメカニズムを総合的に分析できるからである。(12) こうした高度情報社会の中から出てきた概念をベースとした、家島彦一氏のイスラム国際商業ネットワークの分析は、画期的なものである。(13)

ところで、今、私が一番関心を持っているのは、二一世紀の科学といわれる「複雑系」Complex System である。吉永良正氏は、この複雑系を「無数の構成要素から成る一まとまりの集団で、各要素が他の要素とたえず相互作用を行っている結果、全体として見れば部分の総和以上の何らかの独自のふるまいを示すもの」と一応の定義を下している。(14) こうした複雑系は、秩序と混沌をある特別な平衡に導く力を有しており、この平衡点は「カオスの縁」edge of chaos と呼ばれる。ここではシステムの構成要素が秩序に固定されてもいないし、それでいて分解して混乱もしていない。(15) 私は「カオスの縁」が西田哲学のいう「絶対矛盾的自己同一」の世界と近似しているのではないかと勝手に思っているが、それはともかくとしても、「複雑系」の科学が、ひょっとするとニュートン以来過去三〇〇年にわたって支配してきた線形的、還元主義的思考（その根本動機は二千数百年前のギリシアまでさかのぼる）を、根底からくつがえすことになるかもしれないと予想されている。(16) これによって、なぜソビエト連邦は劇的に崩壊したのか、なぜ一九八七年一〇月、株式は暴落したのか、なぜ恐竜は絶滅したのか、生命とは何か、進化とは何か、精神とは何か、等々が一挙に解決できるのではないかともいわれる。[17] コンピューターの仮想世界にその謎を解こうとするこの科学は、まさに現代情報化の申し子ともいえるものであろう。

最後に、環境問題についてはどうであろうか。安田喜憲氏が初めて「環境考古学」を提唱したのは、やはり現代の環境問題に触発されてのことであった。

二〇世紀後半の今日、……人類には、巨大な危機感が押し寄せている。……環境問題である。近代技術文明の下におけるあくなき自然破壊は、いまや人類の生活の根源をおびやかし、その未来に不安を投げかけている。この新たな性質の歴史的転換期に直面して、現代の歴史家はいかに対処することができるのであろうか。[18]

こうして安田氏は、「文明の成立・発展・衰退を、その背景となる自然環境とのかかわりにおいて、比較研究するという視点[19]」を打ち出したのである。その後氏は、とりわけ森林の破壊に焦点を絞った、壮大な文明論を展開している。[20] 私自身、氏の考え方にきわめて強い影響を受け、高校世界史で、この問題をどう取り扱うべきかを深く考えさせられるとともに、これまで生産力の発展をプラスと考えていたものが、実はそれが森林破壊によってもたらされたものだと考えれば、逆に人類にとってマイナスになるという、発想転換も迫られることになったのである。[21]

また日本史では現在縄文時代の研究が一つのブームにさえなっている感があるが、これも三内丸山遺跡が発見されたからという契機ばかりでなく、縄文社会が一万年以上にわたって自然との共生・循環・平等主義といった文明原理を保ち続けたことを、環境危機に直面した現代人が学ぼうとしているが故でもあろう。[22] いずれにしても環境問題が我々に投げかける課題は大きい。いくらでも研究上のヒントが出てくる気がする。

（1） 高辻、前掲『記号とはなにか』一五〇～一五一、一五四～一五五頁。

(2) 同、一五一～一五四頁。以下は高辻氏の説明に依拠する。

(3) 湯川秀樹『創造的人間』筑摩叢書、一九六六年、一〇七～一〇八頁。

(4) 同、二〇頁。のちに湯川氏は、単に「似ているというだけでなく、どういう点が同じかということに気づくことが本質的に重要」だとして、「同定」という理論を提唱する。たとえば、ニュートンがリンゴと月とをどういう点で共通と認めたのかという例があげられている。同『科学者のこころ』朝日選書、一九七七年、一四四頁以下。

(5) 田中健夫『世界歴史と国際交流』放送大学教育振興会、一九八九年、三頁。

(6) 西嶋定生『日本歴史の国際環境』東京大学出版会、一九八五年、参照。

(7) 拙著『社会科教育の国際化課題』国書刊行会、一九九五年、第一、二章参照。

(8) 同、二六頁。

(9) 同、第一章補論一、参照。なお、本書第九章は、司馬遼太郎の方法論を「タテの異文化」と同等のものとみて、分析したものである。また、本書第四章一の(二)の(1)も参照。

(10) このごろ私には、E・H・カーのいう「歴史とは…現在と過去との間の尽きることを知らぬ対話」という言葉が、いよいよ重みを持ち始めている。E・H・カー（清水幾太郎訳）『歴史とは何か』岩波新書、一九六二年、四〇頁。

(11) 山口修『情報の東西交渉史』新潮選書、一九九三年、三～五頁。

(12) 家島彦一『イスラム世界の成立と国際商業』岩波書店、一九九一年、三二一～三三三頁。

(13) さらに、同『海が創る文明』朝日新聞社、一九九三年や、宮崎正勝『イスラムネットワーク』講談社、一九九四年、『比較文明11』（特集　文明と海―人類史の新しいネットワーク）比較文明学会、一九九五年、をも参照。

(14) 吉永良正『「複雑系」とは何か』講談社現代新書、一九九六年、二五頁。

(15) M・ミッチェル・ワールドロップ（田中三彦&遠山峻征訳）『複雑系』新潮社、一九九六年、一一、四一四頁。

(16) 同、一二頁、吉永、前掲書、四～五頁。ただし、同じ複雑系研究でも、やはり欧米においては単純な系に分解しようとする還元主義的発想があるのに対して、日本の研究は複雑なものを複雑なままに見ようとする態度があり、その方がより有効でないかと考えられている（吉永、前掲書、一七二〜一七九頁）。この点については、本書第四章二の㈢をも参照。

(17) ワールドロップ、前掲書、七〜九頁。なお、日本型システムとりわけ日本型経済を分析するために、この「複雑系」が貢献するのではないかと考える論者もすでにいる。吉田和男「日本型システムとその分析視点」濱口恵俊編『日本文化は異質か』ＮＨＫブックス、一九九六年、所収、二〇九〜二一一頁、同『複雑系としての日本型システム』読売新聞社、一九九七年。

(18)(19) 安田喜憲『環境考古学事始』ＮＨＫブックス、一九八〇年、一二頁。

(20) たとえば、同『森林の荒廃と文明の盛衰』思索社、一九八八年、参照。

(21) 拙稿「世界史教育における環境問題の取り扱い」『皇学館大学紀要』第三四輯、一九九五年（本書第二章）。

(22) 梅原猛・安田喜憲『縄文文明の発見』ＰＨＰ、一九九五年、二四八〜二四九頁。

おわりに

これまで私自身が二〇年以上も考えてきたことを、機会が与えられて書くことができた。しかしいざ書き終えてみると、内容のあまりの貧弱さに内心忸怩たるものがある。ただ自分自身がもっと独創的でありたい、湯川氏の言葉を使えば「自分らしくやりたい」(1)、学生やその将来の教え子たちにも個性的、創造的になってもらいたい、という強い気持が私自身にあることを読み取っていただければ幸いである。

最後に、一九七三年、エサキダイオードの発見と応用により、ノーベル賞を受賞した江崎玲於奈氏が、若い研究者に（半分冗談で）ノーベル賞受賞のために、「してはいけない五つの条件」を掲げており、我々にも非常に参考になるので引用しておきたい。(2)

一、従来の行き掛かり、しがらみにとらわれてはいけない。若者はせっかくの飛躍のチャンスを見失うからです。
二、権威になびき、大先生にのめり込んではいけない。自由奔放な若さを失う。
三、何でも溜め込んではいけない。若者でも脳のメモリー容量には限度がある。無用のものは捨て、いつも新知識のためのスペースをあけておく。
四、主義のために戦うことを避けてはいけない。若者は独立精神と勇気を失ってはいけない。
五、初々しい感性を失ってはいけない。感動する心が大切である。

（1）「現代の科学者として、古いアカデミズムの中に止まっておれないというのが一種の宿命みたいなもんだと分かっていますけれども、そういう宿命の中にあっても、やはり何か自分らしく生きたい。物理をやるにしてもやはり自分らしくやりたい。他の人とどんなに違っておっても自分らしくやりたい」。湯川秀樹『本の中の世界』岩波新書、一九六三年、二〇六頁。
（2）江崎玲於奈『個性と創造』読売新聞社、一九九三年、二一五〜二一六頁。傍点は原文。

第二章　世界史教育における環境問題の取り扱い

はじめに

本稿で取り上げる内容については、これまでの高等学校の世界史教育において、全くといってよいほど取り扱われてこなかったものである。それゆえに、本稿は今後の世界史教育のあり方についての、一つの提言という意味を持っている。

そこで、なぜことさら世界史で環境問題を扱う必要があるのか、本文に入る前に、そのいくつかの意義について触れておきたい。

まず第一に、いうまでもなく、我々の眼前には、人類の生存をも脅かす、地球的規模での環境破壊が進行しているという事実がある。とりわけ森林破壊は深刻である。ところがのちに詳しく見るように、世界史上この森林破壊は、小規模な形でいく度も展開され、時として文明の衰亡にまで至っている。こうした事実を世界史で学ばせることによって、今日の問題に対してたとえ間接的であっても、一つの教訓を引き出すことができるのではないだろうか。[1]

第二に、世界観にかかわる問題である。最近の謝世輝氏の力強い主張にも示されているように[2]、これまでの世界史教育は、教科書においても徐々に改善されてきているとはいえ、依然として「ヨーロッパ重視・非ヨーロッパ軽視」の傾向が強い。この是正こそ世界史教育の最大の課題であることは、これまでに多くの先学が指摘してきたし、「ヨーロッパ文明の相対化」として、私自身の主張の重要な柱の一つにもなっているのである。[3]そして結論を先取りすれば、まさに古代から現代までこのヨーロッパ文明の発展の系譜に連なると考えられてきた諸文明においてこそ、森林破壊が著しいのである。とすれば、これから必要なことは、このような自然搾取型の文明に対する、自然＝人間循環系の文明の見直しであり、前者の文明から後者の文明への価値観の転換であろう。(4) この課題を果たすことができれば、先に述べた是正の一助となり得ると考える。

最後に、まず私自身の経験から話をさせていただけば、私はかなり長い期間、大塚久雄理論――そしてその背後にはマルクスとヴェーバーの理論がある――の大きな影響の下に、経済史を勉強していた。その時には、気候変動などの自然環境の変化に対しては、あまり重点を置いていなかったのである。しかし、その後アナール学派によるフランス社会史等を学ぶにつれ、とりわけ近代以前の社会についての気候史研究の重要性というものを知ったのである。(5)

わが国の地理学の分野でも、歴史学とよく似た状況があるようである。すなわち、第二次世界大戦後、マルクス経済学の影響などもあって、資本が土地の開発におよぼす方向を強調する、環境可能論的な立場が大勢を占め、戦前に盛んであった自然環境の変化から人間の歴史をみようとする立場は、「環境決定論」というレッテルの下に排斥されてしまったのである。(6)

しかし、人間のあくなき自然破壊の中で、自然環境の改変と開発にはっきりと限界が見えてきた今日、もはや自然支配の環境可能論からは、危機的状況を救済する道は見えてこないのではないか。(7) 以上のような反省の中から、再び装いを新たにして、歴史時代の気候変化と人類史とのかかわりを問題とする「気候と文明」・「気候と歴史」の研究が注目され始めたといってよい。

前置きが長くなったが、世界史で環境問題を扱う第三の意義は、生徒に気候の変化が歴史におよぼす影響の重要性を考えさせることによって、これまで全く見せてこなかった新しい側面から世界史を捉え直させることができるので

はないか、という期待である。(8)

(1) このような世界史学習は、現在の環境問題を「グローバル環境学習」として、精力的に取り扱おうとしているグローバル教育に、接続することが可能だと考えている。「グローバル環境学習」については、奥住忠久『グローバル教育』黎明書房、一九九五年、一四二頁以下、参照。

(2) 謝世輝『これでいいのか世界史教科書』光文社、一九九四年。

(3) 拙著『社会科教育の国際化課題』国書刊行会、一九九五年。特に第一、二章を参照。

(4) この点については、すでにグローバル教育のあり方を考えた時に、後に述べる安田喜憲氏の理論を手がかりとしながら触れてみた。その際世界史教育をも自然と文明の観点から捉え直すことを提案した。本稿はその一つの解答である。前掲拙著、二七九〜二八二頁。

(5) たとえば、ル・ロワ・ラデュリ（樺山紘一ほか訳）『新しい歴史〔歴史人類学への道〕』新評論、一九八〇年、一〇〇頁以下参照。日本では木村尚三郎氏が、いち早くその立論にフランス社会史の成果を取り入れてきた。同『近代の神話』（中公新書、一九七五年）などは、今述べている観点から読むと面白い。なお、ごく最近読んだ上山春平氏の『明治維新の分析視点』（講談社、一九六八年）は、資本主義以前の社会の分析においては、マルクスとヴェーバーの方法の統一（大塚理論）といった社会科学的方法のみでは不十分であって、そこに自然環境の分析方法が必要とされ、その必要を満すものはおそらく「社会科学的方法と生態学的方法の統一」であろうと述べている（九五〜九六頁）。私は上山氏がかくも早い時期に（該当箇所は一九六一年に書かれている）、このような主張をしていることに驚くとともに、全く目のさめるような思いがしたことをここに告白しておかねばならない。

(6) ここでは大変簡単に述べてしまったが、この間の事情を詳細に知るためには、安田喜憲『日本文化の風土』（朝倉書店、一九九二年）の、きわめて示唆に富むI・第一章を熟読する必要がある。

(7) 安田、前掲書、一九頁。安田氏は、環境可能論を出発の前提とする社会地理学や、アナール学派と決別した人間中心の地域地理学に、大きな問題があると考えている（一七〜一九頁）。

（8） これはもとより世界史教育に限らない。日本史教育においても、気候変化に注目させることは、今後の重要な課題であると考えている。しかも気候変化は地球的規模で生じることが多く、日本史と世界史をグローバルにつなぐ役割もしている。なお、気候と文明の相関を考えることは、とりもなおさず地理と歴史の相関を問題にすることであり、「地理・歴史科」としての方法論の統一が求められるとすれば、ここにこそそのための大きな糸口があると思う。

一、気候と文明の相関

それではまず、いくつかの図を参考にしながら、気候と文明の深いかかわりについて、考えてみることにしたい。

真にグローバルな世界史を「再建」しようとの立場から、人類史上の画期を五つの「革命」として捉えたのが、伊東俊太郎氏であった。すなわち「人類革命」「農業革命」「都市革命」「精神革命」「科学革命」である[1]。以上の五つを、安田氏は気候変動と関連づけながら考察している[2]（第1図参照）。

まず「人類革命」は、類人猿から人類への移行を意味する変換期であり、それはほぼ今から三〇〇万年ほど前のことと考えられている。人類が成立したこの新世代の第三期から第四期にかけては、地球の気候は寒冷化し、一部において乾燥化が顕著に進行した。人類の誕生は、こうした環境変化の危機に対する、新しい生き方・生活様式の選択によってもたらされたものなのである。

つぎの「農業革命」とは、人類が野性植物を栽培化し、農耕を開始した時である。ほぼ一万二〇〇〇年前以降、気候の温暖化による大陸氷床融解などの原因によって、各地に大洪水が起こり、それまで重要な食糧だったマンモスやバイソンなどの大型哺乳動物が死滅していった。人口の増加と狩猟採集技術の向上にともなう乱獲も、この食糧危機に拍車をかけた。この危機の中で、肥沃な三日月地帯とその周辺の人々が、野生のオオムギやコムギを栽培化する農耕を開始したのである。とすれば、農耕は気候変動によって引き起こされた食糧危機をなんとか克服しようとする、人類のやむにやまれぬ技術革新であったといえる。[3]

第三の「都市革命」とは、人類が強力な主権と国家機構を装備し、文字や金属器を使用する都市文明の段階に突入した時代で、ほぼ五五〇〇年前から四五〇〇年前に引き起こされた。この「都市革命」については、考えさせられる事が非常に多いので、やや詳細に考察したい。ここでは、メソポタミア、エジプト、インダス、黄河のいわゆる四大都市文明を指している。これらはそれぞれ、チグリス・ユーフラテス川、ナイル川、インダス川、黄河という半乾燥地帯を流れる「大河のほとり」で誕生しており、そのこと自体は周知の事実である。が、一歩進めて、それでは、なぜこの四地域であるのか。「大河のほとり」は地球上にいくつもあるのに、揚子江でもガンジス川でも、あるいはアマゾン川、ミシシッピー川、ライン川でもなく、なぜ先の四河川であったのか。鈴木秀夫氏のこの問題提起は大変面白い。[4]この四地域に古代文明発祥の必然性があったにちがいない。

鈴木氏は、それを見るためには、その舞台となった地方の気候の変動を知らなければならないという。すなわち第1図の気温曲線にも示されている通り、八〇〇〇年前から五〇〇〇年前までの約三〇〇〇年間は、現在より二度ほど高温となり、アフリカ北部から西アジアにかけては湿潤の時代であった（ヒプシサーマル期と呼ばれている）。サハラが緑であったのもこの時期のことである。

と地中海	インド・パキスタン	中国	カンボジア	日本
はまだ発掘されていないが都市が存続していたと考えられる時期				
地中海サプロペル層の形成		稲作農耕開始？		縄文時代草創期
器時代	●後期旧石器時代		●中石器時代（ホアピン時代）	早期（前半）
	●中石器・細石器時代 ●農耕・家畜化の開始	●稲作農耕の普及 ●新石器時代 ●仰韶（ヤンシャオ）文化起こる		早期（後半）
			●新石器時代	前期
キシュ（メソポタミア文明） 興隆期 ？＊ 最盛期 ？	インダス文明 興隆期 最盛期	●良渚文化起こる ●竜山（ロンシャン）文化起こる		中期
	衰退期			後期
？		殷・周革命 春秋戦国時代の動乱	●ドンソン文化起こる	晩期
？ 衰退期		楼蘭 興隆期 最盛期 衰退期	アンコール朝 興隆期	弥生時代
			最盛期	古墳時代
			衰退期	歴史時代

〈出典〉安田喜憲『縄文文明の環境』吉川弘文館，1997 年，18〜19 頁

第１図　気候変動と人類革命

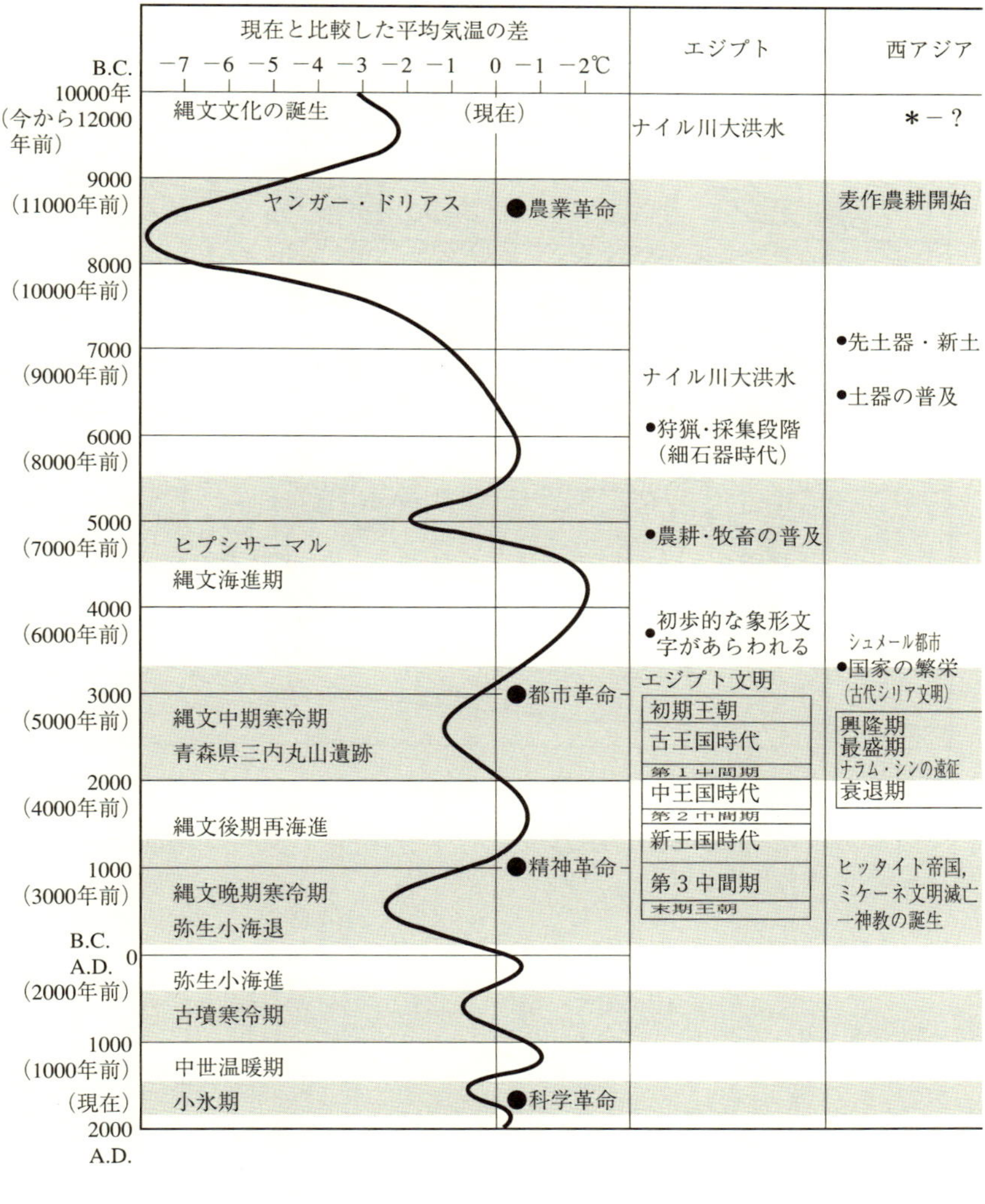
現在と比較した平均気温の差
−7 −6 −5 −4 −3 −2 −1 0 −1 −2℃
エジプト
西アジア
B.C.
10000年
(今から12000年前)
9000
(11000年前)
8000
(10000年前)
7000
(9000年前)
6000
(8000年前)
5000
(7000年前)
4000
(6000年前)
3000
(5000年前)
2000
(4000年前)
1000
(3000年前)
B.C.
A.D. 0
(2000年前)
1000
(1000年前)
(現在)
2000
A.D.
縄文文化の誕生
(現在)
ヤンガー・ドリアス
●農業革命
ヒプシサーマル
縄文海進期
●都市革命
縄文中期寒冷期
青森県三内丸山遺跡
縄文後期再海進
●精神革命
縄文晩期寒冷期
弥生小海退
弥生小海進
古墳寒冷期
中世温暖期
小氷期
●科学革命
ナイル川大洪水
ナイル川大洪水
●狩猟・採集段階
(細石器時代)
●農耕・牧畜の普及
●初歩的な象形文字があらわれる
エジプト文明
初期王朝
古王国時代
第１中間期
中王国時代
第２中間期
新王国時代
第３中間期
末期王朝
＊－？
麦作農耕開始
●先土器・新土
●土器の普及
シュメール都市
●国家の繁栄
(古代シリア文明)
興隆期
最盛期
ナラム・シンの遠征
衰退期
ヒッタイト帝国,
ミケーネ文明滅亡
一神教の誕生

第２図　現在の乾燥域の成因とヒプシサーマル期の赤道西風

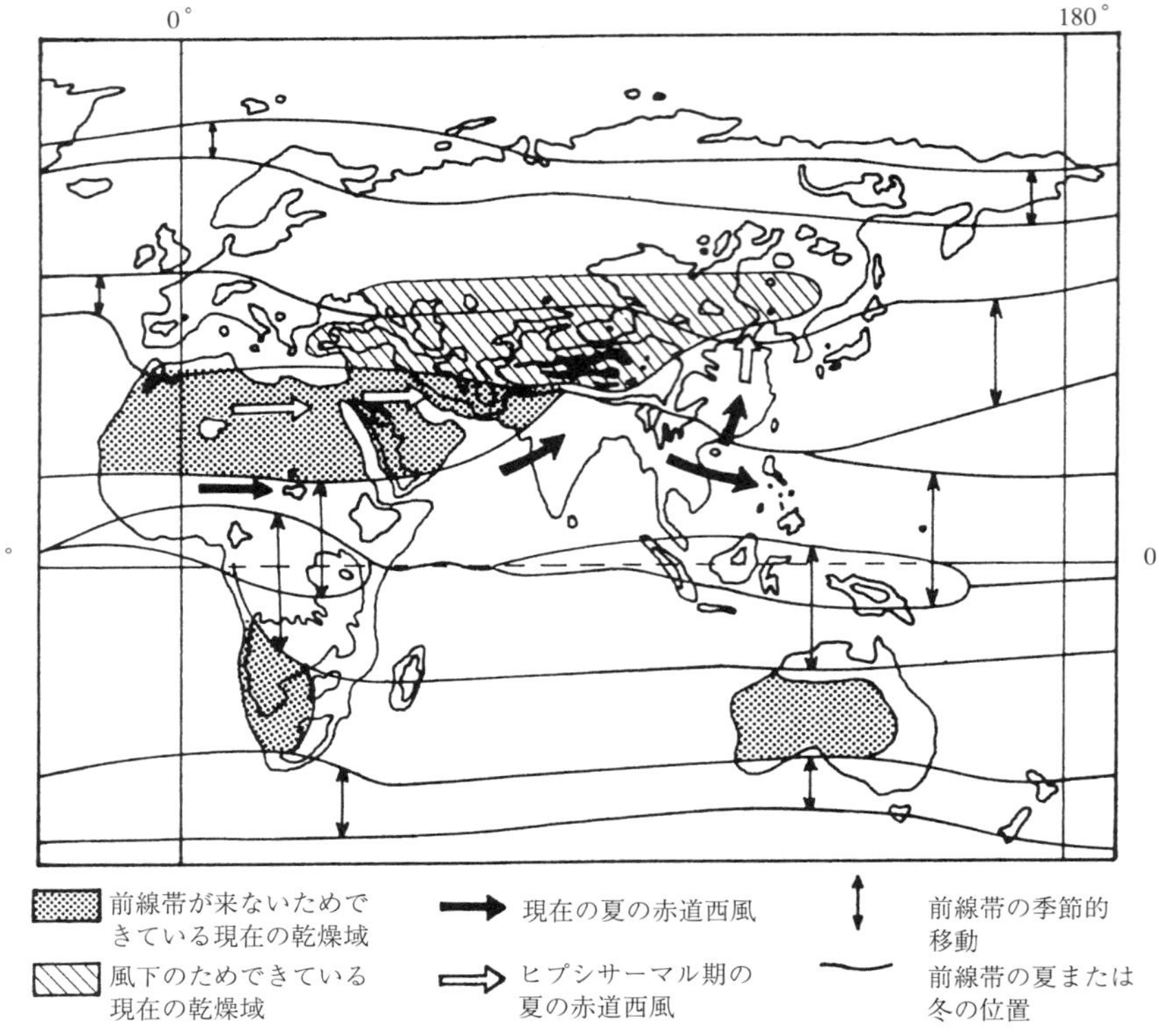

〈出典〉鈴木・山本，前掲書，29 頁

ところが五〇〇〇年前に、気温の低下が始まり、それとともに乾燥化が引き起こされた。ヒプシサーマル期の湿潤化および今回の乾燥化の原因はどこにあるのだろうか。それは赤道西風の影響によるのである。すなわち第2図に見られるように、ヒプシサーマル期においては、現在よりもずっと北に湿った赤道西風が吹いており（図中の白い矢印に注目）、この風が緑のサハラを作り、インダス川流域に雨をもたらしていたのであった。逆に五〇〇〇年前からの乾燥化は、この赤道西風の南下に起因するのである(5)。

以上の点に関して、安田氏は「北緯三五度の乾湿の逆転」と称

第３図

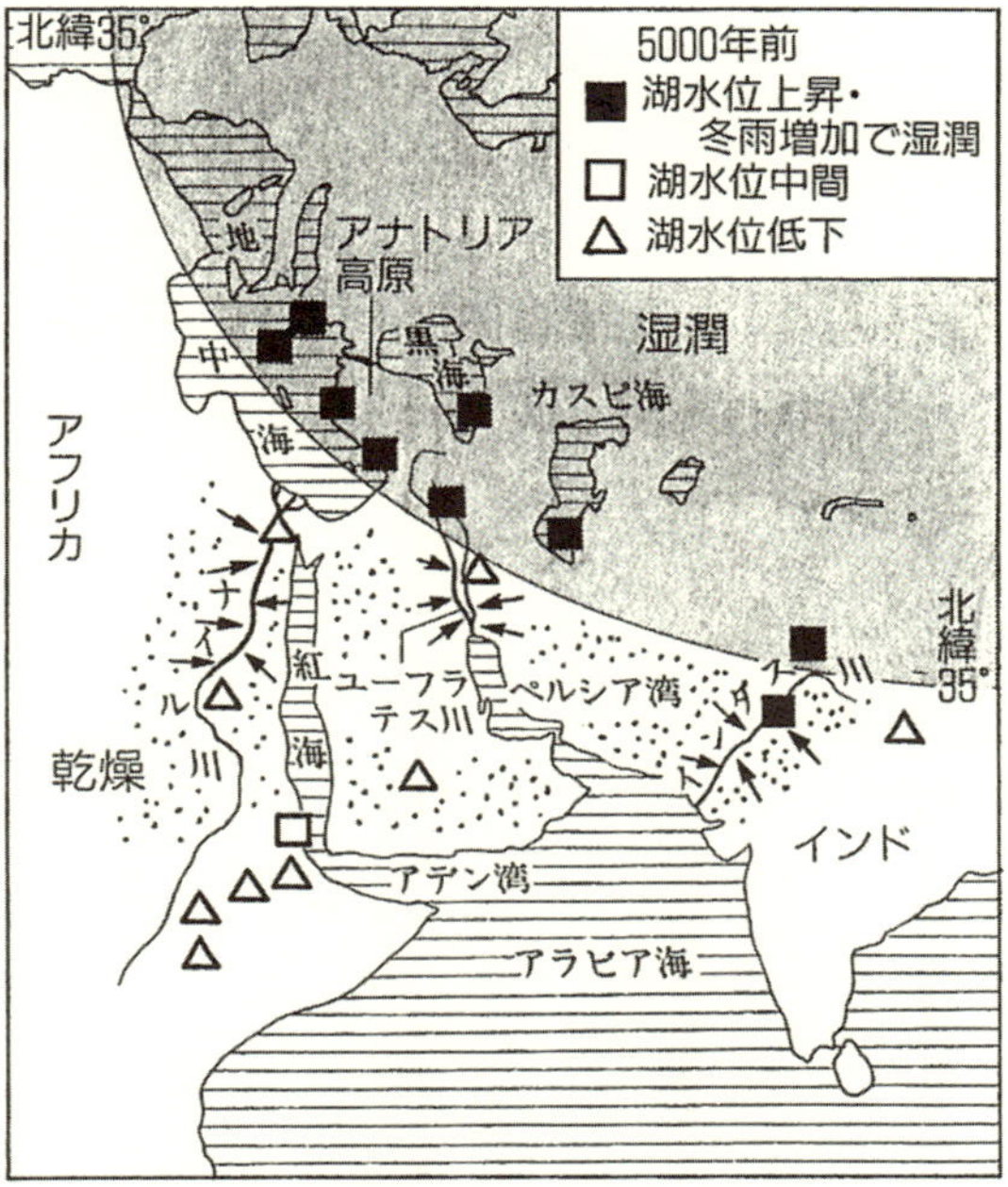

〈出典〉安田『森と文明』NHK 人間大学，1994 年，39 頁

して、興味深い考え方を展開している。すなわち、気候の寒暖の変動はグローバルであっても、乾・湿の変動は局地性が大変大きいのであって、第3図に示されているように、五〇〇〇年前に寒冷化と同時に乾燥化したのは、北緯三五度以南のメソポタミア低地やナイル川流域であった。赤道西風の南下による乾燥とかかわるのは、西アジアではまさにこの地域だったのである。(6)

この乾燥化によって、それまで大河下流域周辺の乾燥したステップで生活していた牧畜民が、水を求めて河畔に集中した（第3図におけるインダス川、チグリス・ユーフラテス川、ナイル川に向う矢印に注目）。これら牧畜民が、すでに大河の中・下流域で麦作と家畜をセットにして生活していた農耕民と接触・混合することによって、都市文明を誕生させる重要な契機となった。これが安田氏の大変魅力ある仮説である。(7)

第4図は、ナイル川の水位の変動とエジプトの王朝の変遷を示したものである。屋形禎亮氏も指摘しているように、確実なのは図中の実線部分のみであり、軽々しい判断は避けねばならな

第４図　ナイル川の水位の変動とエジプト王朝

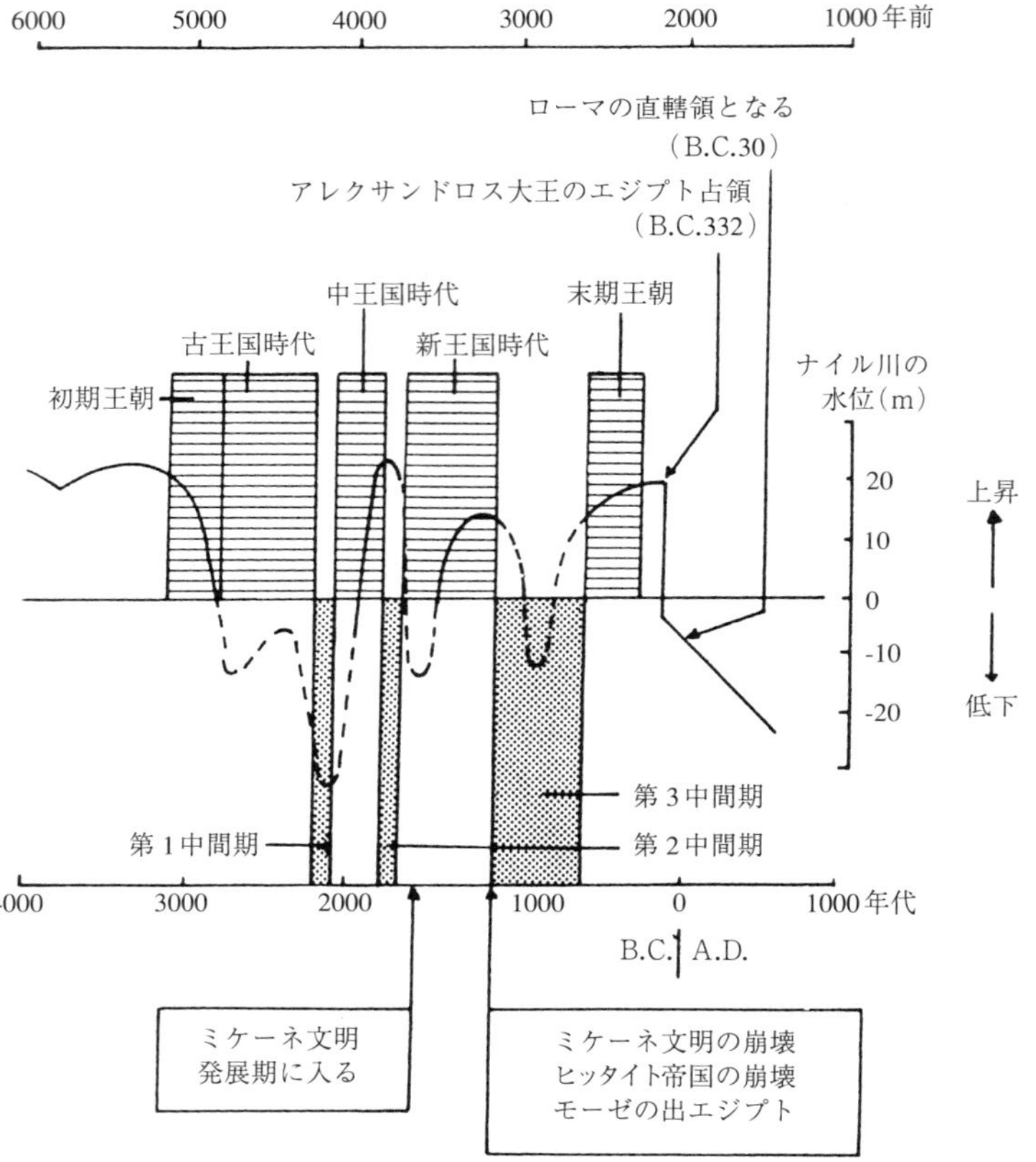

〈出典〉安田『気候が文明を変える』岩波科学ライブラリー，1993年，86頁

いが(8)、それでも五〇〇〇年前から始まる乾燥化による水位低下と、初期〜古王国の建設とが深いかかわりにあることはまちがいない。そして、ナイル川流域に人口が集中した結果、余剰人口が生じ、それが古王国のクフ王等のピラミッド建設を可能にした一つの要因だったのである(9)。

ここで再び最初の鈴木氏の問題提起にもどろう。なぜ古代都市文明の発祥の場所が四地域に限られるのか。それはもはや明らかであろう。すなわち、古代文明が五〇〇〇年前から始まるのは、五〇〇〇年前の乾燥化が始まったことによるのであって、その乾燥化は赤道西風の南下により引き起こされたものであった。とすれば、発祥の場所は、単なる「大河のほとり」ではなく、「赤道西風の南下によって乾燥化が拡大したなかに流れる大河のほとり」と限定できることになる。(10) 揚子江やガンジス川はこの条件に入っていないことがわかるであろう(11)（第2図）。

いずれにしても、古代文明は、「気候環境が良い時代であったから成立したのではなく、気候が悪化したために生まれたものであった」という鈴木氏の指摘は、確認しておく必要があろう(12)。

さて、第四の「精神革命」に移ろう。これは前八世紀から前四世紀にかけて、イスラエル、ギリシア、インド、中国でほぼ並行して起こっているものである。すなわちイスラエルでは旧約の預言者が出現し、ギリシアではタレスに始まり、ピタゴラスやソクラテスを経てプラトンやアリストテレスに至る哲学が誕生し、インドではウパニシャッドから六師外道の哲学を経て、釈迦の出現に至り、中国では孔子を中心とする諸子百家が出現している。こうした巨大な思想上の変革が引き起こされるもう少し前の紀元前一二〇〇年ごろから、第1図にみられるように、これまた気候の寒冷化が始まっている。これはいちじるしい太陽活動の弱化に起因しており、年平均気温が現在より二〜三度低下したとみなされている。

第4図にはっきり示されているように、この気候の寒冷化こそが、エジプト新王国の衰退を導き、モーゼをエジプトより脱出せしめ(13)、そしてミケーネ文明とヒッタイト帝国を崩壊に至らしめた原因なのである。

この気候の寒冷化は(14)、三〇〇〇年前ころから一層顕著になり、これが民族移動を引き起こす。結論からいえば、この民族移動が「精神革命」に深いかかわりがあると思われる。

ヨーロッパ北部ではゲルマン民族の小移動とよばれる民族移動が引き起こされた。彼らはニーダーザクセン西部に洪水のようになだれ込み、ケルト人をライン東岸から追い出した。ケルトの一部は南下してカタロニアのイベリア人を駆逐する。

西アジアはこの気候変動によって乾燥化し、その地方で真の遊牧生活がはじまったという。そこからインド・ヨーロッパ系のトハラ人などが、二九〇〇年前ごろ大挙して東進し、侵入。これが中国大陸内陸部に生活していた北方民族の南下をもたらした結果、ここに中国は春秋戦国時代の混乱期に突入した。それは約二七〇〇年前（紀元前七七〇年）のことであり、ゲルマン民族の小移動とほとんど同時期のことである。諸子百家は、こうした社会的混乱の中で、民衆の苦しみを救済しようとした、偉大な哲学者、思想家であった。

他方、西アジアの乾燥化は、インド北部にまで及んだらしく、二六〇〇年前ころ、戦争・干ばつ・飢饉の打撃によって、農民の生活水準は下がった。釈迦（紀元前五六四～四八三年）にはじまる仏教の発生は、こうした大衆の苦しみと環境の疲弊に関わっているのである(15)。

大きく見て、定住農耕民の文化を基盤とする都市文明のなかに、遊牧民が寒冷化という気候変動により移動を開始し、思想の合理化を促すことによって、それが哲学や高度宗教の誕生の契機となったといえるのではないか(16)。

最後に、第五の「科学革命」について一瞥しよう。

「科学革命」は、一七世紀の西欧という特殊な地域においてのみ生起したが、その歴史的意義はただちに全世界史な意味をもつものであった。過去三〇〇年にわたる世界史における「西欧の優位」の起源はまさしくここにあり、その人類史的意義は、どれほど強調してもしすぎることはない(17)。

だがこの一七世紀という時代も、「小氷期」Little Ice Age といわれるような、気候の寒冷化した時代であったのである(18)（第1図）。一〇〇〇～一二〇〇年の間世界的に温暖だった時代が過ぎ、一三〇〇年代以降になると気候は悪化する（第11・第五章第3図参照）。そしてヨーロッパは黒死病の猛威にさらされるようになる。とりわけ一七世紀は非常に寒冷であり、第5図にみられるように、その後半は太陽黒点も著しく減少した、マウンダー極小期と呼ばれている（第五章第19図をも参照）。一四世紀に流行した黒死病に匹敵するほど激しいものが一七世紀にも生じた（第15図参照）。人々が死を意識しつつ、それと隣り合わせに生きた時代であったといってよい。

第5図　マウンダー極小期とその前後の太陽活動

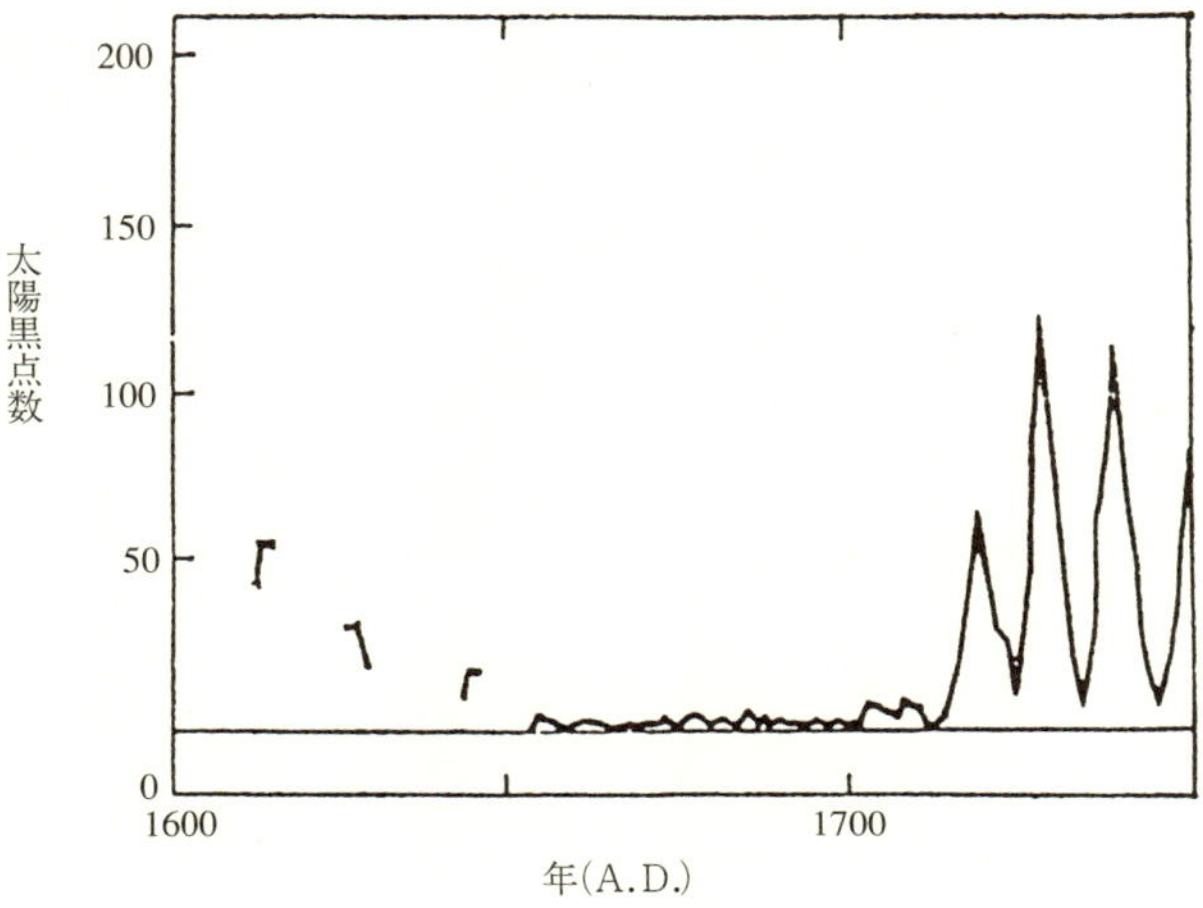

〈出典〉桜井邦朋『太陽黒点が語る文明史』中公新書，1987年，21頁

このような時に、自然の法則を求め、自然を機械とみなし、自然を支配して人間の王国を作ろうとする、デカルトやベーコンの思想は、人々の共感をよんだであろう。(19) ここでも気候変動期の危機に人類が直面した時、人類は新しい時代を切り開いたといえるのである。

（1）伊東俊太郎『比較文明』東京大学出版会、一九八五年、五一頁以下参照。なお、第六の転換点としての現在を、この時点で氏は「心と物の調和」を課題とする「人間革命」と捉えていたが、最近では、地球環境問題こそが現代文明の変換を主導するものとして、「環境革命」と位置付け直している。伊東俊太郎・安田喜憲編『文明と環境』日本学術振興会、一九九五年、一六頁。

（2）安田、前掲『日本文化の風土』Ⅳ・三章。および前掲『文明と環境』における伊東氏の論文「文明の変遷と地球環境の変動」を参照。なお、本稿の構想および文献のきわめて多くを安田氏に依拠していることをあらかじめここに記し、氏に感謝申し上げるとともに、そのような研究の所在を私に教示していただいた、本学の外山秀一教授にもお礼申したい。

（3）最近安田氏は図中に見られるヤンガー・ドリアスという突然の寒の戻りに注目し、森の中で定住を始めていた人類が、この寒さの中で食料危機に直面し、それが農耕開始のきっかけになったのではないかという仮説を提起した。同『東西文明の風土』朝倉書店、一九九九年、五七頁以下。

（4）鈴木秀夫・山本武夫『気候と人間シリーズ　4　気候と文明・気候と歴史』朝倉書店、一九七八年、二七頁。

（5）同、二九〜三一頁。

（6）北緯三五度以北は第3図に見られるように、寒冷化とともに湿潤化した。気候の寒冷化は、ユーフラテス川の中・上流域のシリア北部やアナトリア高原の冬雨や雪の量を増大させた。これが春先の雪解け水とともにユーフラテス川の下流域に大洪水をもたらしたのである。その大洪水はキシュやウルクなど、ユーフラテス川下流域の諸都市を襲った。ノアの大洪水伝説の起源は、以上の現象に求められるであろう。安田『森と文明』ＮＨＫ人間大学、一九九四年、三二〜三九頁。

（7）前掲『森と文明』三九〜四一頁。都市文明を特色づける個人の所有権、契約、外国との貿易、英雄叙事詩、武器や貴金属の装身具などは、本来、牧畜民の中にあった文化的、社会的要素である（同、四一頁）。なお、伊東氏はこの安田氏の仮説に対して、この乾燥化にともなって、人々が大河のほとりでますます灌漑による大規模農耕を発達させ、非常に収穫率のよい農耕を作り上げていったという、「都市革命」の根柢の農耕的基盤にも注意を促している。伊東、前掲論文「文明の変遷と地球環境の変動」九頁。

（8）屋形禎亮「エジプト文明の興亡と気候変動」梅原猛・伊東俊太郎監修『文明と環境Ｉ古代文明と環境』思文閣出版、一九九四年、所収、一一五頁以下。第4図はハッサンの論文（F. A. Hassan, Holocene and Prehistoric Settlements of the Western Faiyum, Egypt, *Journal of Archaeological Science* 13. 1986）から引用したものであり、屋形氏によれば、点線の部分は歴史的事実にあわせてうめているふしがあるという。

（9）しかもこのピラミッド建設といった国民的事業は、毎年ナイル川の氾濫によって失業している農民たちの失業対策の大土木事業といった意味をも持つものであった（このピラミッド公共事業説を唱えたのは、クルト・メンデルスゾーンである。この点については、吉村作治・後藤健編『四大文明〔エジプト〕』NHK出版、二〇〇〇年、七六頁以下を参照）。また当時奴隷制度はなかった。したがって、ピラミッド建設が、奴隷による強制労働によってなされたといった従来のような見方は、再検討を要する。吉村作治『ピラミッドの謎』講談社現代新書、一九七九年、三八頁。

（10）鈴木・山本、前掲書、三二頁。

（11）四大文明のうち、メソポタミア、エジプト、インダス文明は、第3図におけるように、その成り立ちは明確である。が、黄河文明に関しては、ややわかりにくいところがある。すなわち、通例に従って、黄河文明を仰韶（ヤンシャオ）文化と竜山（ロンシャン）文化両者を含めて考えるとすれば、第1図においてみられるように、前者はヒプシサーマル期直前の寒冷期に発生しているのであって、他の三文明とは様相を異にしている。しかし後者は他と同様の時期に成立しており、しかも第2図によれば、ヒプシサーマル期には赤道西風は、黄河地帯にも達していた。五〇〇〇年前以降それば南下して、ここでも乾燥化がもたらされるので、竜山文化については、他と同様の成り立ちが予想されるであろう。
　しかし最近以上とは別に、北緯三五度以南にある長江流域の文明がにわかに注目をあびてきた。それにより従来の四大文明に長江文明を加えて、五大文明の可能性が大になってきたようである。これについては徐朝龍『長江文明の発見』角川選書、一九九八年や梅原猛ほか『長江文明の曙』角川書店、一九九九年、参照。

（12）鈴木・山本、前掲書、三三頁。傍点は引用者。

（13）モーゼによるヤハウェの一神教の創設は、その後ローマから中世・近代ヨーロッパへ受け継がれ、人類文明を席巻する巨大な思想の潮流となるが、そのユダヤ・キリスト教誕生の契機もまた気候変動と深くかかわっていることに留意しておきたい。安田『気候が文明を変える』九〇頁。

（14）ヒッタイト帝国が独占していた製鉄の技術は、帝国がフリギア人の侵入によって滅ぼされると、次第に世界に広まっていく。鈴木氏はしたがってこの気候の寒期を「鉄器時代初期の寒期」と呼んでいる。鈴木『気候の変化が言葉をかえた』NHKブックス、一九九〇年、一一八頁。

(15) 鈴木、前掲『気候の変化が言葉をかえた』一二二頁。

(16) 農耕民の思想は蓄積的で伝統的、保守的、呪術的、秘儀的でかつ情念的でウエットであるのに対して、遊牧民のそれは、統一的、合理的かつドライな性格をもつ。遊牧民の文化が定住農耕民に浸透する具体的なプロセスは次のごとくである。パレスチナでは、土着の天候神バアルを信ずる都市文明に、イスラエル民の遊牧的な天の唯一神ヤハウェが入っていくことによって。ギリシアでは、ディオニュソスやデメテルといった農耕的な神々に対し、北方から同じく遊牧的な天のオリュンポスの神々が入ってきて二重構造をつくり、さらにその合理的な神々の世界を脱神話化することによって、タレス以後のギリシア哲学が誕生した。インドでは、インダスの都市文明の上にヴェーダの秘儀的呪術的宗教がまず支配し、その後商業活動の発達に伴い現れてきた六師外道や仏教がそれを徹底的に合理化する。中国では、諸子百家以前には、土地に結びつく呪術的な社稷の神々が存在したようだが、遊牧民が侵入し唯一なる「天」の概念が生じ、さらにそれを合理的に「道」と内在化することによって「怪力乱神を語らぬ」孔子の哲学などが生まれた。以上については、伊東、前掲論文、一〇～一二頁、ならびに江上波夫・伊東俊太郎『文明移転』中公文庫、一九八四年をも参照。

(17) 伊東、前掲『比較文明』七〇～七三頁。

(18) 私の年来の研究課題のひとつはヨーロッパにおける「一七世紀の危機」である（その成果の一端は、前掲拙著、第七章を参照）。かつて、その「危機」の原因を考察した際には（拙稿「一七世紀の危機とフランス国民経済」『愛知教育大学附属高等学校研究紀要』第八号、一九八一年、所収、七七～七九頁）、危機の根底に「気候悪化」をおくG・パーカーらの見解（G. Parker & L. M. Smith (eds.), *The General Crisis of the Seventeenth Century*, 1978）を批判しつつ、気候的要因（あるいは細菌的要因も）は、一定の経済的・社会的・制度的な枠組の中でのみ作用するにすぎないと主張した。しかし、「はじめに」でも書いた通り、フランス社会史の研究や本稿で参照している諸文献の影響なども受けて、現在ではかつて考えた基本線は維持しつつも、もっと気候的要因に注意を払うべきだと考えるようになっている。なお、ついでながら「小氷期」とは、アメリカの研究者F・E・マシューズがヒプシサーマル期以降の最近三〇〇〇〜四〇〇〇年の気候の全般的冷涼化を示す言葉として提案したのであるが、その提唱者の意図はうち捨てられ、最近二世紀間の最後の氷河成長期（一六〇〇〜一八五〇年）に使用されるようになったことについては、E・ル・ロワ・ラデュリ（稲垣文雄訳）『気候の歴史』（藤原書店、二〇〇〇年、二九三〜二九五頁）を参照されたい。

（19）　ペストを避けるためにケンブリッジを離れて、郷里ウールズソープに帰ったニュートンが、その庭先のリンゴの木からリンゴが落ちるのを見て、万有引力の法則を発見したということも、「科学革命」を象徴するエピソードではある。

二、森林破壊の歴史

以上の叙述だけからでも、文明の盛衰あるいは新しい思想の誕生などが、気候（とりわけ悪化）と深いかかわりがあることを、理解していただけたであろう。

それでは次に、世界史上における森林破壊という環境問題に焦点を絞って、考察を試みたいと思う。

㈠　ギルガメシュと森林の破壊

粘土板に楔形文字で書かれた、世界最古の叙事詩として名高い「ギルガメシュの冒険」[1]。かつて高校生に何度も話しながら、私自身ごく最近まで、これから述べるような観点からこの物語を読むことができなかった。

ギルガメシュはシュメールの都市国家ウルクの城主で、暴君であった。都の乙女たちを奪い去るような悪業を重ねたので、都の人たちは天神アヌにこれを訴えた。アヌは女神アルルに命じてエンキドゥという名の猛者《もさ》を土から作らせ、地上に送った。ウルクの城門の前で二人は大格闘をするが、勝負は決まらない。二人は互いの力を認め合い、友情が芽ばえる。

ギルガメシュは大そう冒険が好きで、ある日、エンキドゥにむかい、神の森にある杉の木を切りたおして、勇気を天下に示そうではないかと言った。森には恐ろしい神フンババが守っているからとしりごむエンキドゥを説き伏せ、ついに二人は剣や斧を持って森に出かける。森の奥に入った彼らが杉を切り始めると、フンババは猛り狂ったように二人に襲いかかった。しかしギルガメシュとエンキドゥは勇猛に闘い、フンババの首を打ちおとしてしまった。

この物語はまだまだ続くが、ここまでのところで何を読み取ることができるだろうか。

それは安田氏が明快に指摘されるがごとく、フンババ退治は、人類が森林破壊の文明への道を選択した、人類史における重要な分岐点であった[2]。別の言い方をすれば、人類に輝かしい発展を約束したはずの都市文明の誕生は、実は大規模な森の破壊の第一歩であったということになる[3]。

第6図にはシリアのガーブ・バレイの花粉分析の結果が示されている[4]。

第６図　シリア，ガーブ・バレイの花粉ダイアグラム

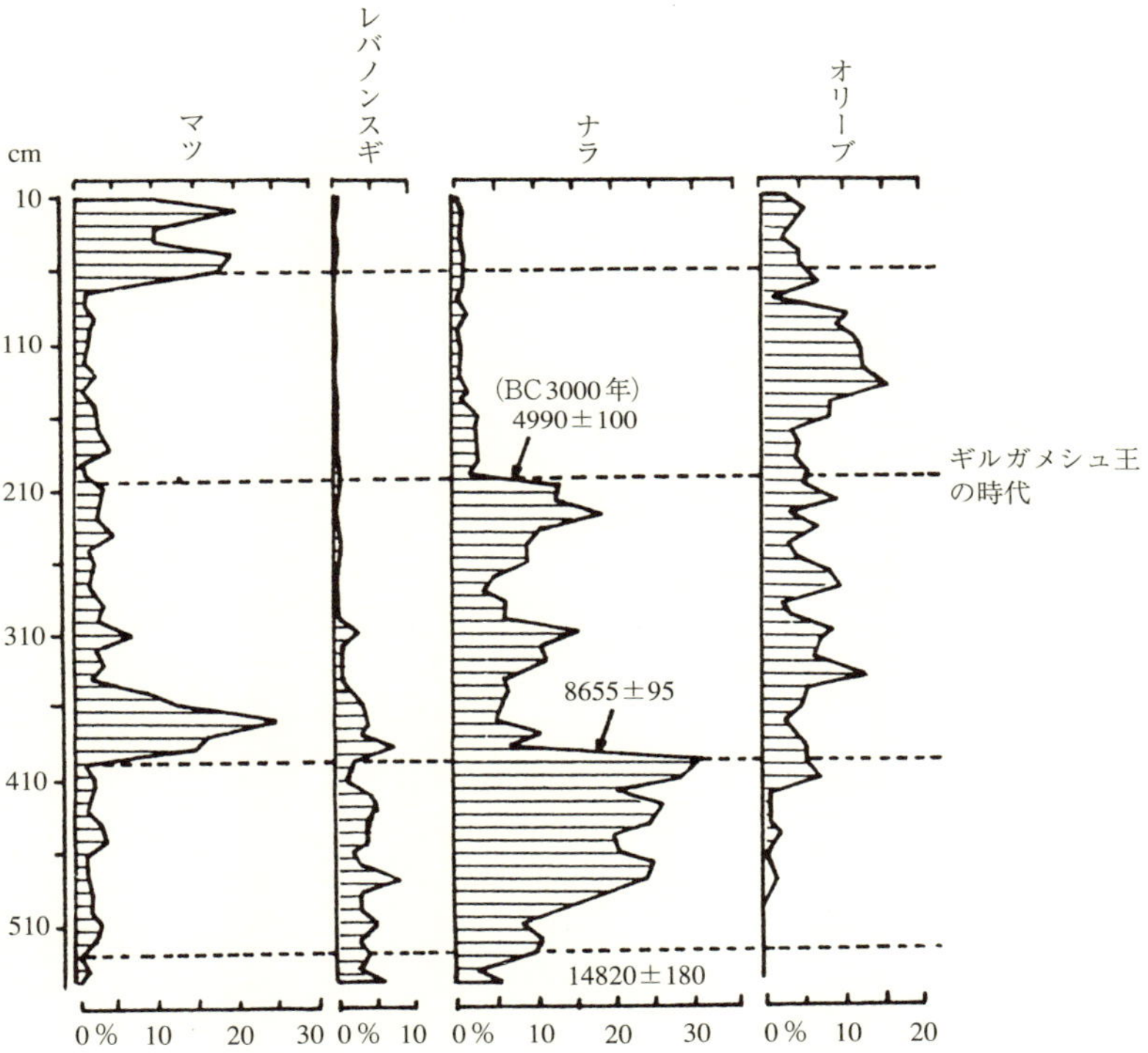

〈出典〉安田『森と文明の物語』34頁

　これによれば、ほぼ一万三〇〇〇年前からナラの花粉が急増し、レバノンスギとともにアマノス山にナラの森が拡大したことがわかる。気候が温暖・湿潤化したことによる森の拡大である。

　一万年前からはナラの花粉が激減し、代わってマツの花粉が急増する。人間によってナラの森が破壊されはじめたのである。そして人々はナラの森を破壊した後にオリーブを植え始めた。レバノン杉も著しく減少し、六七〇〇年前にはほとんど消滅する。が、五〇〇〇年前までは、まだアマノス山にはナラとマツの森が生育していた。

　わがギルガメシュ王の時代つまり五〇〇〇年前以降、ナラの森はほと

んど伐り倒されてしまう[5]。

この花粉分析結果は、実際にはギルガメシュ時代よりもはるか以前に、人間が木を伐り倒していた事実を示してくれていて、大変興味深いものがある。だが「ギルガメシュの冒険」が我々に伝えようとしている意義は少しも減ずるものではない。

J・パーリンは、この叙事詩が時間を超越して、来るべき未来を示す物語となっているという。なぜなら、「人類がたえず物質的成長を維持し、必要となる建築・燃料資源を確保しようとするたびにギルガメシュがあらわれ、森への侵略がくりかえされてきた」からである[6]。

(二) ミケーネ初期、ギリシア文明時代の森林の破壊[7]

ミケーネ文明は紀元前一七〇〇～一二〇〇年の間にペロポネソス半島東部で繁栄した文明で、クレタ島のミノア文明がサントリーニ島の火山噴火と森林資源の枯渇の中で窮地に陥っていた頃、地中海の覇者として登場した。クレタのクノッソスでは木が不足し、船の修理もままならない状態が起こっていた時、ミケーネにはまだ豊かな森が残っていた。ミケーネはこのペロポネソス半島の豊富な森林資源によって、交易船や軍船をつくり、地中海交易の覇者をなしとげることができたのである。

ミケーネ社会の発展を支えた農業は、オオムギ、コムギとアサ、豆類などの栽培と牧畜であった。が、農耕地が拡大し、家畜が放牧されると森は一方的に破壊されていく。しかもミケーネの経済発展を支えたものは、農耕・牧畜だけでなく、青銅器産業と陶器産業であって、後者は遠く南イタリア、シリア、エジプトにまで輸出されていた。こう

第７図　ギリシア，カトゥーナ湿原の花粉ダイアグラム

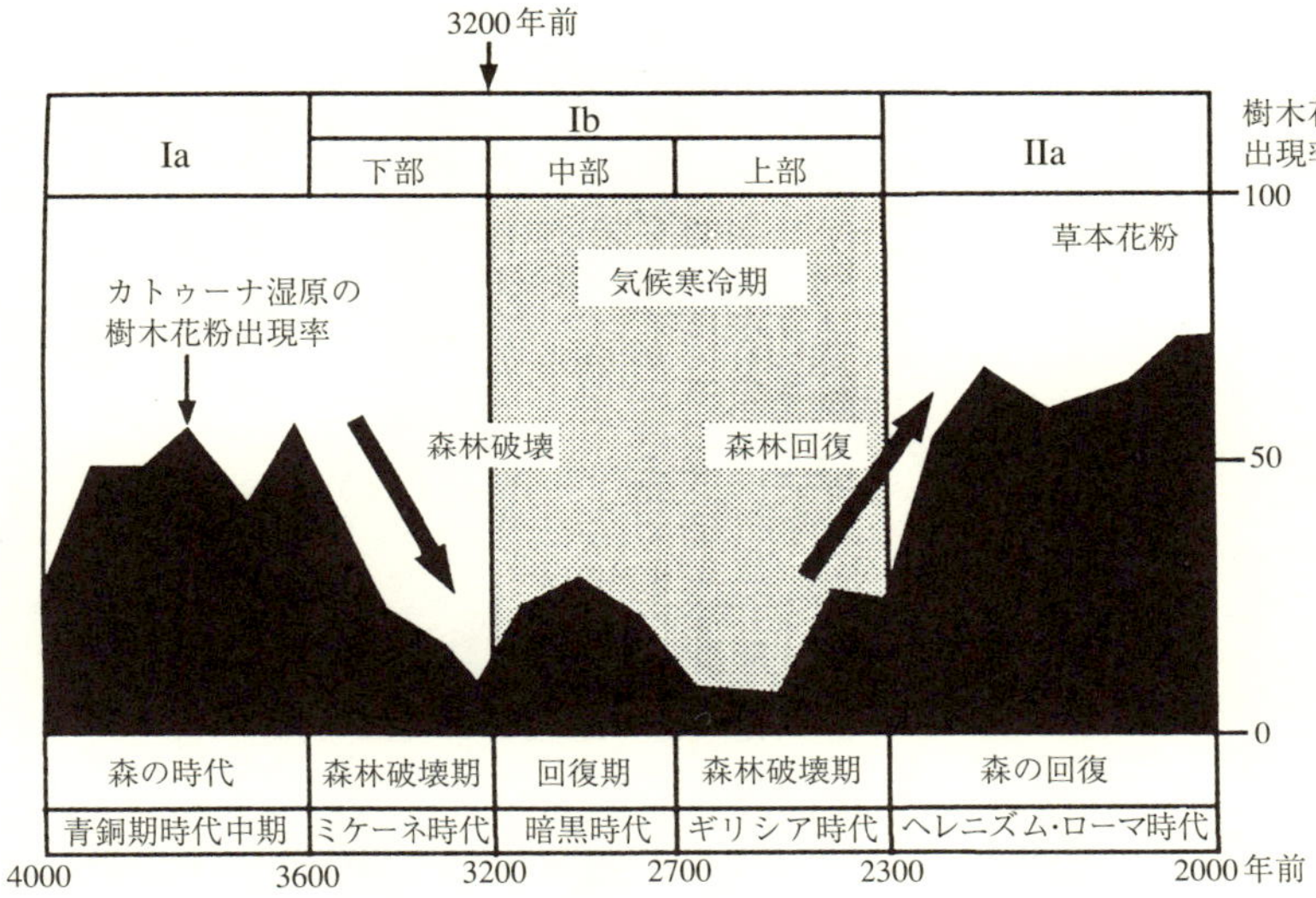

〈出典〉安田『『森と文明』63頁

した青銅器や陶器を製造するためには、これまた大量の薪が消費され、原料や製品の輸出入のためには、ナラやモミの巨木を伐採して、貨物船を作る必要があった。

このミケーネ社会の経済発展にともなって、人口が急増していった。これがまた新たな農耕地の開拓、建築材や燃料としての森林の伐採を引き起こしたのである。

第７図には以上に述べた原因による、ミケーネ時代の森林破壊が見事に示されている。

長年の農耕特にアサの栽培は地力を消耗し、毎年やってくる冬雨は、豊かな表土を削り取り、運び去ってしまう。激しい森林の破壊にともなう土壌の劣化は、穀物生産の低下をもたらすことによって、ミケーネ社会に大きな打撃を与えた。

そこへすでに一、においても述べた、紀元前一二〇〇年の気候の寒冷化が、ミケーネ文明を直撃した。寒い冬の到来の中で、薪不足と食糧不足に

よって、人々の体力は次第に低下していったようである。

ミケーネ社会の破局はまず大都市から始まった。ベルバディ、ミディア周辺からは完全に人々の姿が消え、続いて、ミケーネ、ピュロス、ティリンスのような大都市においても人口が激減した。

つづいて破局は周辺部へ波及した。ペロポネソス半島南西部では、村落数が一五〇から一四にまで減少している。第7図の気候が寒冷期に入ってからの森林の回復は、こうしたミケーネ社会の人口減少を反映しているものとみられる。

ところで、これまでの大方の教科書では、ミケーネ文明は、北方から侵入したドーリア人によって滅ぼされたと記述されてきたし、私自身も全く同様に高校生たちに授業をした。だが、すでに述べてきたように、ミケーネ文明は、ドーリア人の侵入以前にすでに衰退期に入っていたのである。したがって、彼らがその文明に最後のとどめを刺したとはいえても、衰退の直接の原因ではなかったことは、十分に注意しておくべきであろう。

もとより、ドーリア人をはじめとして、フリギア人、「海の民」の移動や略奪も、紀元前一二〇〇年以降の気候の寒冷化と深くかかわっており(8)、いわばこうした環境難民が次代の文明を担う立て役者となるのである。

もう一度第7図を見れば、暗黒時代(9)に多少なりとも回復した森林は、ギリシア時代に入ると再び急速に破壊される。ここにミケーネ文明がたどったのと同じコースが、また繰り返されるであろうことは予想がつくであろう。

ところで、ギリシアはオリーブの産地としてよく知られている。私はこれは昔からあった地中海性気候の特性だとばかり思っていた。しかしそれはまちがいで、第6図にも示されておりまたギリシアでもそうであったように、森が失われ、長年の耕作で土地が疲弊して劣悪化した土壌においても十分に育つものとして、オリーブ栽培は、後の人々が考えついた苦肉の策であったのである(10)。

㈢　トロイおよびエフェソスの位置の変貌

まず第8図を見ていただきたい。トロイ（トロヤ）戦争で名をはせた後期青銅器時代と現在のトロイの海岸からの位置が大きく変わっているとともに、かつてあったスカマンダー湾も今ではなくなってしまっていることに気がつかれよう。この間に何が生じたのか。

トロイは後背地を抱える商業中心地であったが、この後背地は木材産地として名をとどろかせていた。トロイ近くの山々のなかの最高峰はイダ山で、「イダ」とはギリシア語で「木の山」を指すことでもそのことを推しはかること

第8図

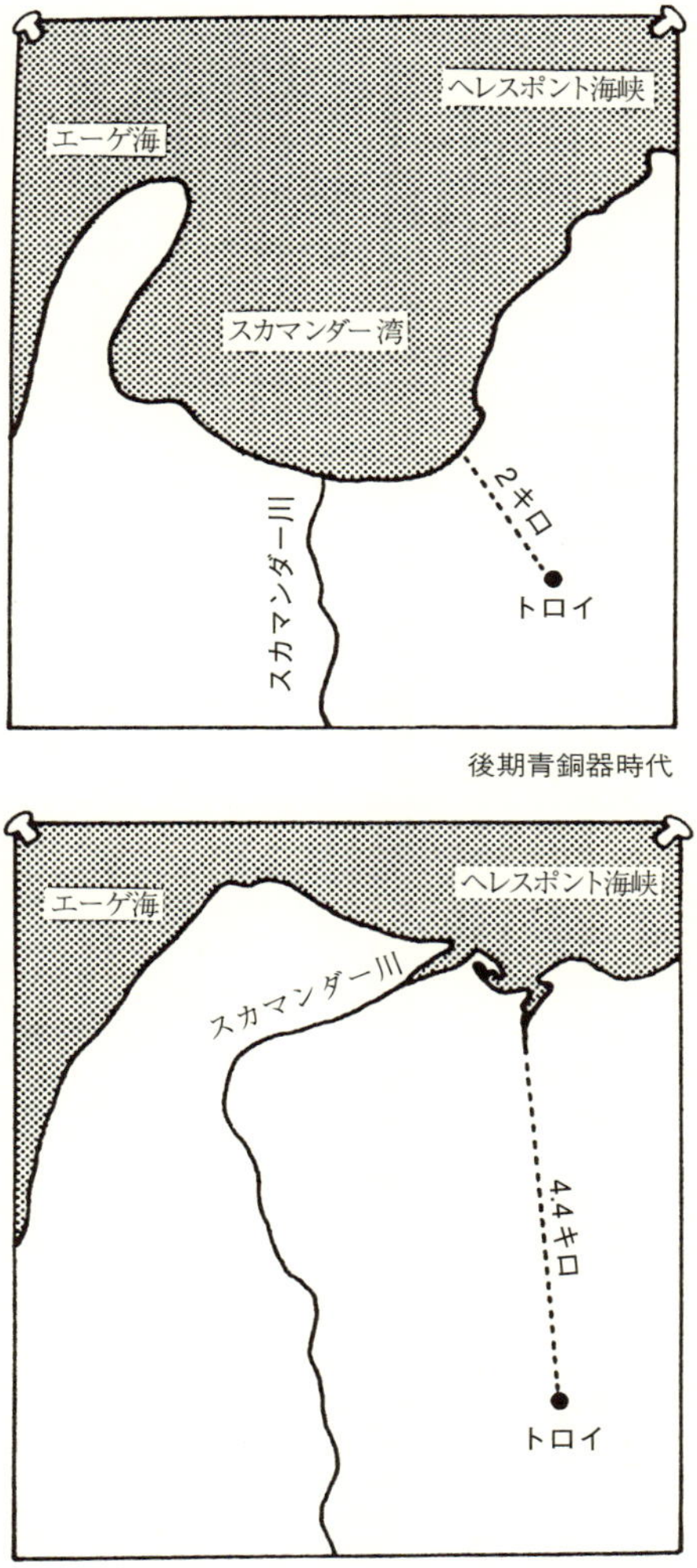

〈出典〉J・パーリン，前掲書，63頁

ができる。ホメロスの時代にはイダ山をとりまく土地には、森が鬱蒼と広がっていたのである。[11]

人口圧による木材不足に悩まされていたミケーネが目をつけたのは、この森の王国トロイであった。ホメロスが『イリアス』や『オデュッセイア』で描く、ミケーネ王アガメムノンとトロイ王プリアモスの争いに端を発したトロイ戦争は、この森林資源をめぐっての大戦争ではなかったか。[12]

ミケーネに比べて今日でもなお森を残すトロイ周辺ではあるが、大量の木を伐採したことによって、大地が夏の強烈な日差しや冬の豪雨にさらされ、大量の土壌が押し流された。土壌への侵食は斜面の傾斜が急なほど進み、渓流や河川の洪水にまで及ぶ。第8図におけるトロイの位置の変化は、スカマンダー川がそうした大量の土砂を運び、湾を

第9図

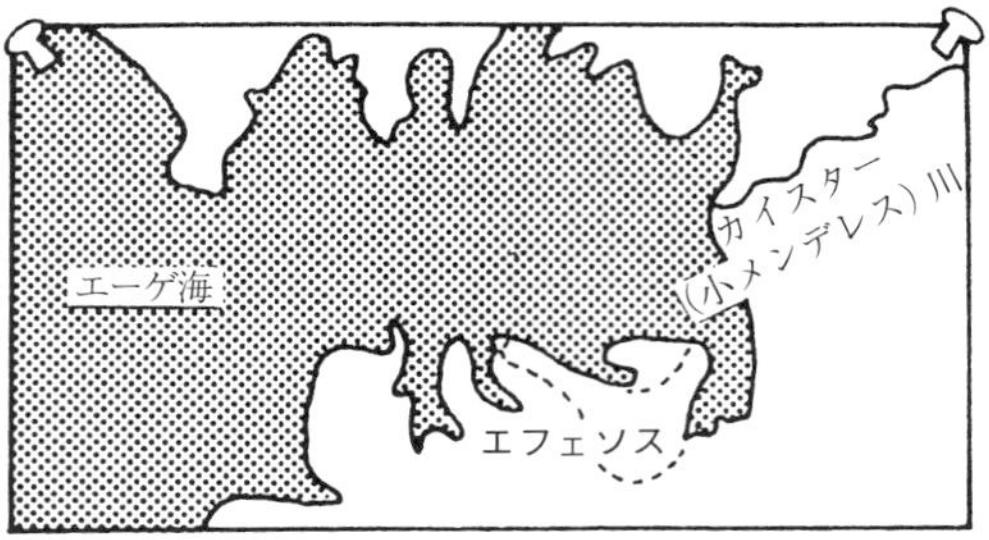

紀元前7世紀

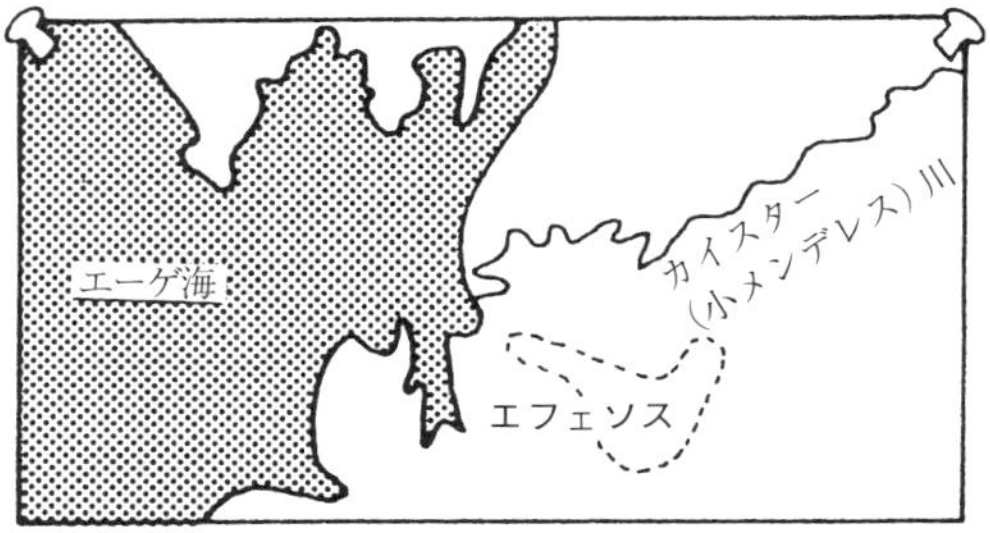

紀元前3世紀

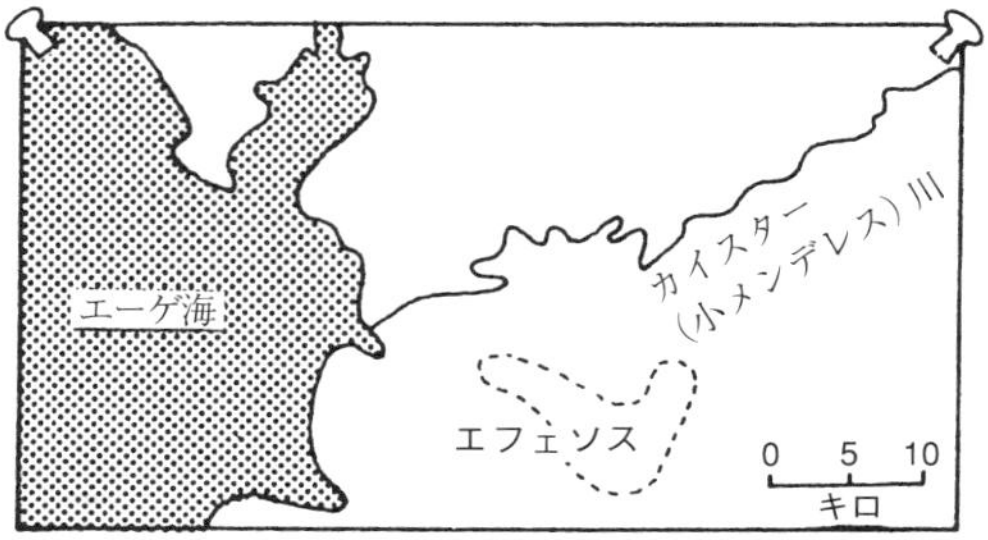

紀元前2世紀

〈出典〉パーリン，前掲書，81頁

埋めてしまったために生じたのである。

第9図にもうひとつ同様の例を示した。

カイスター川の河口に位置した都市国家エフェソス（高校世界史では、ネストリウス派を異端と決した四三一年の宗教会議で名高い）は、紀元前七〇〇年を過ぎたあたりから大発展を遂げたが、それと並行してカイスター川の下流地帯では沖積が加速度的に進行していった。それというのも、エフェソスの町の発展を支えていたのが、カイスター川の上流での丸太伐り出しと農業であったからである。

紀元一世紀半ばには、エフェソスはローマ時代の小アジアの商業中心地へと発展したが、港の沈泥の堆積も増大した。その後港の浚渫、カイスター川のコース変えなども効を奏することなく、港は埋まりつづけ、図のように町はますます海から隔てられたのである。(13)

(四)　一二世紀ルネサンスと森の破壊

「一二世紀ルネサンス」という言い方は、Ch・H・ハスキンズの著作(14)以来著名となっているが、高校世界史には出てこない概念である。ヨーロッパが「離陸《テイク・オフ》」したのは一二世紀であり、それは最初の精神的自覚に達した覚醒の世紀でもある、とするこのハスキンズ・テーゼは、従来の中世＝暗黒時代像を一八〇度ひっくり返したものとして、今日では高く評価され、また広く承認された見方である。(15)

ところで、このヨーロッパ一二世紀を、本稿の主題である森との関連で見た場合、どのような問題が浮かび上がってくるであろうか。それは、一一世紀後半から一三世紀前半にかけての一連の農業上の技術革新と深くかかわっている。マルク・ブロックはこの時代を「大開墾の時代」と名づけ、「このたくましい努力についての、最も直接に目立った出来事は、樹木とのたたかいであった」と述べている。[16] すなわち、冶金術の進歩および普及によって、人々の手に斧や鉈鎌が渡るようになった。これによって彼らは農地開墾のために森との戦いを開始したのであり、[17] その先頭に立ったのは修道院であった。安田氏の言葉を借りれば、ここからヨーロッパ中世における「森の受難」が始まったといえる。[18] これはイギリス・ヨークシャーのナースギルウッドの花粉分析（第10図）にもはっきりと示されており、一二世紀頃を境にしての森林破壊は著しい。[19]

しかもこの大開墾は、第11図にみられる、同時期に始まった特に温暖な気候に裏打ちされていることはまちがいな

第10図　イギリス・ヨークシャーナースギルウッドの花粉ダイアグラム

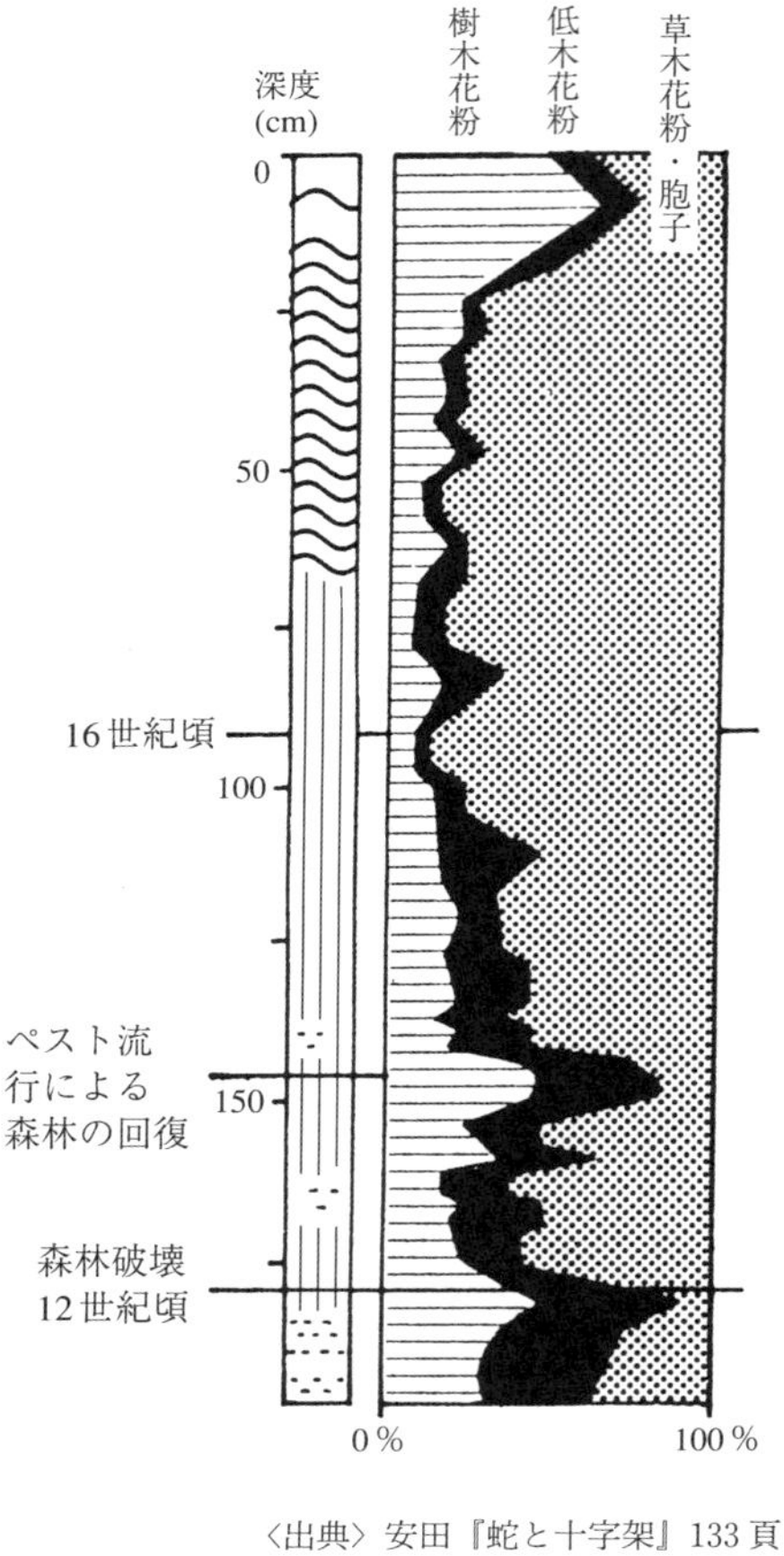

〈出典〉安田『蛇と十字架』133頁

第11図　紀元900〜1990年のイギリスの年平均気温の変動

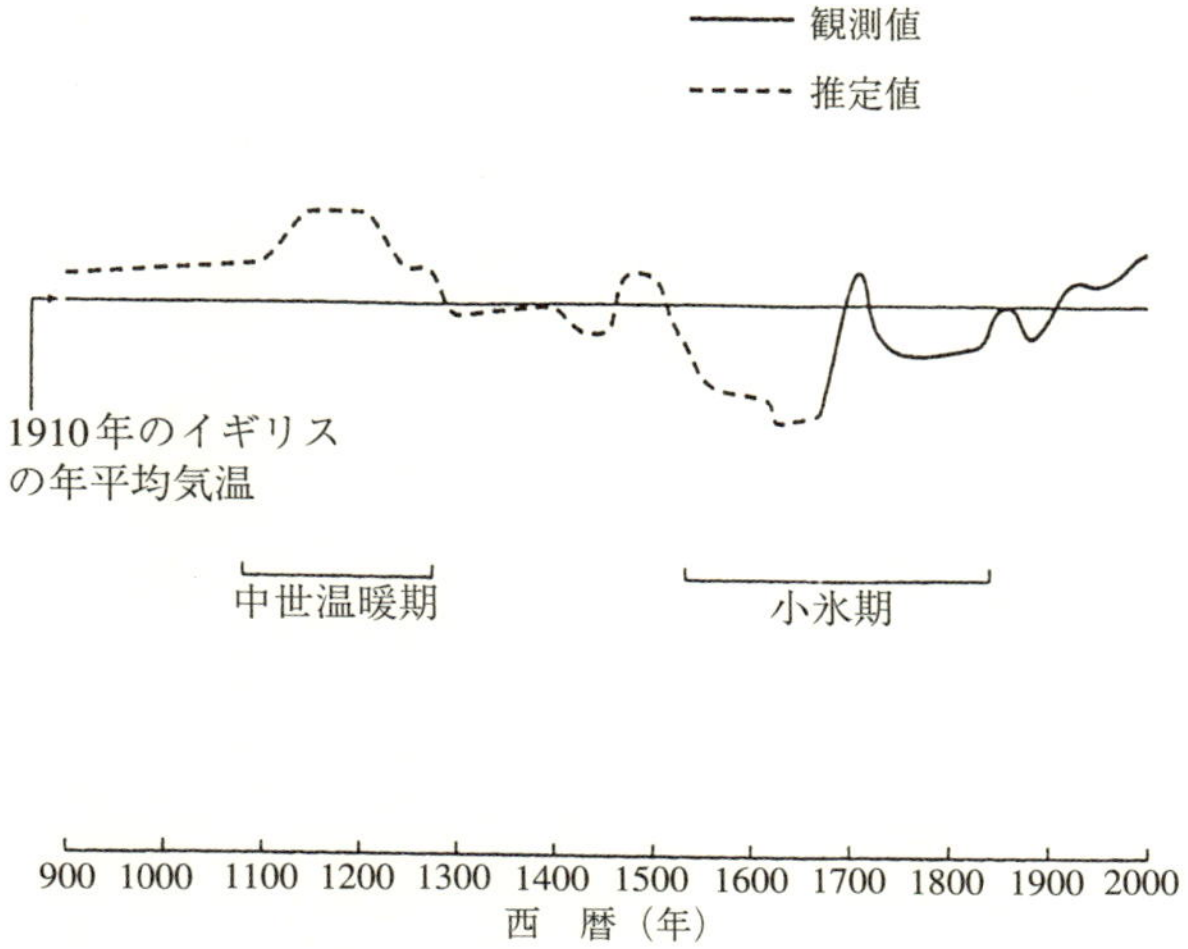

〈出典〉C・ポンティング『緑の世界史』（上）朝日選書，163頁

い。[20]

しかし、さらに私が興味深いと思うことは、一二世紀ルネサンスの性格そのものにかかわっていることである。すなわち伊東氏は、先のハスキンズがどちらかといえば、このルネサンスを西欧世界の内部的事件と捉える傾きを批判し、これをイスラムと西欧との「文明遭遇」、前者から後者への「文明移転」と捉えることを強調する。[21]

安田氏はこの点を重要視する。すなわち中世ヨーロッパがなお基本的には、自然＝人間循環系の森の文明という性格を強く有するものであったのに対して、草原で発達した都市文明の延長に位置するイスラム・アラビアの文明の影響によって、それが自然＝人間搾取系の文明へと転換したとみるのである。[22]そうしたヨーロッパ人の自然観の大きな変化が、森の破壊に直結したのである。[23]

ところで、屋久杉の年輪の研究から、明らかなように、日本でも中世は温暖な気候が続いていた[24]（第五章第3図）。そして、まことに興味深いことに、ここでも一二〜一三世紀に、二毛作の導入、犂の技術革新といった農業技術の革新によって、カシ類やナラ類の広葉樹林が破壊され、ソバやゴマの畑に変わっていることがわかるのである（第五章第13図）。しかし、ヨーロッパの場合と決定的に異なることがある。それは図にも示されている通り、日本人は原生林を破壊したあとに成立してきたアカマツの二次林の資源に、強く依存した農耕社会を作り上げたことである。[25] この二次林のおかげで、森林の構成種は変わっても、森林の面積の減少はヨーロッパほど著しくはなかったのである。[26]

（1）全文は次の書物に収められている。H・ガスター（矢島文夫訳）『世界最古の物語〈バビロニア・ハッティ・カナアン〉』現代教養文庫八〇五、社会思想社、一九七三年。さらに詳しくは、月本昭男氏の訳と詳細な解説による『ギルガメシュ叙事詩』（岩波書店、一九九六年）をじっくり読む必要がある。

（2）安田『森と文明の物語』ちくま新書、一九九五年、一七頁。

（3）同『森と文明』四六頁。金子史朗氏は、この物語はチグリス・ユーフラテス両河地帯の人びとの香柏（レバノン杉）への渇望であり、その入手のために行動を起こした勇気ある人物の冒険譚が主題ではないかと考えている。同『レバノン杉のたどった道』原書房、一九九〇年、三九頁。

（4）花粉分析について詳しくは、鈴木正男『過去をさぐる科学』ブルーバックス、一九七六年、参照。安田氏の強みは、この花粉分析と従来の歴史研究を結合したところにあると思う。

（5）以上については、安田『森と文明の物語』三二～三六頁。

（6）J・パーリン（安田喜憲・鶴見精二訳）『森と文明』晶文社、一九九四年、三二～三三頁。本書は森と文明という新しい視点から、従来の歴史研究を捉え直しており、実に興味深いものである。原題は *A Forest Journey*, 1989 で、一九八九年度シカゴ地理協会賞を受賞している。

（7）ここでの叙述は、安田氏の次の三冊の著書に依拠している。『気候が文明を変える』、『森と文明』、『森と文明の物語』。

（8）一、でみた、ゲルマン民族の小移動も同時期のことであり、三二〇〇年前頃のユーラシア大陸は、民族移動の波にさらされた激動の時代であった。なお、第4図において、ミケーネ文明と時を同じくして鉄の王国ヒッタイト帝国も滅んだことはすでに見た。このヒッタイトも「海の民」によって滅ぼされたといわれているが、やはり鉄鉱石を溶かすために森林を切りすぎて、すでに内部衰弱していたのではないだろうか。

（9）ギリシア人は、この時代にアルファベットを採用し、鉄器を導入し、製陶技術を発展させて、来るべきギリシア人独自の社会を形成する準備をすすめていたのであって、「暗黒」を文字通りに受け取ってはならないと私は考えている。

（10）ブドウについても全く同様のことが言える。

（11）パーリン、前掲書、六二頁。

（12）安田『森と文明』六二～六三頁。

（13）パーリン、前掲書、七八頁。

（14）Ch. H. Haskins, *The Renaissance of the Twelfth Century*, 1927. 邦訳（野口洋二訳）『一二世紀ルネサンス』創文社、一九七四年。

（15）この点についてもう少し詳しくは、前掲拙著、二九七～三〇一頁参照。また、最新のすぐれた成果としては、伊東俊太郎『一二世紀ルネサンス』岩波セミナーブックス42、一九九三年、がある。

（16）マルク・ブロック（河野健二・飯沼二郎訳）『フランス農村史の基本性格』創文社、一九五九年、二二一～二二三頁。傍点は引用者。

（17）堀米庸三編『生活の世界歴史6　中世の森の中で』河出書房新社、一九七五年、一五頁以下。

（18）安田『森林の荒廃と文明の盛衰』思索社、一九八八年、二〇八頁以下の「受難の森」参照。

（19）同じく第10図には、ヨーロッパの人口を三分の一減少させた一三四八～五三年のペストによって、森林が回復するさまも現れており、大変興味深い（第11・第五章第3図をみれば、このペストは一三〇〇年以降の気候悪化ともかかわっている）。またそれ以後の森林破壊には、すさまじいものがあることも読みとれる。

(20) C・ポンティング(石弘之/京都大学環境史研究会訳)『緑の世界史』(上)朝日選書、一九九四年、一六二頁以下、鈴木『気候の変化が言葉をかえた』一六〇頁および木村尚三郎、前掲『近代の神話』九七頁、参照。

(21) 伊東、前掲書、五頁。

(22) 安田『蛇と十字架』人文書院、一九九四年、一三六~一三八頁。

(23) 一二世紀を境とした自然の合理的研究(伊東、前掲書、八一頁以下)や、「人間世界」を守り、その条理を自然世界まで貫徹するために、動植物まで人間同様の裁判にかけられた、いわゆる「動物裁判」も、森林破壊と深くかかわっているのである。池上俊一氏によれば、自然の征服の歴史からみれば、一二世紀前後のヨーロッパこそ革命的であって、それにくらべれば、近代の「産業革命」や「科学革命」などいささかも革命的でないという(同『動物裁判』講談社現代新書、一九九〇年、一三五~一三六頁)。また森についていえば、初期中世まで森が持っていた魔性は、一三世紀初頭にははやくも失われはじめる(同、一八八頁)。

私は、ヨーロッパに発達した「人権」という概念の根底に、こうした一二世紀から始まる動植物ではなく人間優位(その意味で「人権」)の思想があると考えている。そしてこれはおそらくダーウィンの進化論にまでつながるものと思う。この点でやや観点は異なるものの、ヨーロッパ近代思想における自由の思想、解放の思想が、奴隷イメージすなわち動物視された人間からの自由・解放であったとする山下正男氏の捉え方は、非常に興味深い。同『動物と西欧思想』中公新書、一九七四年、一七二頁以下。

(24) したがって、ウィグレイらのように、中世の温暖期を、ヨーロッパ―北大西洋地域に限定する必要はなく、ある程度まで地球的なものと見てよいのではないだろうか(鈴木『気候の変化が言葉をかえた』第七章をも参照)。T. M. L. Wigley, M. J. Ingram & G. Farmer (eds.), *Climate and History*, 1981, p. 17. なお、阪口豊氏は、七三二年~一二九六年を「奈良・平安・鎌倉温暖期」を名づけている。同「過去八〇〇〇年の気候変化と人間の歴史」『専修人文論集51』一九九三年、九一~九二頁。さらに本書第三章二の(二)の(3)をも参照。

(25)　アカマツや雑木林の生育する山を里山という。灌漑水を維持するためにも、里山の森林の維持は不可欠であり、水田の肥料としての下草や燃料を確保するためにも森はなくてはならなかった（安田『森林の荒廃と文明の盛衰』一五一頁）。ところでこの里山は、狐や狸などの野性動物の生息地となったため、里山を核とした日本の農耕社会は、動物との共存の世界を実現した。今日この里山の意義を見直すべき時にきている（安田『蛇と十字架』一四一～一四三頁）。

(26)　ヨーロッパの場合、ブナ林の大半が平地林であったことに加えて、家畜を伴う粗放的な有畜農業が、森林にはさらにわざわいした。若芽を食べる家畜は、いったん破壊された森が再生することを不可能にしたからである。その意味で、日本にイネが伝播した時、家畜を欠如したことが、日本の森林の歴史にとっては幸いであった。この点に関して安田氏は、一万年以上にわたる森の民としての縄文人の伝統が、家畜を有する生活のサイクルに不慣れであったことが、大きくかかわっていると見ている（『森林の荒廃と文明の盛衰』一四八頁）。さらに私は、日本が中国からきわめて多くの制度を吸収しつつも、宦官の制度だけは取り入れなかったことも、以上のことと深く関係しているのではないかと考えている。

三、これまでの世界史教育の捉え直し

すでに前章において、森と文明という視点から、これまでの世界史教育ではみせてこなかった側面のいくつかを考察した。この章では、まず近代の部分に焦点を集めて、改めて新しい捉え方を提示し、その後、本稿の全体をひっくるめて、理論的な問題を整理してみたいと思う。

(一) ヴェネツィア共和国とその周辺

一一世紀に勢力を拡大し、一二世紀になるとアドリア海で重要な地位を占め、一三世紀末以降約二〇〇年にわたって、当時の地中海世界において他を抜きんでた強国となったヴェネツィア。その強国ヴェネツィアが衰亡した原因は何であろうか。高校でごく一般的に行われる説明は、ポルトガル・スペインによる東インドへの新航路の開設によって、東方とヨーロッパを結ぶ貿易中継地点（とりわけ香辛料）としての独占的地位をヴェネツィアが失った、というものであろう。

だが、高坂氏も言うように、ヴェネツィアが一六世紀初めに逆境に立ったことは確かだとしても、すぐ衰亡に向かったのではなく、なお一世紀にわたって最大の通商国家の地位を守り続けたのであった[1]。

むしろ通商国家としての生命線は、通商の手段そのものすなわち船の建造ということではなかったか。パーリンも

第12図　ヴェネツィア共和国とその周辺

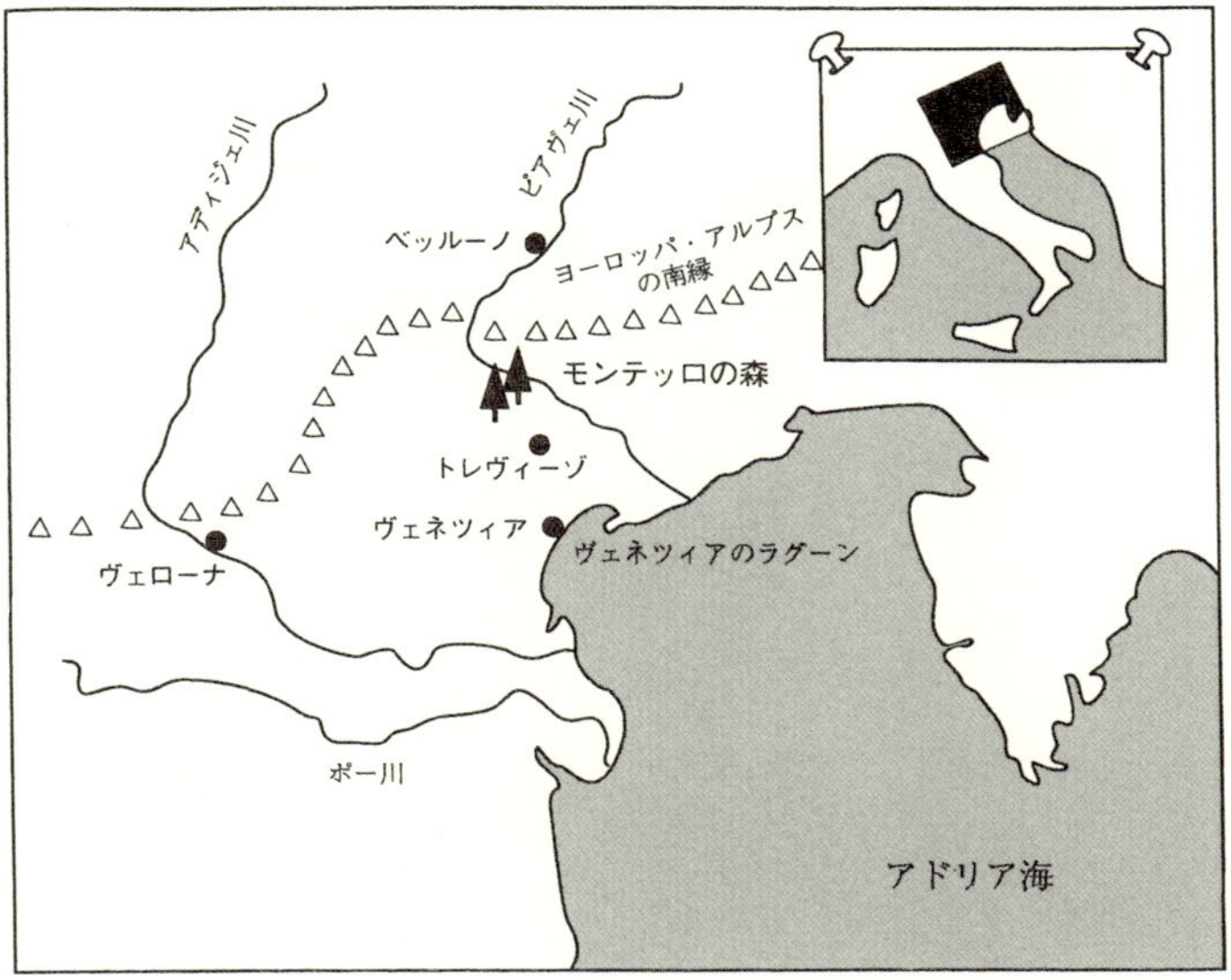

〈出典〉パーリン，前掲書，170頁

指摘するように、ヴェネツィアが海上の制覇権を何代にもわたって維持しようとすれば、それはともかくすぐれた船をライバルの国よりも数多く建造する必要があったのである。[2] その問題を解決するために、巨大な造船所である「海軍工廠（アースナル）」が作られた。

　船材はもっぱらアディジェ川沿いのヴェローナを望む、アルプスの山岳地帯で伐採されたものであった（第12図）。かくして、一三世紀以来二〇〇年近くにわたったヴェネツィアの繁栄は、イタリア北部の森林を食いつぶすことによって得られていたのだった。したがってこの森林が枯渇した時、もはや繁栄は望めなくなる。

　一六世紀を迎えようとするころ、ヴェローナから上流に入ったアディジェ川沿いの田園地帯では、「木が一本も見られなくな

第13図　北ヨーロッパの森

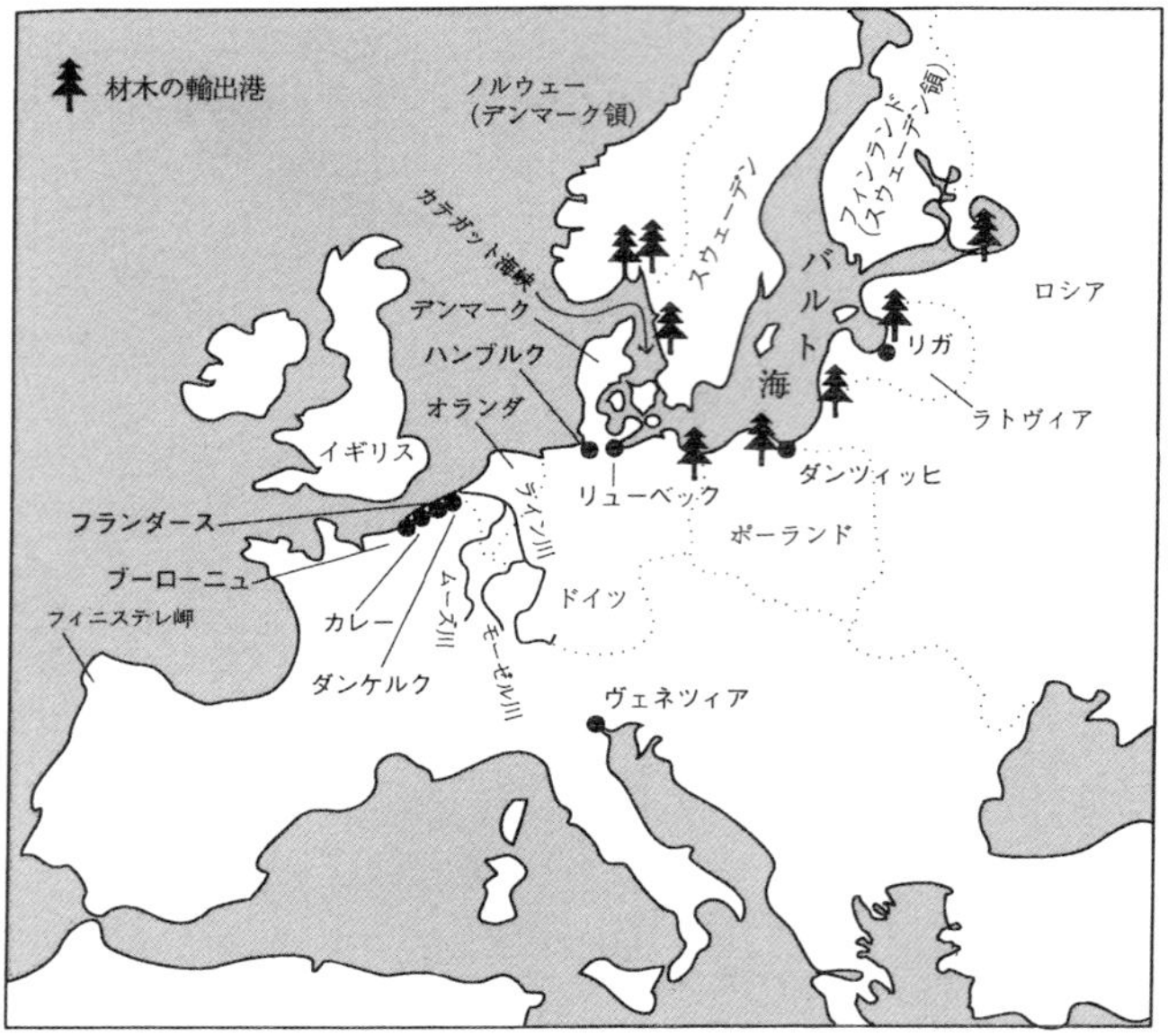

〈出典〉パーリン，前掲書，190頁

っている」という報告がある[3]。こうして、一六世紀中葉以降、ヴェネツィアの造船業者にとって適当なかし材がいちじるしく不足し[4]、そして、同世紀末からは新造船の数が減り始めた[5]。さらに一六〇六年になると、ヴェネツィアの商船隊の半分以上が、そしてその九〇年後には八割が海外で建造されることになるのである。

その海外発注船の多くを作ったのが、「ヨーロッパの海軍工廠」とよばれていたオランダであった。自国には森が少なかったが、オランダは、バルト海沿岸の安価で豊富な木材を手に入れることのできる、有利な地理的条件に立っていたのである（第13図）。

オランダのみならず、イギリス、その他もろもろのヨーロッパの地方国家も、豊富な森を活用して大艦隊を築き、大航海時代の幕開けによって到来した絶好の交易機会を逃すまいとしていた。それに対して、木材不足のヴェネツィアはこの交易に入りこめず、活動地域を地中海に限定せざるをえなかった。しかもここ地中海においてさえも北方諸国は容赦なく、侵入してくるであろう。(6)

(二)　大航海時代のポルトガルとスペイン

さて、ここで問題になるのは、なぜポルトガルとスペインの二国が、他のヨーロッパ諸国に先がけて、大航海に乗り出し得たのか、ということであろう。

これまでの説明では、両国が一一世紀ごろから、イスラム勢力を駆逐するレコンキスタ運動を展開することによって、いち早く中央集権化を完成させ、しかもその間にすぐれた航海術や天文・地理の知識を吸収してきたためであるとされた。

もちろん以上の説明がまちがっているわけではない。が、すでにヴェネツィアについて述べたことと関連して、湯浅氏の次の指摘に十分耳を傾けねばならないであろう。すなわち、ユーラシア大陸の西端に成立した西ヨーロッパ文明が全世界に展開して、自らを近代文明とするためには、まず海に乗りだして行かなければならなかった。言い換えれば、その成立にあたって近代文明は世界支配の道具として、船をまず使ったことがその特徴といえるのである。(7)

したがって、この観点からすればヨーロッパ近代文明成立の先頭にたったポルトガル・スペイン両国が、どこから船材のための豊富な森林資源を得たかが、きわめて重要な問題となってくるのである。

結論から言えば、それは一四二〇年にポルトガル人が発見したマデイラ島に生い茂る森林であった。この島は、ア

第14図

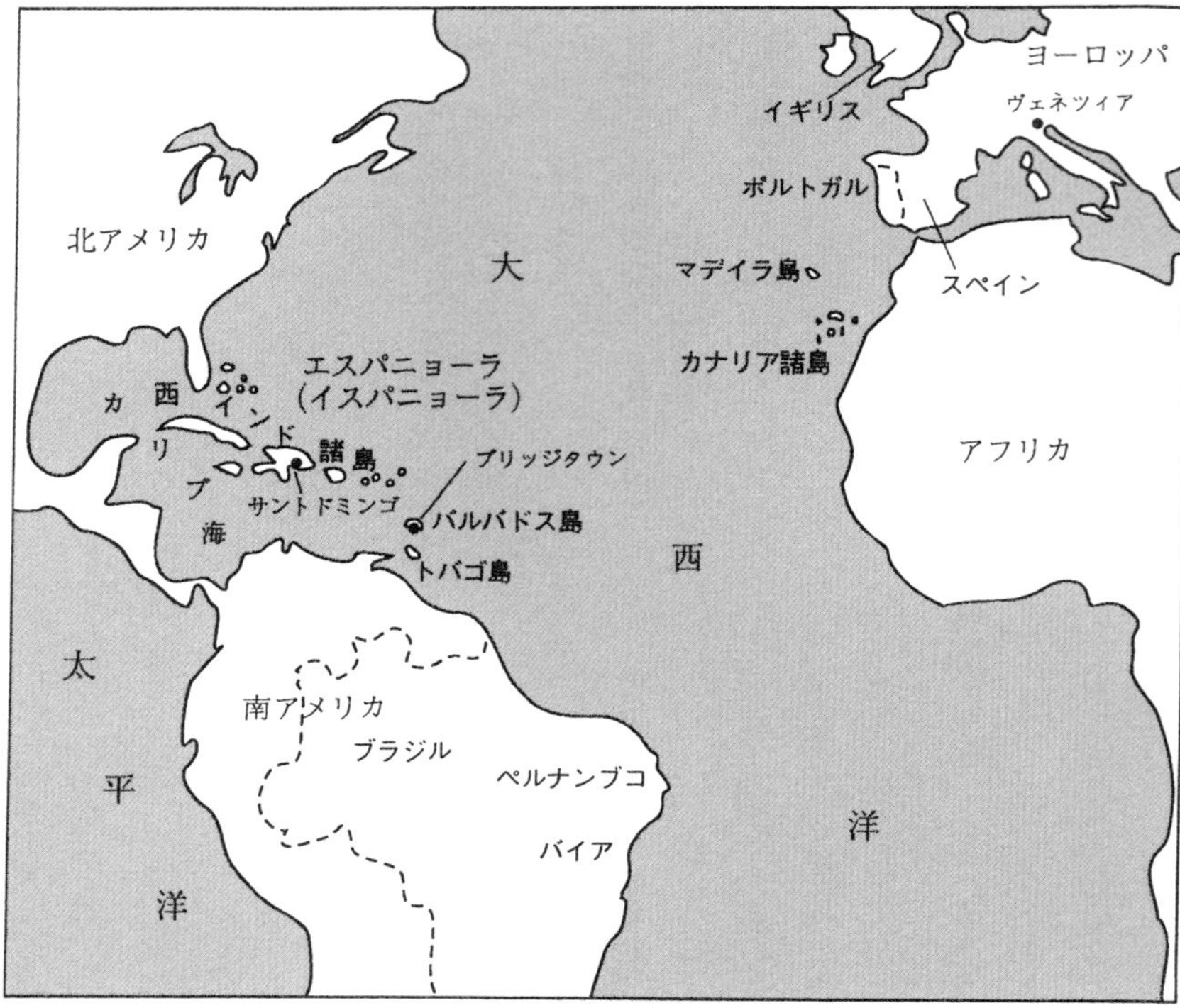

〈出典〉パーリン，前掲書，307頁

フリカの海岸から二四〇キロしか離れておらず（第14図）、最初に足を踏みいれたポルトガル人が島の高い樹木が鬱蒼と密生している豊かな森に魅せられて、これを「マデイラの島」すなわち「木の島」と名づけたという。(8)

ここに作られた製材工場から、主にアトラスシーダーを加工した板材が、ポルトガル・スペイン両国にどんどん流れ込んだのである。アフリカ沿岸沖を航行しながら、小型商船の長距離航海に限界を感じていたポルトガルにとって、このマデイラ島の木こそが、その限界を突破し、大型商船の船団を建造することを可能にしたのだった。(9) ヴァスコ・ダ・ガマがインド航路を開拓したときに乗っていた船は、まさしくこのような船だったのである。

こうして、ポルトガルが次いでスペインが、他国に先駆けて、外洋へ乗り出すことのできた大きな要因は、マデイラ島の森林資源のおかげであったということができるであろう。(10)

(三)　イギリスの森林破壊と石炭革命(11)

一五世紀のイギリスは、他のヨーロッパ諸国に比べてまだ後進国であったが、ヘンリー八世（一四九一～一五四七年）が大砲や鉄砲などの国内生産を開始したことがきっかけとなって、一六世紀以降、製鉄産業が発達し始めた。(12)しかし製鉄産業には大量の燃料が必要であり、イギリスにふんだんにあったナラの木が、これによって破壊されていく。

さらに次のエリザベス一世（一五三三～一六〇三年）は、周知のように、積極的な国内産業の育成に乗り出し、塩、銅、ガラスなどこれまで輸入に頼っていた製品の生産をも行うようになった。が、こうした製品の製造さらには造船には、これまた大量の木材を必要とした。

しかもこの時代には、イギリス人口が第15図

第15図

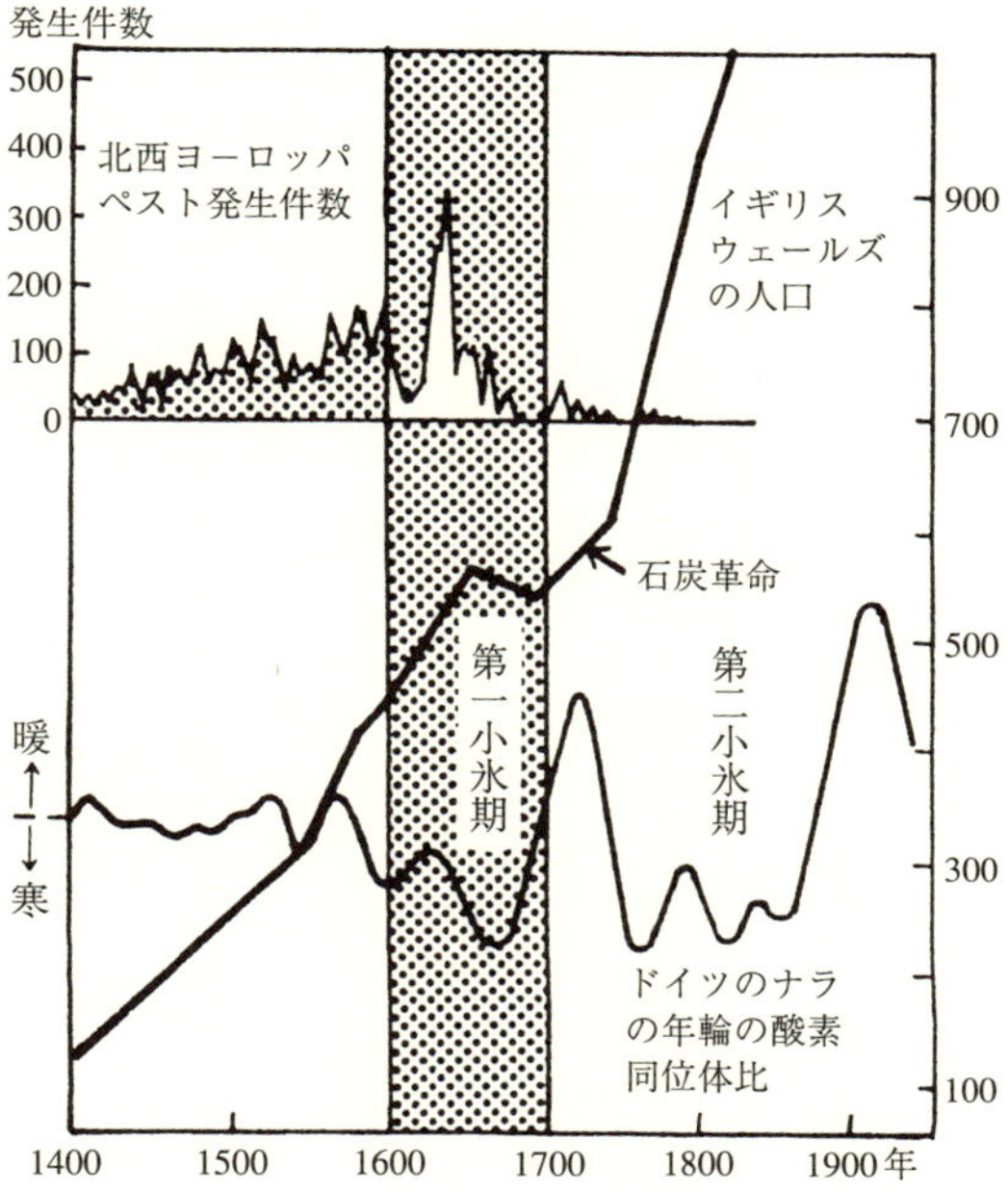

〈出典〉安田『森と文明』124頁

にみられるように急増した。すなわち一五〇〇年に二六〇万人だったイギリスのウェールズの人口は、一六五〇年には五六〇万人にもなっているのである。この人口の増大と経済発展にともなう建築ラッシュの到来、さらには食生活の豊かさにともなう醸造用の樽の需要の増大が森の破壊に拍車をかけた(13)。

第10図にみられる一六～一八世紀の著しい森の消滅は、以上のようなイギリスの経済発展の結果なのである。

さて、エリザベス朝までの森の破壊の被害が、目に見えるかたちで現れはじめたのが、ジェームズ一世（一五六六～一六二五年）の統治時代の初期である。まず薪不足として、ロンドンの市民を直撃した。ロンドンに近くなるほど森の破壊の規模が大きくなって、手に入りにくくなっており、薪の値段が高騰したのである。

薪不足は農村でも同じであったが、それは重大な結果を引き起こした。すなわち農家は薪にかわって麦藁、雑草、肥料を燃料として燃やす事態に追いこまれてしまい、土地がすっかり痩せてしまったのである。また以前には家畜の餌には森の木の実を与えていたが、森の木の乱伐で、農家の人々は食糧としていた穀物の多くを、家畜の餌にまわさざるを得なくなったのである。

一六世紀後半から一七世紀前半にかけて、その森林資源の豊富さでイギリスの産業家を引きつけたのは、アイルランドであった。イギリス人による製鉄工場が建設され、また樽板に多く用いられることによって、ここでも森の乱伐が進んでいった。

チャールズ一世（一六〇〇～一六四九年）も父ジェームズと同じく、財政的な窮乏に悩まされていた。これを解決する一つの方策として、王室用森林の境界を勝手に広げ、臣下に売却した。これに対して地元住民の怒りは爆発寸前となり、森をめぐって議会との内乱が引き起こされたのである。かの有名な長期議会が召集されたのも、まさしくこのような時であった(14)。

一七世紀が「危機」の時代であり、気候が寒冷化して（「小氷期」）、ペストが大流行し（第15図にみられるように、一六五〇年に五六〇〇万だった人口は、一七〇〇年には五四〇〇万に減少している。第11図をも参照）、そのような時に「科学革命」が起きたことはすでに述べた。

早くもジェームズ一世は森を保護するために、ガラス製造業者に木を燃料として使用することを禁止する勅令を出し、不足する木に代わって石炭を使用することを奨励していた。が、製鉄の場合は、石炭を使用することは困難を極めていた。石炭に含まれる不純物（とくに硫黄）によって鉄が変質してしまうからであった。

この不純物を除去した石炭で精錬する技術革新は、一八世紀初頭に、ミッドランド地方の製鉄工場主、エイブラハム・ダービーによって成し遂げられた。この石炭革命によってイギリスは燃料不足から解放され、産業革命を遂行することができたわけである。[15] 人々は危機を技術革新で乗りきったと言える。

(四)　理論的諸問題の整理——近代ヨーロッパにおける資本主義の成立という視点の再検討——

ここではまずもって、大塚久雄氏の世界史論から検討してみたい。というのは、「戦後歴史学」の名の下にさまざまな批判がなされているとはいえ、現在においても氏の理論は大きな影響を及ぼしており、氏の捉え方こそが世界史の主流であると考えている人々は、決して少なくないと思われるからである。

大塚氏の問題関心は何よりもまず、西ヨーロッパにおける封建制から資本主義への移行を、世界的視野から考察することにあった。そのような視点から、世界史上の大きな個性的流れを、マルクスの発展段階論を基礎にすえながら、氏は次のように捉えている。すなわち、「古代オリエントで専制諸国家という姿をとって現れた貢納制社会→古典古代の地中海周辺におけるギリシア、ローマなどの奴隷制社会→中世ヨーロッパとくにガリアを中心として展開された封建社会→近代西ヨーロッパとりわけイングランド、ネーデルラントを起点として生誕し拡延するにいたった資本主義社会」、という世界史的発展の段階的進行である。(16)

ところでここで直ちに問題になるのは、右のような一系列の諸構成において、それぞれの展開の中心地域がオリエントから地中海周辺地方へ、さらにそこからヨーロッパへ、また、ヨーロッパ内部でもガリアからイングランドへと大きく移動しており、それにもかかわらずそれが一系列の発展であることを基礎づけるような歴史上の連続性は、一体どこに見出されるのか、ということである。

大塚氏は、それは文化遺産の連続的継承の事実だという。すなわち、前段階の社会構成において達成された生産諸力の一定度の発達、そうした生産力的遺産の連続的継承という事実だと。(17)

それならばなぜある時代の社会構成の内部でその生産諸力の遺産をゆたかにうけついだ辺境ないし隣接地域が、つねに次の時代の社会構成をささえる中心地域として現れてくるのであろうか。

大塚氏は次のように考える。すなわち、ある社会構成で支配的な地位を占めるような生産関係のもとで、それを支えている生産諸力がしだいに一定度以上の発達を示すようになると、その生産諸力は、こんどは、別種の社会構成を結局要求するにいたるような全く新しい生産関係を生み出し、こうして新たな生産様式を形づくろうとする衝動を示すようになる。それとともに、古い生産関係はそうした新しい生産様式の展開に対して、いまやそれを妨げるような桎梏に転化することになる。このような事情のために、ある社会構成内部の中心地域では、次の段階を特徴づけるような新しい生産関係がたしかにいち早く生みだされるけれども、他面において、そこでは古い生産関係の基盤が何としても根づよいために、新しい生産様式の展開は当然に阻害され、あるいは著しく歪曲されてしまう。その結果、新しい生産様式はおのずからそうした中心地域を去って、旧来の生産諸関係の形成が比較的弱かったか、あるいは殆ど見られなかったような辺境ないし隣接の地域に移動（または伝播）し、そこでかえって順調かつ正常な成長をとげることになる、と。[18]

以上のような大塚氏の考え方は、それはそれとして理論的には非常に説得的で、かつて私も大きな影響を受けたのである。

ところが、本稿の主題である環境問題とりわけ森林破壊という観点から、先の大塚氏の捉える世界史発展の段階的進行を捉え直してみたらどうであろうか。そこにはおよそ違った側面が見えてくるのではなかろうか。

本稿がそのきわめて大きな部分を依拠してきた、安田世界史ともいうべきその理論は、その全く異なった側面を見せてくれる。[19] もちろん本稿でその一端はすでに見てきたところであるが、改めて新たな視点から簡潔にまとめ直せば、五〇〇〇年前、気候の悪化によって生じ来たったシュメールに始まる文明は、その発生由来からして牧畜民の文明の伝統を引きつぎ、森や自然を徹底的に搾取する性格を有していた。そうして搾取が限界に達すると、文明の中心地をほかの場所に移動させることで、衰亡を回避してきたといえる。文明が生きていくためには森を必要とするのである。[20]

こうして、シュメールからトルコ、ギリシア、ローマそしてヨーロッパからアメリカへと文明はその中心を移動させ、その後には荒野と廃墟だけを残してきた。[21] そしてアメリカにおいても、第16図に見られるように、文明はものすごい森林破壊を引き起こしている。

しかも、森林破壊の文明の発展のプロセスをみてみると、とくに気候が悪化するたびに膨張していることがわかる。五〇〇〇年前はすでに見たが、いわゆる「地理上の発見」を契機にこの文明が世界に蔓延していくのは、第一小氷期に相当し、アメリカの新天地への移動・拡大も第二小氷期の真只中であった[22]（第15図）。

第16図　アメリカ合衆国の森の分布（上→1620年，下→1920年）

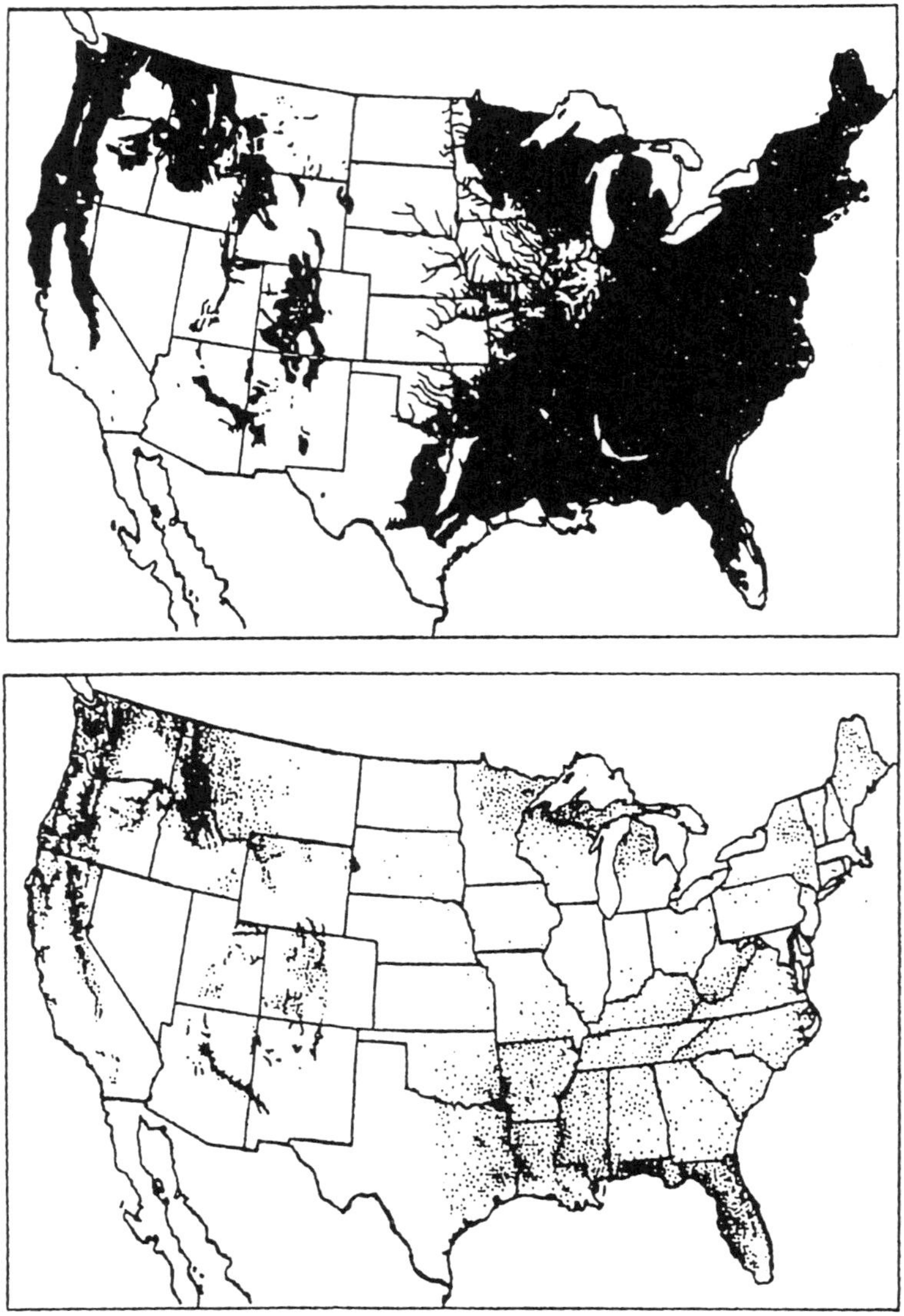

〈出典〉安田『森と文明の物語』151頁

さて、以上のような安田理論でもって、大塚理論を捉え直してみる時、大塚氏がマルクスの発展段階論に基づきながら示した、古代オリエント→ギリシア、ローマ→アルプス以北のヨーロッパ→ネーデルランド、イングランドという地理的中心地の移動は、ゆたかな生産力の継承どころか、実は、自然や森の食い潰しのプロセスそのものにほかならなかったのではあるまいか、ということである。[23] したがってこのプロセスを発展などと単純に呼んでよいものかどうか、今後検討しなければならない。[24]

（1）高坂正堯『文明が衰亡するとき』新潮選書、一九八一年、一二一頁。この点は私の研究してきた「一七世紀の危機」の方面からも同様のことが言える。イタリアをはじめとする地中海地域が、イギリス、オランダといったヨーロッパ北西部諸国に完全に地位を譲ったのは、一七世紀の危機を経過する中においてである（拙著、三二一頁）。より詳しくは次の書物を参照されたい。B. Pullan (ed.), *Crisis and change in the Venetian Economy in the 16th and 17th Centuries*, 1968.

（2）パーリン、前掲書、一六九頁。

（3）同、一七八頁。このため少し前からヴェネツィアは「まさにわが共和国の存亡を握る鍵」だとして、モンテッロの森に目をつけ始め（第12図）、地域住民と争いながら、森を守るための規制を強化している（同、一七六〜一七八頁）。

（4）W・H・マクニール（清水廣一郎訳）『ヴェネツィア』岩波現代選書、一九七九年、一七五頁以下。もとより木材不足は、造船ばかりが原因ではない。一五世紀から一六世紀のヴェネツィア社会の急成長にともなって、輸出品の中心となったクリスタルグラスのための燃料や、牧草地に転換するために人々が森に放った火なども、森林資源を大きく枯渇させた（パーリン、前掲書、一七九〜一八〇頁）。

（5）高坂、前掲書、一三〇頁。また、古代のところで指摘したと同様の事情、すなわち森林破壊による土壌流失によって、ヴェネツィアのラグーン（潟湖）〈第12図〉が埋まり出し、港の機能が低下し始めた（パーリン、前掲書、一八〇〜一八一頁）。

（6）パーリン、前掲書、一八六～一八七頁。なおオランダ造船業については、R. W. Unger, *Dutch Shipbuilding before 1800*, 1978 が、イギリスのそれについては、R. Davis, *The Rise of the English Shipping Industry in the Seventeenth and Eighteenth Centuries*, 1962 が、きわめて有益である。

（7）湯浅赳男『環境と文明』新評論、一九九三年、二四二頁。

（8）ポルトガル語で madeira、スペイン語で madera は、いずれも「木」という意味である。なお、ついでに付け加えておけば、一五〇〇年にカブラルによって発見されたブラジルという国の名前は、沿岸に沿って大量に茂っていたブラジルという名の木の姿を見た冒険者たちによって名づけられたものである（パーリン、前掲書、三一二頁）。

（9）パーリン、前掲書、三〇九～三一一頁。マデイラ島では船の建造のための木の切り出しばかりでなく、温暖で、土壌が豊かで、水に恵まれていたため、ポルトガル人はサトウキビを大量に栽培した。それを積極的に推進したのは、有名なエンリケ航海王子で、サトウキビから砂糖をとる技術の専門家を派遣したり、島民に砂糖づくりを教えるなどした。サトウキビを砂糖に商品化するためには熱処理をしなければならず、これがまた多くの木を消費することになったことは、いうまでもない。またこの作業場は「甘い地獄」とよばれるほど、働く者にとってはきびしいものであった（以上については同、三〇六～三〇八頁）。

（10）ポルトガル・スペイン両国が大航海時代のスタートを切りながら、その後の主役になれなかった理由は、すでにヴェネツィアについて述べたところに答えが与えられているであろう。

（11）ここではもっぱら次の二書に依拠して、叙述を進める。安田『森と文明』一二四～一二九頁、パーリン、前掲書、一八八～三〇二頁。

（12）有名な「首長令」（一五三四年）による、修道院や僧院の解体にともなって、これまで手を出せなかった鉄を含んだ広大な土地や森林地帯が、おどろくような安い値段で入手できるようになったことも、製鉄業の発展に拍車をかけた（パーリン、一九四～一九六頁）。

(13) 安田、一二五頁。もとより、人々は森を一方的に破壊したわけでなく、森の再生をはかりつつ利用していた。下図を簡単に説明すれば、コピスという方法は、根株からの萌芽を利用するものであり、シュレディングは、木の上部の枝を残して枝打ちするやり方であった。またポラードは、木の幹の高さ二〜三メートルのところで枝を切る方法である。しかしこのような萌芽力に頼るやり方に限界があったことも事実であった（安田、一二五頁）。

(14) このようなピューリタン革命直前の森をめぐる争いは、従来の高校世界史では、全く見せてこなかった側面であろう。

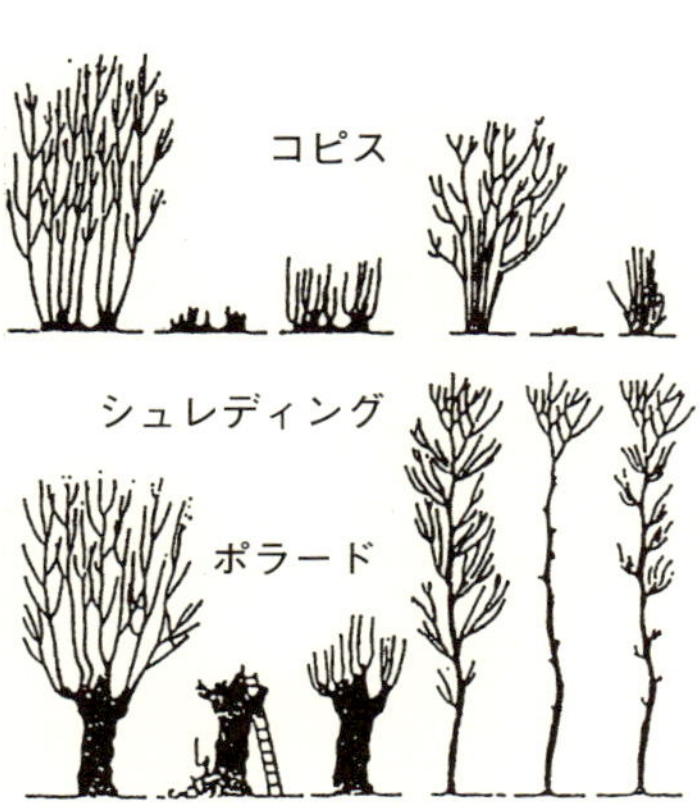

〈出典〉安田『森と文明』127頁

(15) 石炭革命を可能にしたものも、実は木であったことを忘れないでおきたい。というのも、石炭の採鉱を可能にしたのは、炭坑の立坑を支える木製の支柱であり、石炭を製鉄工場まで輸送する手段となった軌条は木製であり、その軌条を走る荷車も木製であったからである（パーリン、三〇二頁）。

(16) 『西洋経済史講座』（第一巻、岩波書店、一九六〇年）における「緒言」（ここに大塚氏のほぼ完成された世界史観が描かれている）『大塚久雄著作集』第四巻、岩波書店、一九六九年、所収、一七二頁。以下は『著作集』の頁数を掲げる。

(17) 同、一七二頁。

(18) 同、一七三〜一七四頁。

(19) 安田氏の多くの書物のうち、世界史の最も雄大な論理を展開しているのは、『森林の荒廃と文明の盛衰』であろう。安田氏の世界史を一言で特徴づけるとすれば、「森の生態系を軸として人類の歴史、文明の盛衰を論じる」点にある（安田『文明は緑を食べる』読売新聞社、一九八九年、二八頁）。なお、安田氏ときわめて似た観点で、早くから文明の問題を論じている、森本哲郎氏にも注目しなくてはならない。ごく最近では次の書物に載せられた提言および松井孝典氏との対談が興味深い。松井孝典編『最後の選択』徳間書房、一九九四年。

(20) 安田『文明は緑を食べる』六三、七二頁。

(21) 金子史朗氏の次の詩的な文章は含蓄が深い。「大きな文明の通りすぎていった山野は、どこもみな森を失なって、いま深い失意の中に沈んでいるように私には思えてならないのである」(同、前掲書、一九七頁)。

(22) 同、二一一頁。

(23) なお、トム・デールとヴァーノン・ギル・カーターが、一九五五年に著わした *Topsoil and Civilization*(山路健訳『世界文明の盛衰と土壌』農林水産業生産性向上会議、一九五七年)は、人類の進歩的でダイナミックな文明の多くは、新しい土地に発生したとし、やがてその土地が人々を養えなくなると、また新しい土地を征服するといった具合に、多くの地帯における文明衰亡の根本原因を、文明が依存していた天然資源の枯渇とりわけ森林破壊による土壌の荒廃に求めている。その観点でもって、古代ナイル河流域から現代アメリカまでも通覧する本書は、気候の変動といった観点こそないが(全くないわけではない)、安田理論にきわめて近いものを四〇年も前に提起しており、著者たちの見識に敬服する。ごく最近(一九九五年)本書は『土と文明』(同訳者)の表題のもとに、家の光協会から復刻された。

(24) また、大塚氏や安田氏が前提にしている文明発展のプロセスすなわち、オリエント→ギリシア、ローマ→西欧は、伊東俊太郎氏によって厳しく批判されたように(前掲『比較文明』二四、三一頁)、あくまでもヘーゲルやマルクスあるいはランケといった一九世紀の西欧の学者によってつくりあげられた一面的な世界史像であり、オリエント→ギリシア→シリア→アラビア→西欧やオリエント→ギリシア→ビザンツ→スラブといった系譜とともに再検討しなくてはならない。が、「はじめに」において述べたように、ともかくとオリエント→ギリシア、ローマ→西欧といった系譜上に世界史の中で最も森林破壊が著しいことは事実である(したがって本稿もこの系譜上の地域を中心に述べざるを得なかった)。そしてそれは、この系譜が世界史の中で最も輝かしく見えてきたこととも無関係ではあるまい。ここに究明すべき問題がまだまだ多く残っているような気がしてならない。今後さらにこの点を深く追究してみたいと考えている。なお、古代ギリシア、ローマの環境破壊を検討したK・W・ヴェーバーも、自然の「贈り物」である森林の近視眼的・忘恩的で傍若無人な破壊は、まさにギリシア・ローマ文化と現代ヨーロッパ文明の連続性を根拠づけるものであり、西欧の伝統のあまり陽の当たらない側面に属するものと指摘している。同（野田倬訳）『アッティカの大気汚染』鳥影社、一九九六年、四〇頁。

おわりに

ここでは今後の課題についていくつかを述べることで、むすびにかえたいと思う。

まず第一に、「はじめに」において述べた第二の意義すなわち世界観に深くかかわることである。森林破壊の歴史を辿ってみると、一つの歴史法則といってもよいようなものを見出す。それは、ごく簡単に図式化するならば、「文明の発展→人口の増大→森林資源の枯渇→文明の衰亡」、である。これまで人類は何度も小規模な形で、この図式をくり返してきた。それが可能であったのも、まだいくらでも森林が残っていたからであった。しかし今や熱帯と亜熱帯にしか豊かな森はなくなってしまって、「ゆきどまりの文明」[1]の感を呈している。このままいけば人類は滅亡する。

これまで人類はいく度か同様の危機に直面してきたが、そのたびに何とか乗り切ってきた。それは鉄器の普及、オリーブ栽培さらには石炭革命という技術革新、あるいは、紀元前一二〇〇年の気候悪化に対する一神教の成立や一七世紀の危機に対応するデカルトやベーコンの思想による精神世界の革命によってであった。

が、今日、一度は危機を救った一神教とデカルトやベーコンの自然支配の思想が、森林破壊を引き起こし、人類を危機に陥れている。我々は今や再び世界観を転換しなければならない。[2] 梅原猛氏は、文明の原理を人間と自然との共存をはかる思想に転換すべきだとして、アメリカ・インディアンやアボリジニの思想など、これまで近代という時代がその合理的な自然征服を貫徹するために、排除していった多くの思想に注目する必要があるという、きわめて重要な提言をしている。[3]

また安田氏も、近代ヨーロッパ文明にかわる新たな自然と人間の共存可能な文明を切り開く思潮のシンボルとしてアニミズムに注目している。[4]

私自身は、進歩、合理性、科学性あるいは理性といった、近代ヨーロッパ的価値観を包括的に「啓蒙的偏見」と名づけて、その根本的見直しの作業を続けているところである。[5]

第二に、本稿では環境問題の中でも森林破壊に絞って考察したが、世界史の中における環境破壊はそれこそ無数にあり、[6] それらを根気よく整理しつつ、とりわけ世界史上の画期となるようなものを取り上げてみたい。

第三に、鈴木秀夫氏が述べているように、[7] 近代以前の世界史を気候変化という観点から構成し直してみることは、グローバル史の構築という意味からも、大きな意義があるであろう。

最後に、第三の課題と関連して、世界の気候変動を常に意識しつつ、日本歴史を気候変動から整理し直してみたい。[8]

幸いにもすでに刊行された『講座　文明と環境』（梅原猛・伊東俊太郎・安田喜憲総編集、全一五巻、朝倉書店、一九九五〜一九九六年）は、これら四つの課題に十分答えてくれるであろう。

（1）　安田『森林の荒廃と文明の盛衰』二三二頁以下。

（2）　安田『気候が文明を変える』一一五〜一一六頁。また、森本氏も「価値観の転換なくして現代文明の生き残る道はない」という（前掲『最後の選択』六二頁、本書第四章一の注（25）も参照）。なお、先のトム・デールらは、天然資源を破壊する「文明人の生得の習慣は改変されねばならない」として、その真の保全が貫徹される唯一の方法を教育に求めている（前掲書、二一八頁）。私はここに世界史教育の重要性を見出したいのである。

（3）梅原猛『〔森の思想〕が人類を救う』小学館、一九九一年、二一二～二一三頁。

（4）安田『蛇と十字架』二二七頁以下。また安田氏が、相手の立場を重んずる東洋の相対主義を重視していることも見逃せない（『日本文化の風土』四一～四六、一七三頁）。

（5）とりあえずは、拙著、第三章を参照されたい。また時間と空間の再検討もせねばならないが、とりわけ「進歩」の根底にある直線的時間意識については問題が多いと感じている（同、一一九頁以下および本書第三章三の㈣参照）。

（6）湯浅、前掲書やとりわけ、C・ポンティング、前掲書（上・下）には、夥しい事例がのせられている。

（7）「地球上ですべてが連動している気候変化という視点から世界の歴史をみることは、少なくともコロンブス以前については、ほとんど唯一の有機的な世界史を可能にすることだと思われるがいかがであろうか」。『気候の変化が言葉をかえた』二一五頁。傍点は原文。同様の主張は、同氏の最新の業績『気候変化と人間―一万年の歴史―』（大明堂、二〇〇〇年）にもくり返されている。

（8）山本武夫『気候の語る日本の歴史』そして文庫4、一九七六年は、そのすぐれた試みのひとつである。なお本書第五章が私なりの一つの整理の仕方である。

〔付記〕本稿は、愛知教育大学社会科教育学会　第六回研究発表大会（一九九五、二、一九）における講演に、若干の加筆をしたものである。

補論一　歴史理解を促す「発展」の扱い方

(一)〈発展〉概念の起源と用法の混乱

我々はふだん〈発展〉という概念を暗黙のうちに「よいもの」と受けとめていないであろうか。しかしよくよく考えてみると、これほど難しい概念もそうはないように思える。

もともと〈発展〉とか〈進歩〉という観念は、ヨーロッパ一八世紀の啓蒙思想にその起源を求めることができるが、それが確立したのは一九世紀イギリスのヴィクトリア朝においてであった。というのも、世界初の工業化によって世界制覇を成し遂げたイギリス人は、自分たちが歴史における特別な地位にあることを確信し、他の一切の文化や種を、発展論のもとに関連づけようとしたからである[1]。

〈発展〉概念を一九世紀パラダイムと位置づけて、社会科学の問い直しをはかろうとするウォーラーステインによれば、〈発展〔開発〕〉なる言葉は一九四五年以降に初めて通用語になったが、最初は「第三世界」あるいは資本主義世界経済の周辺地帯における、当面のさまざまな発展を解説するという、周縁的な研究領域のなかで使われていたにすぎない。いいかえれば、発展という概念は一つの「産業革命」概念のたんなる一具体化にすぎないのに、この観念はそれに代わって、大部分の歴史記述のみならず、さまざまな法則定立的な分析のすべてについての軸心になり、ついには人々を非常に惑わしやすく、知的かつ政治的にも誤った期待を生みだしやすいものになってしまったという[2]。

(二)〈発展〉概念の再検討

このようにかなり混乱した概念であるため、まずもって〈発展〉がどのような場合に使用可能であり、またそうでないかを規定しておく必要がある。

この点で非常に参考になるのは石田英一郎の考え方であろう。[3] まず氏は文化を「人間が生物的な遺伝によらず、また個々人の意志にかかわりなく、その生まれ落ちた社会から習得する生活の仕方、生活の表現の総体」と定義した。そしてアメリカの人類学者クローバーの概念を借用しながら、先の文化のなかでも「法律・政治のみならず、慣習・道徳・宗教・哲学・芸術などに一貫した、一つの文化に属する個人の行動を方向づける価値の体系を《価値の文化》、「科学・技術・産業・経済などのカテゴリーに総括されている物質的な文化の体系」を《実在の文化》として両者を区分した。

結論からいえば、石田はこの二つの文化のうち《実在の文化》については、「ある一定の量的な尺度による客観性を与えうる」（傍点引用者）と考えたのである。たとえば九〜一〇世紀のフランス農村の穀物収穫量が播種量の二・五倍であったのに対して、一三世紀には四倍以上になったということは大きな発展＝進歩であろう。そういう意味で、『新学習指導要領』の小・中・高校の歴史の部分に見られる「科学の発展」「経済や科学技術の急速な発展」「生産力の著しい発展」「近代産業の発展」「日本経済の発展」「農業や商工業の発展」などの〈発展〉は、まさに《実在の文化》に属するものであり、使用としては妥当であろう。

さらに世界史Bにある「イスラーム帝国の発展」や、『要領』にはないがよく使われる「ローマ帝国の発展」「モンゴル民族の発展」などは、領域的拡大すなわち支配面積の量的増大を、また「キリスト教の発展」などの宗教の場合はまずもって信者の量的増大を示すもので、いずれにしても客観的な把握が可能である。

ところがもう一つの《価値の文化》に関しては、いささか事情が異なる。石田はこちらについては、「ある時代のある文化における価値を規準とせざるをえない」というのである。つまり《価値の文化》には時代が古いから劣っているとか、新しいから優れているとかいえないということなのである。よく私が引き合いに出す例だが、『源氏物語』よりは時代的に新しい『徒然草』の方が、『徒然草』よりは新しい『奥の細道』の方が、いやそれよりは新しい『吾輩は猫である』の方が優れているといえるのか、という問題である。おそらく誰もそのようには考えないであろう。それぞれが他と比較できない独自の価値を持っているからである。それと同様に、過去それぞれの時代のそれぞれの文化の中で生きた人々の価値観を、現代の規準でもって判断しえないのではないか。

小谷汪之は、世界史を何らかの価値基準で過去から現代に向けての営々たる進歩＝発展の過程として描き出すことはナンセンスで、それぞれの時代を独自の個性と価値をもった「異文化」として捉え直すことこそ重要であると論じた。(4) 私もこの提案を受けて、同時併存的な「ヨコの異文化」に対し、歴史的・時系的な「タテの異文化」理解学習を提唱してみた。(5)

さて、以上のような観点からみると、『要領』にある「文化の発展」「芸術の発展」などの表現は、いささか問題があるのではないか。また、小・中の目標にみられる「国家・社会の発展」というのも、古代から現代に向って国家・社会がよくなってきたという意味ならば、まさにそこに「進歩史観」を内包するものであり、本稿の視角から再検討を要する問題であると考える。

(三)〈発展〉の裏側(その一)

先に、量的増大が一定の尺度から発展といい得ると述べたが、さらに突っこんでみると、事はそう簡単でないことに気づくのである。一つの例として、新幹線の平均時速が二五〇キロから三〇〇キロに上ることは、もちろん発展＝進歩とみてよい。が、その裏側にはベッタリと危険度や騒音公害が増大するというマイナス面がくっついてくることになる。やや飛躍するようだが、歴史においても同様のことが起きているのではないか。

イスラーム帝国の発展にしても、ローマ帝国やモンゴル民族の発展にしても、この場合の〈発展〉とは、戦争で勝ち進んでいく側にとってのことであって、自分たちの領域を拡大すれば、当然それまでその地域で活動していた他民族との争いとなり、敗れた側が悲惨な目に陥ったことは、イスラームによるササン朝ペルシア、ローマによるカルタゴ、モンゴルによる西夏や金の例を引くまでもなく明らかであろう。また、三位一体説を正統とするキリスト教の発展とは、そうでない宗派を異端として徹底的に圧殺していく過程であり、フランス南部のカタリ派は、アルビジョワ十字軍により根絶された。

私はかつて大航海時代について、本多勝一が提起した「来られた側」の論理(6)を参考にしながら、逆の立場から考える方法を「対抗的な見方」と名づけて定式化したが(7)、〈発展〉の歴史の裏側にあるこうしたいわば敗者をも、正当に評価していく複眼的思考が今後ますます要求されることになるだろう。

(四) 〈発展〉の裏側（その二）

ところで、発展といえば、これまでわが国に決定的な影響を及ぼしてきたのは、「生産力の発展」により社会が進歩していくと考えてきたマルクス主義史学であろう。しかし網野善彦は、人間が自分を滅ぼしうる力を自然から開発してしまったという現実を目のあたりにした時、生産力を発展させることが、直ちに進歩であるという考え方自体、成立しえなくなったと指摘する。[(8)]

私自身も、いわゆる「環境問題」という視点から歴史を眺めてみた場合、今までのパラダイムを一八〇度ひっくり返す必要があると考えてきた。[(9)]

ちなみにヨーロッパの事例に即してみれば、古代オリエントの貢納制社会→ギリシア、ローマの奴隷制社会→中世ヨーロッパとくにガリアを中心とした封建社会→近代西ヨーロッパとりわけイングランド、ネーデルランドを起点として生誕し拡延するにいたった資本主義社会という一系列は、これまで生産力の発展による文明の進歩とみなされてきた。[(10)] しかし、この系列のそれぞれの中心地がなぜ時代により地理的移動をみせているのか。その事実に着目すれば従来とはおよそ違った見方が可能になる。すなわち、オリエントのシュメールに始まる文明は、牧畜民の文明の伝統を引きつぐものであり、その初発から森や自然を徹底的に搾取する性格を有していた。その搾取が限界に達すると一つの文明は衰亡し、その中心地を自然の豊かな地に移した。いいかえれば、生産力の発展とは、自然や森の食い潰しのプロセスそのものにほかならなかったのではないかということである。[(11)] 私は世界史をこのような見地から捉え直すことを試みているが、[(12)] この場合には〈発展〉を「よいもの」とはとうてい言えないのである。

まだまだ〈発展〉について論じ残したことが多い。が、いずれにしても問題の多いこの概念を使用するには、よほど慎重であらねばならない。

(1) P・ボウラー『進歩の発明』平凡社、一九九五年、二九頁。
(2) I・ウォーラーステイン『脱＝社会科学』藤原書店、一九九三年、九頁。
(3) 石田英一郎『文化人類学ノート』新泉社、一九八二年、三〇〜五〇頁。
(4) 小谷汪之『歴史の方法について』東大出版会、一九八五年、九五頁以下。
(5) 拙著『社会科教育の国際化課題』国書刊行会、一九九五年、第一・二章。本書、第三・九章参照。
(6) 本多勝一『マゼランが来た』朝日新聞社、一九八九年。
(7) 前掲拙著、一八頁。また、本書補論二も参照。
(8) 網野善彦『日本史再考』NHK人間大学、一九九六年、九〜一〇頁。この主張は最近の同氏の『「日本」とは何か』（講談社、二〇〇〇年）においても、くり返されている。
(9) 拙稿「環境問題の文明史的考察」『皇学館大学紀要』第三六輯、一九九六年（本書第三章）。
(10) 『大塚久雄著作集』第四巻、岩波書店、一九六九年、一六九頁以下。
(11) 安田喜憲『森林の荒廃と文明の盛衰』思索社、一九八八年。
(12) 拙稿「世界史教育における環境問題の取り扱い」『皇学館大学紀要』第三四輯、一九九五年（本書第二章）。

第三章　環境問題の文明史的考察

はじめに——トリレンマの中で——

本稿は、これまで私が手がけてきた環境問題の世界史的な検討を、もう少し広い視野と違った角度から行ってみようとするものである。(1) その際、環境問題ほどこれまでの価値観をひっくり返すものはない、ということを根本理念としたいと思う。

ところで、現在、地球環境にはどのような問題が生じているのか。それを「トリレンマ」trilemma の構造と捉えるのが最も明快であろう。(2) すなわち第1図のような、「経済発展」、「エネルギー・資源・食糧」、「地球環境」の三者が、それぞれ重なり合うところで複雑な問題を生ぜしめつつ、全体として人類を危機に陥れようとしているのである。

第1図　トリレンマの構造

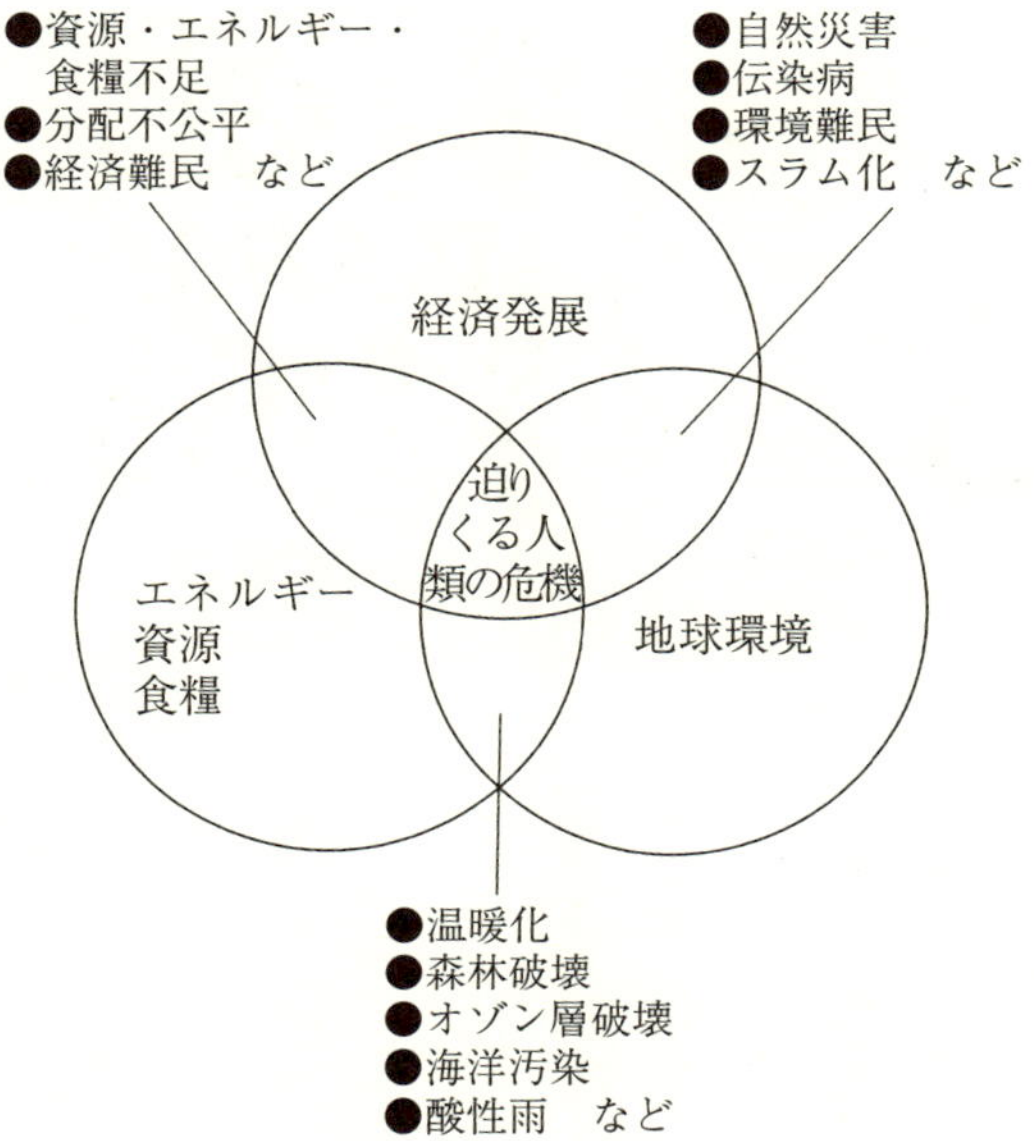

〈出典〉佐和隆光編『地球文明の条件』30頁

具体的にいつごろが危ないのか。一九七二年に

第２図

〈出典〉 D. Peaty, *Global Perspectives*, P. 1.

ローマ・クラブが提出した『成長の限界』では、「世界人口、工業化、汚染、食糧生産、および資源の使用の現在の成長率が不変のまま続くならば、来るべき一〇〇年以内に地球上の成長は限界点に到達するであろう」と結論づけていた。[3] 近年では多くの学者が、二〇五〇年ごろでないかと考えている。たとえばD・ピーティーも、第２図のような興味深い図を載せつつ、このまま「経済成長」ばかりを追い続けていけば、二〇五〇年に人類は破綻すると考えている。[4] 人口の面からみても二〇五〇年には百億人を突破し、その後も現在の米国のペースで資源消費を続けた場合は、石油は四年半で枯渇すると予想されている。[5]

また、現在アマゾン（これだけで地球上の酸素の収支の三分の一に関与）をはじめとする熱帯林が、毎分四〇ヘクタールという猛スピードで消えており、このままいくと、発展途上国の主だった森林がまもなく姿を消してしまうだろう。人類に課せられた最重要の義務は、今ある木を一本でも多く守り、一本でも増やすことであろう。[6] 石氏は地球環境を救うさまざまな処方箋で、即座に手をつけなければならないのは、緑の保護と再生であると主張する。なぜなら、各地で寸断された生態系復活の要となるのは森林だからである。[7] 本稿が森林破壊の問題を歴史的に溯って究明し、そこに今日に役立つ何らかのヒントを得たいと思う理由の一端がここにある。

（1）本稿は、平成九年九月七日に、社会科初志の会主催・第三一回「個を育てる授業」研究会（於・三重大学附属中学校）で行った講演を整理・加筆し、注を付したものである。

（2）「トリレンマ」（三重苦）の命名者は、電力中央研究所の理事長依田直氏である。佐和隆光編『地球文明の条件』岩波書店、一九九五年、二八一頁。

（3）ローマ・クラブ（大来佐武郎監訳）『成長の限界』ダイヤモンド社、一九七二年、一一頁。傍点は引用者（以下、ことわりなきときは、傍点はすべて引用者のものとする）。

（4）D. Peaty, *Global Perspectives*, Kinseido, 1996, pp. 1～4. 以上と関連してH・グルールは早くから、「経済成長」を世界の理念とすることに、きわめて懐疑的であった。同（辻村誠三他訳）『収奪された地球――「経済成長」の恐るべき決算――』東京創元社、一九八四年。

（5）『産経新聞』一九九二年四月三〇日。

（6）石弘之『地球環境報告』岩波新書、一九八八年、七七～一〇三頁。

（7）同、二五四頁。

一、二一世紀の文明像をどこに求めるか

㈠　ヨーロッパ一九世紀的知の再検討

この点については、すでにその一部を公にしているが、[1]その時には触れることのできなかった点についても言及してみたい。問題を簡単にすれば、第3図にみられるように、一九世紀以降に自然的環境要素が急激に少なくなってきたのはなぜかということなのである。もとより図にもあるように、一八世紀後半から始まった産業革命を契機に発達した科学技術の自然改変力がその原因であることは疑いないのであるが、[2]それを支えたヨーロッパ人の「知」が何であったかということなのである。

結論から言えば、それは「進歩」の思想であった。一七世紀に成立したデカルトの「機械論的自然観」や、とりわけベーコンの「知は力なり」による「自然支配の理念」が、啓蒙思想を経て、一九世紀半ばヴィクトリア朝の下で確立する「進歩」の思想[3]に裏打ちされ、先の科学技術と相俟って、急速に自然を破壊することになったのである。

このことを鋭く見抜いていたのは、一九世紀の最後の年一九〇〇年に、文部省留学生として渡英した夏目漱石であった。彼が高浜虚子が率いる雑誌『ホトトギス』に、明治三八（一九〇五）年一月号から翌年八月号まで、一〇回にわたって連載した『吾輩は猫である』を、我々の観点から読むと、実に興味深いのである。猫が哲学者と呼ぶ八木独仙の会話を、少し長くなるが引用してみよう。

第3図　人間環境の変化

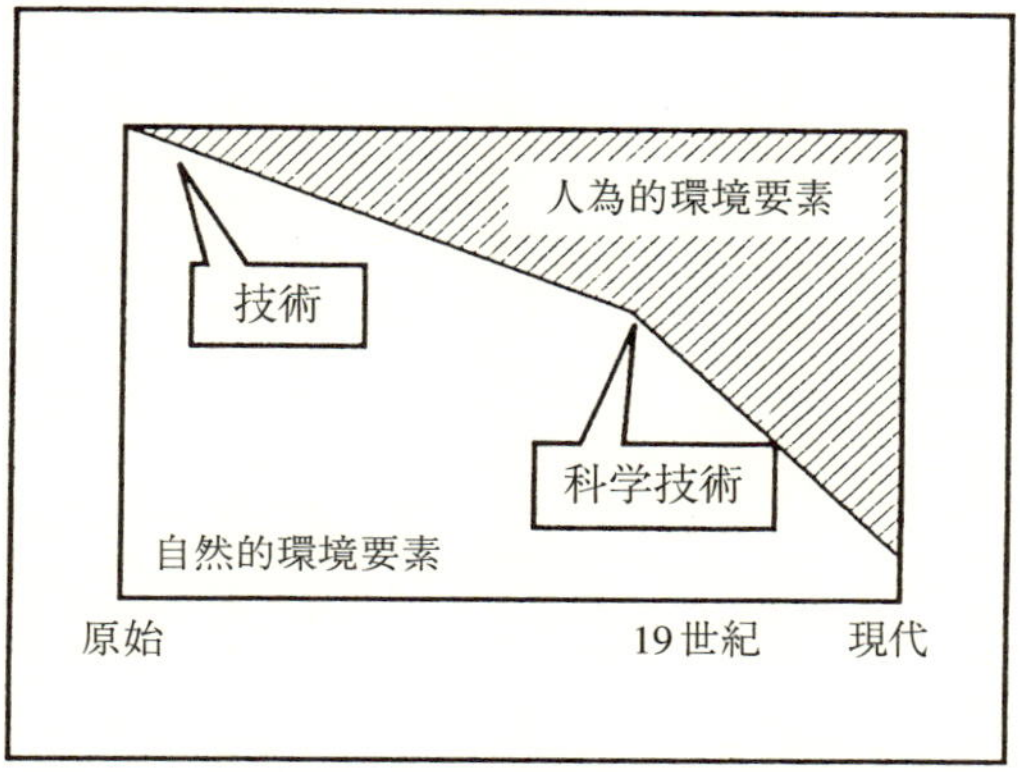

〈出典〉鈴木善次『人間環境教育論』122頁

僕はそういう点になると西洋人より昔しの日本人の方がよほどえらいと思う。西洋人のやり方は積極的積極的といって近頃大分流行《はや》るが、あれは大なる欠点を持っているよ。第一、積極的といったって際限がない話しだ。いつまで積極的にやり通したって、満足という域とか完全という境《さかい》にいけるものじゃない。向《むこう》に檜《ひのき》があるだろう。あれが目障りになるから取り払う。とその向うの下宿屋がまた邪魔になる。下宿屋を退去させると、その次の家が癪に触《さわ》る。どこまで行っても際限のない話しさ。西洋人の遣り口はみんなこれさ。……川が生意気だって橋をかける、山が気に喰わんといって隧道《トンネル》を掘る。交通が面倒だといって鉄道を布《し》く。それで永久満足が出来るものじゃない。去ればといって人間だものどこまで積極的に我意を通す事が出来るものか。西洋文明は積極的、進取的かもしれないがつまり不満足で一生をくらす人の作った文明さ。日本の文明は自分以外の状態を変化させて満足を求めるのじゃない。西洋と大《おお》いに違う点は、根本的に周囲の境遇は動かすべからざるものという一大仮定の下《もと》に発達しているのだ。……山があって隣国へ行かれなければ、山を崩すという考えを起す代りに隣国へ行かんでも困らないという工夫をする。山を越さなくとも満足だという心持ちを養成するのだ。(4)

本文中に出てくる「積極的」「進取的」という言葉を「進歩的」と言いかえれば、さらに問題点が明確になるであろう。「進歩」の観念のない昔の日本と比べた場合、その差は一目瞭然である。満足、完全、をどこまでも求めながら、いつまでたってもそれが果たせず一生を不満足でくらす西洋人の本質、それが「進歩」なのである。そしてそれは常に自然改造、自然破壊を伴う。「向《むこう》に檜《ひのき》があるだろう。あれが目障りになるから取り払う」、「山があって隣国へ行かれなければ、山を崩す」という漱石の言葉は我々にとって象徴的であろう。漱石は渡英によって、西洋人の「大なる欠点」を鋭く見抜くことができたのである。したがって、二一世紀の文明を展望しようとする時、どこまでも自然破壊を続ける「進歩」の思想を脱却して、新しい理念を打ち出す必要があろう。

㈡　二一世紀の文明像――湯川秀樹の文明論――

以上述べてきた観点から、私はかつて三人の研究者に注目した。(5)ごく簡単に紹介すれば、人々の幸福感が〈もっと多くの物を〉という貪欲の充足をめざすハプスブルク系の成長社会から、美しい静かな信仰や素朴な芸術制作にあるような、オスマントルコ型の低成長社会を目標とすべきでないかと説く加藤尚武氏。(6)適正消費、極少廃棄、省エネルギー、リサイクル、製品寿命の長期化を内容とする「メタボリズム metabolism 文明」を主張する佐和隆光氏。(7)そして、近代文明そのもののあり方を根本的に問い直し、現代を支えている基本構造《パラダイム》（大量生産→大量消費→大量廃棄）の転換をはかることによって、「脱成長・永続可能《サステイナブル》な社会」を構想する古沢広祐氏。(8)これらはいずれも、あらゆる社会が経済成長を持続しない限り安定しないという成長体質を脱却しなければ、環境問題の最終的解決はおぼつかないという基本認識に立つものである。(9)

さて、本稿ではこれらの指摘に先立つ四半世紀も前に、非常にすぐれた文明論を展開した、湯川秀樹氏に着目したい。というのも、氏の専門の物理学（とくに「中間子論」）は当然のこととして、原水爆禁止のための平和運動への尽力や中間子ガン治療研究あるいは創造性論についてはしばしば言及されてきたが、今から取り上げようとする内容については、ほとんど論及されてこなかったからである。(10)なかでも一九七三年の講演をもとにして執筆された「考え方を変えること」は、実に注目すべきものである。(11)

それでは、氏の考え方をその論理展開にしたがって（多少の前後はある）を見ていこう。

まず湯川氏は、近ごろは今までのように、産業がこの数百年の間ずっと進んできた道筋をそのままずっと進んでいったらいいのか、どうもそうではないと、多くの人が思うようになってきた、と問題を提起する。なぜなら、公害問題や自然破壊、人口過剰といった、深刻な問題が現代社会にあらわれてきたからである。

これまで科学技術の進歩・発展、あるいは科学文明の進歩と産業の発展とは、非常に密接にからみ合ってきたが、近代の科学文明の核心には、「進歩」という思想が非常に強くある。科学技術の進歩に伴い、産業もまたどんどん発展し、生産性が向上し、製品の質・量ともによくなってゆく。それはすなわち、進歩であり、人間の幸福につながっており、いくらでも人間は進歩し、人類は幸福になる……。一九世紀から二〇世紀の前半には、このような意味の進歩が非常に支配的なものであったという。

しかし進歩の思想以前には、まっすぐどんどん進んでゆくのではなく、ぐるぐる回っていて、変化はあるけれど、やがてはまた元に戻ってゆくという、いわば循環の思想が非常に古くからあった。湯川氏はその例として、中国の「塞翁馬」という話を持ち出して、何がプラスになり、何がマイナスになるかは一概に言えない。あるいは、なかなか先はわからぬ、何がプラスかマイナスかを即断してはいけないという中国古代風の知恵の表現とみる。

世の中には技術とかその他について、確かに進歩はあるが、循環という考え方といっしょにしてみると、進歩と思っていたものが実は循環の一部かもしれない、という重要な指摘がある。進歩と循環とがないまぜになっているのではないかともいう(12)。

次に、人間の習性の一つに、加速しよう、速度を早めようということがあり、これを物理学者らしく「加速の法則」と呼んでいる。もちろんこの習性は、先の進歩の思想と結びついた近代文明の所産だと私は考えているが、湯川氏は、速度を早めるということは非常な危険を伴うにもかかわらず、科学文明を発達させた結果として、早く走る、とばしてみるということが、人間の新しい快楽の一つになってしまった、という。そういう意味で「とめどもないこの加速性の文明」とも名付けており、現代文明の本質の一つを鋭く抉り出していると私は思う。

我々は現代を文明社会と呼んではいても、バランスのとれた進歩をしているかどうかが問われていない。恐るべきアンバランスがあって、特に安全という問題が置いてきぼりにされている。ここに現代文明、近代の文明の弱点、マイナス面が非常に強く出ている、と主張する。

さらに、二十世紀の科学の進歩に参加してきた者として、〝限りなき前進〟というような単純な考え方ではすまないという自己反省をせざるを得なくなってきた、という。現代文明の前途、人類の前途を考えても、進歩の思想はけっこうのように見えても、それは将棋で言えば王手、王手とやっていって指し切りになるようなものではないか。地球というのは、人類にとってかけがえのない唯一の世界であると同時に、それはもはや無限大ではない。人間は地球という環境とうまく共存していかねばならない。進歩の思想によって、科学も、産業も、地球上にはまだまだ資源があるから遠慮なく取っていればよろしい、というわけで向こう見ずに前進してきた時代はすでに過ぎたのである、とも指摘する。

では、今後我々はどうすればよいのか。それが「考え方を変えること」という表題と深くかかわるのである。別の表現を用いれば、創造的活動をどちら向きにしたらいいか、ということである。以前は、加速するのは創造で、減速するのは創造ではなかろうと思いやすかった。しかしこれからは、減速することに努力するほうがむしろ創造的である、クリエイティブである、という価値観の転換をしなければならない。そしてそれも非常に広い意味に考えれば、また一つの進歩になる、という。この箇所を以前読んだ時に、本当にハッとした覚えがあるが、今後じっくり考えるべききわめて重要な提言であろう。

そして、最後に、日本人は勤勉なあまり休みをぼーっと過ごすことを恐れる習慣がある。時間の空白を恐れるわけだ。空白を楽しむというのは一種のエゴイズムだが、これから先の時代に、割合に許されるエゴイズムと許されにくいエゴイズムがあるのではないか。めちゃくちゃに車をとばして走り回ることに快感はあるかもしれないが、それはただ迷惑なエゴイズムの発想であり、じーっとしてエネルギー消費を少なくするエゴイズムは、割合よいエゴイズムである。開発といわれるものは、たいていマイナス効果もあり、開発を抑制しなければならない場合が多くなってゆく。だから、レジャーで騒いだりせずに、ぼーっとしてなるべくエネルギー消費を少なくするというのは、道徳的な行動だと思う、と述べるのである。

以上、湯川氏の考え方を見てきた。改めて解説をする必要はないと思うが、最初に紹介した三人の研究者の認識をはるか前に先取りするものであり、何度読んでもその先見性に目を見張らざるを得ないものがある。

ところで、この論稿が書かれた一九七三年とはどのような年であったか。実は、前年の一九七二年にすでに「はじめに」で述べた、ローマ・クラブの『成長の限界』が出版され、このままいくと地球の有限な資源や環境の限界を越えて破滅的な結果をもたらすと警告したのであった。さらに国際的に大きなものとして、同じ年にスウェーデンのストックホルムで一一四カ国、一二〇〇人の代表が参加した国連人間環境会議が開催された。この開催の原動力となったものは、一九六〇年ごろからヨーロッパにおいて雨の酸性化が強まったことであった。「かけがえのない地球」

Only One Earth というスローガンと、さらに会議が採択した「世界人権宣言」にも匹敵する「人間環境宣言」は、各国の環境政策に大きな影響を与えたし、環境教育の国際的広がりの契機にもなったのである。

そして、翌一九七三年には、第四次中東戦争が勃発し、アラブ産油国の「石油戦略」の発動によって、石油ショックが引き起こされ、「狂乱物価」と呼ばれる物価上昇などによって、日本はパニック状態に陥ったのである。

このような状勢を的確につかみながら、湯川氏はその天才的頭脳で、遠い将来を見越すことができたのであろう。

(1) 拙稿「ヨーロッパ一九世紀的知の再検討（その一）」『皇学館大学紀要』第三五輯、一九九六年（本書第四章）。
(2) 鈴木善次『人間環境教育論』創元社、一九九四年、一二二～一二三頁。
(3) P・J・ボウラー（岡嵜修訳）『進歩の発明』平凡社、一九九五年。
(4) 夏目漱石『吾輩は猫である』岩波文庫、一九九〇年（改版）、三二六～三二七頁。
(5) 前掲拙稿、五八頁以下。
(6) 加藤尚武『進歩の思想　成熟の思想』ＰＨＰ、一九九三年。
(7) 佐和編、前掲書。
(8) 古沢広祐『地球文明ビジョン――「環境」が語る脱成長社会』ＮＨＫブックス、一九九五年。なお、「サステイナブル sustainable」は、ごく一般的には「持続可能な」と訳されるが、それでは短い期間でもただ続けばよいというニュアンスが強いため、「永続可能な」とした方がより誤用が少なくなるという認識が氏にはある（同、四〇頁）。
(9) 第2図を示すピーティーも全く同様の見解を有している。
(10) 佐藤文隆『湯川秀樹が考えたこと』岩波ジュニア新書、一九八五年、中村誠太郎『湯川秀樹と朝永振一郎』読売新聞社、一九九二年、高内壮介『湯川秀樹論』第三文明社、一九九三年、伊東俊太郎「湯川秀樹の自然観」『日本人の自然観』河出書房新社、一九九五年、などにも、本稿で触れる内容は言及されていない。なお、湯川氏の創造性論については、拙稿

「社会教育の本質と創造性」『皇学館大学教育学会年報』第一八号、一九九七年（本書第一章）の中で少し触れた。
(11) 湯川秀樹「考え方を変えること」『この地球に生まれあわせて』講談社文庫、一九七五年、一四八〜一六四頁。
(12) これはヴィクトリア王朝下での、連続モデルと循環モデルの二つの論争・対立を思い起こさせる。ボウラー、前掲書ならびに前掲拙稿「ヨーロッパ一九世紀的知の再検討（その一）」五五頁。

二、人類史における森林破壊の歴史——二つの法則——

(一) 文明と環境における現代の位置づけ

本題に入る前に、第4図によって現代文明の位置を確かめておきたい。人類史を六つの大きな変革期に分けたのは伊東俊太郎氏であった。すなわち、「人類革命」「農業革命」「都市革命」「精神革命」「科学革命」「環境革命」である。[1]

個々の革命については、以前にかなり詳しく述べる機会があったが、[2] 第4図を見れば、この六つのうちの真ん中の四つが載せられている。そしてこれらが大きな気候変動の時期に引き起こされていることを知るのである。すなわち「農業革命」は気温が急速に上昇し始める時であり、「都市革命」「精神革命」「科学革命」の三つは、いずれも気候が寒冷化した時であった。その原因をごく簡単に述べれば、まず一万年前頃に始まる温暖化によって気候が湿潤化し、

第４図

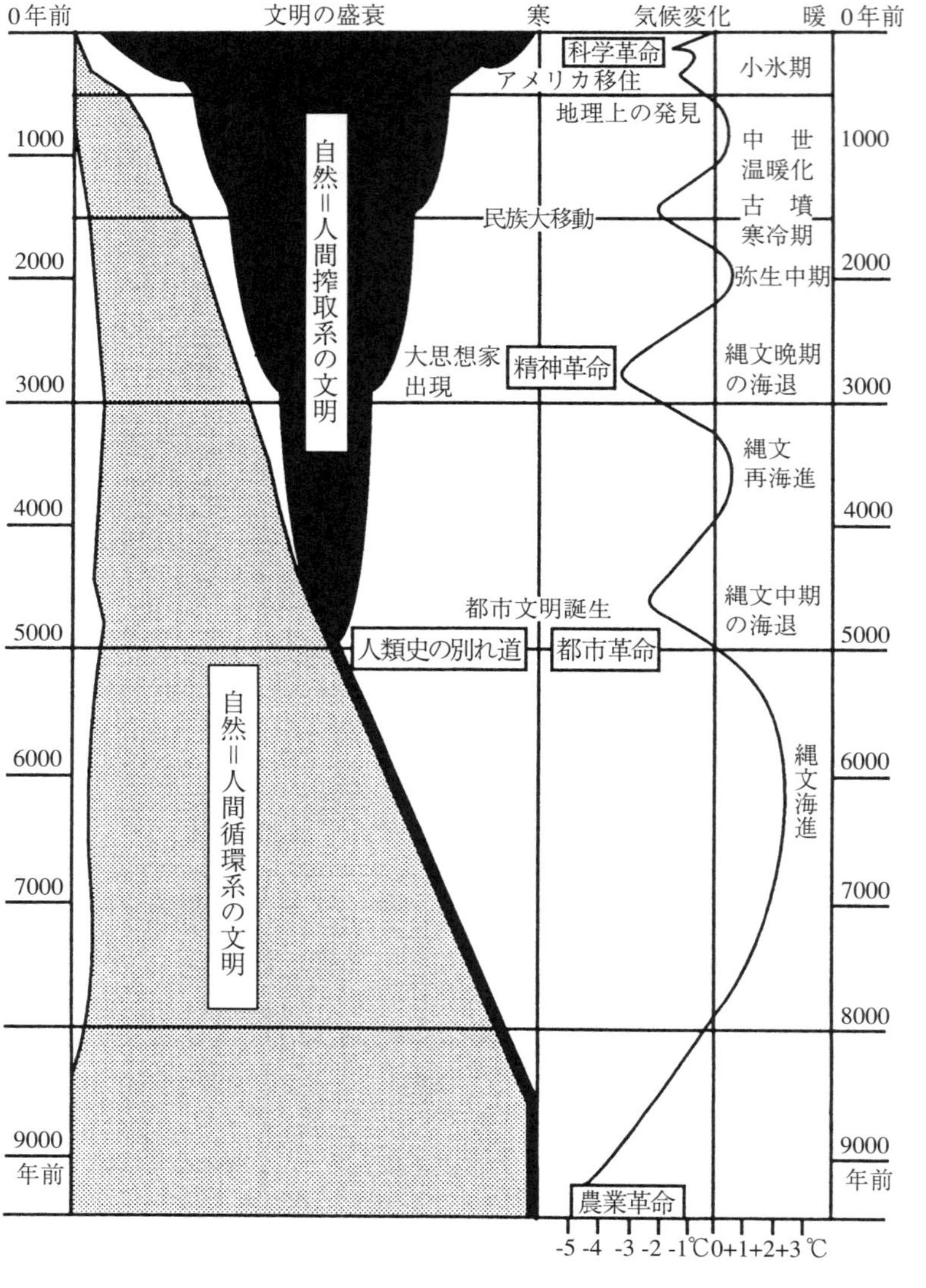

〈出典〉安田喜憲『人類破滅の選択』学習研究社、1990年

植物がきわめてよく繁茂した。このことはパレスチナを貫く南北の軸とアナトリアから北メソポタミアにかけての東西の軸にそって著しく、このことが地域による人口の急速な増加を生み出した。そのことが今度は逆に食糧の不足をもたらし、そこに農耕が開始されたと考えられる。温暖化によるそれまで重要な食糧源であったマンモスやバイソンの死滅も農耕開始への大きなインパクトとなったのであろう。

次いで、五〇〇〇年前には北緯三五度を境にして、それ以前とは逆に北が湿潤化し、南が乾燥化するという現象が起き（安田氏の「北緯三五度の逆転」）、その乾燥化したところにメソポタミア、エジプト、インダスの都市文明が成立した。乾燥化によって水を求める牧畜民が大河の中下流域に移動し、それまでの定住農耕民と接触・融合したところにこの独自の文明が成立したのである。

「精神革命」とは、いわゆる高度宗教や哲学の誕生を意味するもので、前八世紀から前四世紀にかけて、イスラエル、ギリシア、インド、中国でほぼ並行して起こったものである。これも三二〇〇年ぐらい前に始まる気候変動に誘発された遊牧民の移動とかかわりがある。彼らの文化が定住農耕民のイデオロギーを基盤とする都市文明の中に徐々に浸透した結果として生じたものと考えられる。例えば中国では、諸子百家以前には土地に結びついた呪術的な社稷の神々が存在していたが、そこに遊牧民が侵入し唯一なる「天」の概念が生じ、さらにそれを合理的に「道」として内在化することによって、「怪力乱神を語らぬ」孔子の哲学が出現した、など。

ついで一七世紀には、「小氷期」と呼ばれるほどの寒さが襲った。この中でヨーロッパにおいてのみ「科学革命」が生じたが、これは前にも少し触れたデカルトの「機械論的自然観」とフランシス・ベーコンの「自然支配の理念」を中核としておし進められた。それはその後の「産業革命」ならびに「進歩」の思想と結びついて、現代を規定する原理となっているといってよい。

以上、人類文明史の大転換は、いずれも気候変動と深くかかわっていることがわかった。しかも、「人類革命」をも含めたこれまでの五つの革命が[3]、太陽活動の低下などの自然現象が原因であったのに対して、現代が人類の自然破壊による地球温暖化といういわば人為的な気温変動の中で「環境革命」を迎えていることは、私には非常に意味深いことのように思われるのである。なぜなら、このままいけば本当に人類は自らの手で首を絞めるという証に思えてならないからである。

人類史の諸変動を見渡しながら、現在から未来文明へ見通すことの重要性は、次の言葉の中に端的に示されているので、ここでのしめくくりとして掲げておきたいと思う。

いま、我々にとって必要なのは、過去から現代に至る地球環境の変動が文明の盛衰にいかなる影響を与えたかを明らかにし、現代における自然と人間の危機の時代を地球史と人類史の中に正しく位置づけ、地球と文明の未来を見通し、現代文明に警鐘を鳴らし、人間のあくなき欲望のコントロールの方策を見つけ出し、自然と人間が共存可能な新たな文明の潮流を創造することなのである[4]。

(二) 森林破壊と文明の盛衰

もう一度第3図を見ていただけば、すでに見た理由によって一九世紀以降の自然破壊は確かに著しいが、それ以前にも破壊は進行している。その大きな起点となったのが、「都市革命」であった。メソポタミア地方で書かれた人類最古の叙事詩『ギルガメシュ』[5]は、そのことを非常に興味深く示してくれる。

この物語はおよそ四七〇〇年前に、メソポタミアの都市国家ウルクで生まれたものである。その支配者ギルガメシュ王は、立派な都市を建設することで自分の名を不朽にしたいと望んだが、そのためには大量の木材が必要であった。幸い、ギルガメシュの眼前には、広大なレバノンスギの原生林が、太陽の光も差し込まないほど鬱蒼と生い茂っていたのである。

ギルガメシュは暴君であった。これに困惑したウルク人の人々は神アヌに訴えた。アヌは創造女神アルルに命じて、荒野で野人エンキドゥを造らせる。エンキドゥはウルクの町中に入り、ギルガメシュと格闘を演じるが、雌雄の決着がつかぬまま、二人は友情で結ばれることになるのである。ギルガメシュは、レバノンスギの森に遠征し、森の守り神フンババ（フワワ）を征服すべきことをエンキドゥに提案する。エンキドゥはフンババの怖しさを語り、制止しようとするが、ギルガメシュの決意は変わらない。ついに出発することとなった。

レバノン杉の森に到着したギルガメシュとエンキドゥにフンババが「声は大洪水、口は火、その息は死」でもって立ち向かってきた。二人は太陽神シャマシュから援軍を受け、フンババを征圧する。助命を願うフンババに耳を貸さず、ついに殺害する。二人はレバノン杉を伐採し、筏に組んでこれをニップルに運んだのである。

この物語はまさに史上初めて都市が成立すると同時に、木を切った事実を象徴しているのである。安田氏は人類に輝かしい発展を約束したはずの都市文明の誕生は、実は大規模な森の破壊の第一歩であったと主張している。(6)

ただ、氏の専門とする花粉分析によれば（第二章第6図）、ギルガメシュ王の時代よりもはるか以前に、大規模な森林破壊が起きており、レバノン杉も六七〇〇年前にはほとんど消滅している。しかし五〇〇〇年前まではまだナラとマツの森は生育していた。ところが我がギルガメシュの時代になると、ナラの森はほとんど切り倒されてしまう。(7)

J・パーリンは、『ギルガメシュ』叙事詩を書いた人々は、文明がいったん森に侵入できるようになれば、木は人間によって破壊しつづけられていくものだということを知っていた、という。(8)いずれにしても、安田氏が言うように、フンババ退治は、人類が森林破壊の文明への道を選択した、人類史における重要な分岐点であった。[9] 第4図を見れば、この「都市革命」の時点を境にして、それまでの「自然＝人間循環系の文明」から、「自然＝人間搾取系の文明」に大きく転換していくのである。

都市文明は、森の破壊という闇とともに誕生しているのに、我々はこれまで都市文明の光の部分のみに目を奪われてきたのではないか、とも安田氏は問いかけるが、[10] これはこれまでの歴史学および歴史教育においても、同様の事情を指摘できるのである。たとえば義江彰夫氏は、次のように述べている。

> 一〇年ほどまえ、わたしは、原始・古代から戦国時代に及ぶ日本の通史（『歴史の曙から伝統社会の成熟へ』）を書きすすめるなかで、近現代の歴史書に共通する「進歩史観」が、ある意味で地球規模の自然環境破壊を黙認する役割を演じているのではないかとの思いがふくらんできた。いらい、わたしは人間の歴史に自然環境破壊と修復の視点を導入することに大きな関心を抱いて、模索を続けている[11]……。

全く同感であって、すでに示したように、その根底に自然破壊の性格を持つ「進歩の思想」＝進歩史観は、森林破壊を闇どころか、進歩の指標＝「開発」としてプラスに評価してきたのではないか。

同様にして、宮崎正勝氏は従来の歴史教育における内容編成の基本的枠組みは、「開発」と「進歩」を同一視する近代歴史学の視点に立っており、①「生産力」の発展を社会進歩の原動力と考え、生産力の発展に伴う社会諸システムや人類の生活の変化を進歩として描く、②国家の形成・発展過程、国家民族間の対立・抗争を人類史の主要な出来事として論ずる、等が主要な内容となっている。このような枠組みでは、自然の征服が社会の発展にとって欠くべからざる出来事として全面的に評価されており、過度な「開発」が人類社会の基盤の破壊につながり、やがて人類の生存を脅かすに至るという視点は欠けていた、と述べる。[12] 氏の掲げた図（第四章第1図）でもって私流に説明すれば、

「開発」によるD（生の自然）→B（半自然）→A（人工空間としての都市）の流れが、生産力の増大であり文明の発展であるという従来の考え方を、視点を転換することによって、その流れこそが人類に危機をもたらす自然環境破壊であると、評価を一八〇度ひっくり返すことが必要であろう。ともかくも、ギルガメシュに代表される都市建設こそ、今日まで及ぶ環境問題の決定的な起点であることはまちがいない。

つぎにギリシアに目を転じたい。

ミケーネ文明は、シュリーマンの発掘で有名であるが、ほぼ紀元前一七〇〇～一二〇〇年の間にペロポネソス半島で繁栄した。この文明が現われた当初は、森が国土の大半をおおいつくしていた。それは第二章第7図の花粉分析によっても明らかであろう。しかも図中の矢印に示されているように、森はその後急速に姿を消してゆく。なぜか。

ミケーネの繁栄をもたらした直接的要因は、ミケーネが握っていたさまざまな資源であったが、なかでも特に商品価値の高かったものが木材であった。ミケーネの森はミケーネ社会に建築資材や燃料を提供しただけではなく、土壌の生産性を維持する役目も果たしていた。さらに、木は青銅器の製造者や陶工に燃料を提供した。メッセニア地方（ミケーネ世界の主要地域の一つ）では、青銅の生産に従事していた鍛冶職人は四百人にものぼる。また、陶器産業の方も、遠くは南イタリア、キプロス島、シリアのパレスチナ沿岸まで、かなりの部分が一般大衆向けのものを輸出していた。この輸出のためには、多くの良質な木材が船大工によって使用された。

このような経済の拡大につれて人口が増大していったが、それを養うための農地や放牧地も拡大せねばならず、これらがミケーネの森にさまざまな悪影響を及ぼすことになった。結果として、これが森の喪失という痛ましい事態を引き起こすこととなる。(13)

パーリンは、森はミケーネ文明にとって「両刃の剣」であるという。なぜなら、ミケーネ文明の繁栄を可能にしたのは森であったが、同時にその文明を衰退へと導いていったのも森であったから。[14] こうして、森という多数の人間を支える資源がなくなると、人口が激減し、文明は衰退へと向かう。そこへ第二章第7図にも示されている三二〇〇年前の気候の寒冷化がミケーネ文明を直撃し、薪不足と食糧不足によって、人々の体力は低下していった。

三たび同図を見れば、暗黒時代に多少なりとも回復した森は、ギリシア時代に入ると再び急激に破壊され、ギリシア文明が衰退すると、また森林が回復される。似たようなプロセスがいくたびも繰り返されることが予想できる。すなわち「文明の発展→人口の増大→森林資源の枯渇→文明の衰亡」といったパターンであり、我々はこれを、文明と環境における「第一法則」と呼んでおきたい。[15]

ところで安田氏は、ギリシア文明の盛衰と近代ヨーロッパ文明（その延長線上に位置する現代文明）の盛衰が驚くほど類似しているとの観点から、第5図を掲げている。類似点は①気候の寒冷化が文明誕生の契機、②巨大戦、③繁栄と人口爆発、④森林の破壊、⑤疫病の流行、⑥内紛の多発、⑦地球温暖化、⑧民族移動、⑨危機を回避する道（技術革新と世界観の転換）、である。[16] 大変興味深いが、そうばかりとも言っておれない。このアナロジーが成立すれば現代文明も崩壊してしまうからである。⑨のように何とかそこから脱却する方途を探らなければならない。

最後に第二章第8図を見よう。後期青銅器時代と現代のトロイ（トロヤ）の位置を比較してみれば、一目瞭然であって、倍以上も内陸へひっこんだかに見える。これはかつてあったスカマンダー湾がなくなってしまったことに原因があるようだ。

トロイは、エーゲ海と黒海とのあいだの交易を一手に握るための地理的条件に恵まれ、黒海の沿岸地域から穀物や木材といった必要物資を手に入れていた。トロイは後背地を抱える商業中心地であったが、その後背地は木材産地として歴史にその名を轟かせていたのである。ミケーネ王アガメムノンとトロイ王プリアモスの争いに端を発したトロ

第５図　ギリシア文明と現代文明のアナロジー

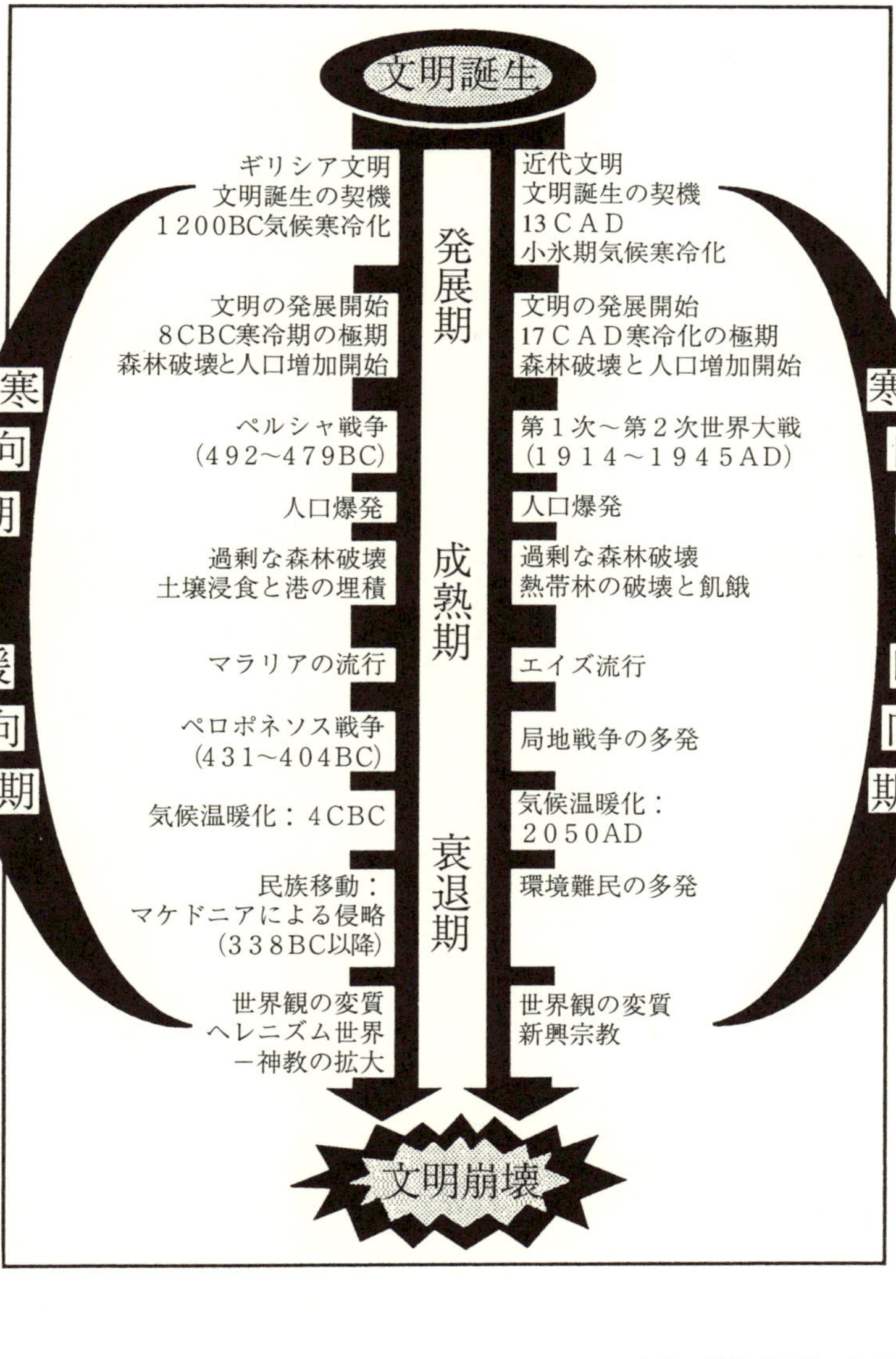
文明誕生
ギリシア文明
文明誕生の契機
１２００BC気候寒冷化
文明の発展開始
８CBC寒冷期の極期
森林破壊と人口増加開始
ペルシャ戦争
（４９２～４７９BC）
人口爆発
過剰な森林破壊
土壌浸食と港の埋積
マラリアの流行
ペロポネソス戦争
（４３１～４０４BC）
気候温暖化：４CBC
民族移動：
マケドニアによる侵略
（３３８BC以降）
世界観の変質
ヘレニズム世界
一神教の拡大
発展期
成熟期
衰退期
近代文明
文明誕生の契機
13ＣＡＤ
小氷期気候寒冷化
文明の発展開始
17ＣＡＤ寒冷化の極期
森林破壊と人口増加開始
第１次～第２次世界大戦
（１９１４～１９４５AD）
人口爆発
過剰な森林破壊
熱帯林の破壊と飢餓
エイズ流行
局地戦争の多発
気候温暖化：
２０５０AD
環境難民の多発
世界観の変質
新興宗教
寒向期
暖向期
寒向期
暖向期
文明崩壊

〈出典〉前掲『環境と文明』45頁

イ戦争は、この豊かな森林資源をめぐる大戦争であった。[17]
ところで、森を奪われた土壌は自然の力に侵食されやすくなる。土壌を覆っていた木がなくなったということは、大地を強烈な夏の日差しや冬の豪雨から守っていた防壁が取り除かれてしまうことを意味する。しかも雨が強く降ると、そのたびに大量の土壌が押し流されてしまう。山腹の森の伐採はそれにさらに拍車をかける。[18] こうしてスカマンダー川によって大量の土砂が運ばれ、スカマンダー湾を埋めてしまい、トロイの持つ自然の良港も消滅してしまったのである。

ここから、文明と環境における「第二法則」として、次のようなパターンが導き出されるであろう。「大量の木の伐採→大地が夏の強烈な日差しや豪雨にさらされる→大量の土壌が押し流される→河川が大量の土砂を運ぶ→港湾を埋める」。[19]

以上、析出した二つの法則はそれぞれ別個のものではなく、根本に森林の破壊という要因がある。この二つの法則は古代から現代に至るまで、次第に規模を拡大しつつ、繰り返されているといえよう。

（1） 伊東俊太郎「文明の変遷と地球環境の変動」伊東俊太郎・安田喜憲編『文明と環境』日本学術振興会、一九九五年、三～一八頁。
（2） 拙稿「世界史教育における環境問題の取り扱い」『皇学館大学紀要』第三四輯、一九九五年、二九～四〇頁（本書第二章の一）。
（3） 「人類革命」すなわちサルからヒトへの転換も、新世代第三期から第四期の寒冷期の中で進行した。なお、第4図に見られる気温曲線は、本書第二章第1図のごとくに修正を要し、したがって「農業革命」の捉え方も変更せねばならないだろう。本書第二章の一の注（3）をも参照されたい。

(4)　前掲『文明と環境』ⅰ〜ⅱ頁。この言葉は、伊東・安田両氏を代表とする研究グループのいわば総括ともいうべきものである。なお、このグループによる研究は、梅原猛・伊東・安田総編集『講座　文明と環境』朝倉書店、一九九五〜一九九六年、全一五巻という素晴らしい成果を生んだ。

(5)　月本昭男訳『ギルガメシュ叙事詩』岩波書店、一九九六年。

(6)　安田『森と文明』ＮＨＫ人間大学、一九九四年、四六頁。

(7)　同『森と文明の物語』ちくま新書、一九九五年、三二〜三六頁。

(8)　Ｊ・パーリン（安田喜憲他訳）『森と文明』晶文社、一九九四年、三二頁。

(9)　前掲『森と文明の物語』一七頁。

(10)　前掲『森と文明』四六頁。

(11)　義江彰夫『神仏習合』岩波新書、一九九六年、二二一〜二二二頁。

(12)　宮崎正勝「環境教育の導入による歴史教育の視点と内容編成の転換」『社会科研究』（全国社会科教育学会）第四四号、一九九六年、五二頁、前掲拙稿「ヨーロッパ一九世紀的知の再検討（その一）」六〇〜六二頁参照。なお、公害や自然破壊の前に立ってみれば、「生産力を発展させることが、直ちに進歩であるという考え方自体、成立し得なくなった」という網野善彦氏の指摘も重要である。同『日本史再考』ＮＨＫ人間大学、一九九六年、一〇頁。

(13)　以上については、パーリン、前掲書、五三〜五六頁。

(14)　同、六二頁。

(15)　安田氏はさらに厳密に、「文明の発展→人口増大→森林の破壊→土壌の劣化→気候の悪化→食糧不足→疫病の蔓延→人口激減→異民族の移動→文明の崩壊」というプロセスを描いている。同『気候が文明を変える』岩波ライブラリー、一九九三年、一一四頁。

(16)　安田「歴史は警告する＝現代文明崩壊のシナリオ」前掲『文明と環境』四三〜四九頁。

(17) 安田、前掲『森と文明の物語』八六～八九頁。
(18) パーリン、前掲書、五八～五九頁。
(19) T・デール&V・G・カーターの次の指摘にも注目。「文明盛衰のパターンは、この地域（地中海地域―引用者）のそれぞれ異なった国々でも大同小異である。それら諸国の文明は、幾千年に亘って自然によって創られた沃土の上に数百年間勃興し発展した。土地がますます耕作されたり、その森林や牧草が裸にされると、浸食作用が生産的な表土を剝奪し、流失し、連作と年中の湛水は多くの無機性食用植物を取り除き、生産は減少した。土地生産力が減退すると、それの培養している文明も廃れた」。同（山路健訳）『世界文明の盛衰と土壌』一九五七年、農林水産業生産性向上会議、四七頁。私自身は、こうした現象をなにも地中海地域に限る必要はないと思っている。

三、木を切る人と木を守る人――人間類型学的考察――

ここではどのような人々が森を切り、どのような人々が森を守ってきた（共生してきた）のかという歴史的な考察が主であって、必ずしも現在のことではない。また、かなり大胆な（と、自分で思っているだけだが）仮説をも含むため、今後の細かい検証が必要であることは承知している。

あるいはこれは東西の比較文明論にかかわる考察といってよいかもしれない。したがって、これまでいろいろな論者が主張してきたことを、表題にしたがって分類し、私なりに統合してみるという試みでもあろう。

第1表

	Ⓐ木を切る	Ⓑ木を守る
人間類型	個人主義	集団主義（「世間」的社会）
	ロビンソン的人間類型	共同体的人間類型
宗　　教	一神教	多神教
原　　理	父性原理	母性原理
	合　理	非合理
時　　間	直線的時間	円環的時間

そこで結論を示す簡単な表にして整理してみよう（第1表）。いうまでもなくⒶⒷとタテに区切られたそれぞれの項目は相互に深く関連しており、とうてい切り離して論ずることはできない。が、ここでは便宜上、一つ一つについて説明をすることにする。

(一)　人間類型

「個人主義 Individualism」が、ヨーロッパを特徴づける人間存在のあり方であることはよく知られているが、それが歴史上いつごろ形成されたかについてはさまざまな議論があり、なかなかむずかしい問題である。たとえば、L・デュモンが、それが西欧近代にきわめて特徴的なものと考えている一方で[(1)]、A・マクファーレンは、少なくとも一三世紀以降のイギリスでは、大多数の庶民は自由奔放な個人主義者であったと主張する[(2)]。

本稿では、さらにそれよりも以前に「個人」の成立を説く、阿部謹也氏の見解に注目してみたい。すなわち氏は一一世紀というものを非常に重要視する。それ以前においてはヨーロッパも日本やその他のアジアの社会とは基本的に異なってはいない共通の社会であった。阿部氏はそれを日本の「世間」に代表せしめている。世間とは、氏の定義によれば、個人と個人を結びつけている人間関係の絆であり、そこでは長幼の序と贈与互酬関係で成り立つ構造がある。また、葬祭に参加するという大きな義務もある、そういう社会である。(3)ヨーロッパも一一世紀以前には同様の性格を持つ社会であったというのである。とすれば、ヨーロッパの一一世紀以前の社会は、日本の現在とかなり共通点を持っているともいう。(4)

このようなヨーロッパ社会が、一一世紀以降「世間」から離陸して、それまでの状態から全く新しい関係に徐々に進んでいく。その離陸の重要な指標が、個人が生まれたことだと、別の言い方をすれば、ヨーロッパは日本的な、あるいは東南アジア的な贈与慣行の世界から離陸して、いわば近代社会へ走ることができた、と阿部氏は述べる。(5)

それでは、この「世間」の解体をもたらした一番大きな原因は何であったか。それはキリスト教の普及であった。キリスト教が末端にまで普及してくるのは大体一三世紀であるが、阿部氏は、一二一五年のラテラノ公会議によって、告白がすべての成人男女の義務と決定されたことに、きわめて重要な意義を見出している。なぜならこの決定によって、農民から国王にいたるまで、司祭も含めてすべての人が、最低年に一回自分の犯した罪を告白することが義務となり、これに背いた場合は、あの世で地獄にいくことになるということが公にうたわれているからである。告白の中では、あらゆることについて語らされてしまうのである。このように、国家、教会の介入のもとで告白を通じて、個人が形成されたのである。(6)

個人をめぐる説明が長くなったが、そこで第二章第10図を見れば、まさに今述べてきた個人が成立する一二世紀前後に、急激な森林破壊が読み取れるのである。(7)もっと大胆に、社会が、「世間」から「個人主義」に離陸する時、あるいは転換する時、木を切るようになるといえないであろうか。

次に、先の表に示した、「ロビンソン的人間類型」と「共同体的人間類型」に移りたい。かつて大塚久雄氏が提示したものである。「ロビンソン的人間類型」とは、ダニエル・デフォウの著書『ロビンソン・クルーソウ漂流記』に描かれている主人公ロビンソンの、孤島における思想と行動の様式に示される人間タイプのことである。かなり早い段階に書かれた論文では、「ロビンソン的人間類型」とは「近代的人間類型」と同義であって、この人間類型のみが、与えられた客観的諸条件に能動的に対応しつつ特殊近代的な生産力を現実に構成し、かつそれに相応した近代市民社会を創造しうる「強い人」として描かれている。[8] しかし、本稿の観点からすれば、このような近代的生産力を担う人間こそが、先にも見たように、D→B→Aと自然を破壊・改造する流れを強力に押し進めてきた人間タイプでなかったか。逆に、「封建的な、あるいは少なくとも近代以前の生産力しか形成しえないような類型の人間」(「共同体的人間類型」)[9]、「労働生産性の低い水田しか作りえない人間」、と貶められた人間の方が、たとえば日本の場合、アカマツや雑木林の二次林が生育する里山を大切にし、森や動物との共存をはかってきたのではなかったか。

(二)　一神教と多神教

先の阿部氏の説明に戻れば、ラテラノ公会議による告白の義務づけの際、司祭のための「贖罪規定書」と呼ばれるマニュアルが作成されている。その中では、世俗的なさまざまな慣習、ゲルマン的・異教的な伝統や信仰、迷信・俗信の類いが否定されていく。阿部氏はいくつかの興味深い例をあげている。たとえば、結び目や呪文をパンや帯の上に書いて、それを木の中に隠したり十字路に置いて自分の家畜や犬が病気にならないようにして、他人の家畜に被害を向けようとした場合、二年間の贖罪。お墓や泉や樹木や石などに捧げられた食物を食べたり、石を山のように積んだ場合、三〇日の贖罪、等々。いわば一神教であるキリスト教的な基本に基づいてヨーロッパ社会を合理化することが、この「贖罪規定書」の目的であって、それが近代ヨーロッパの合理性の原点にあるというのである。[10] が、まさにこの合理性こそが自然の征服に根拠を与えるものではなかったか。

池上俊一氏は、量的のみならず質的にも、自然の征服・搾取の歴史において、もっとも革命的な転換点を一二世紀前後のヨーロッパに見ている。[11] なるほど近・現代は、方法の洗練と効率の向上の点でまさっており、また自然の変改の技術においてもすぐれていよう。しかし、その原理を生み、実践に移すことを始めたのが、中世のこの時期なのであり、それに比べれば、近代の「科学革命」や「産業革命」はいささかも革命的でない、とまで言う。[12]

こうして、ヨーロッパではおよそ一一世紀ごろから、さまざまなかたちでつぎつぎと自然を征服してゆく姿がみられる。しかも、「切りひらき耕せ」という開墾運動のだれよりも先頭に立って積極的に行ったのが、キリスト教の聖職である修道士（特にシトー会）や隠修士と呼ばれる苦行僧であったことは重要であろう。[13]

そしてこの合理主義の精神は、先に見た大塚氏の「ロビンソン的人間類型」に接続されるのである。大塚氏の理論の下敷には、マックス・ヴェーバーがあるが、ここでは彼の言う「魔術からの解放」Entzauberung がかかわっている。すなわちヴェーバーによれば、救いの手段として呪術を排除することが、[14] カトリックよりもプロテスタントでなお一層徹底され、その結果として、イギリスなどでは五月柱や無邪気な教会の芸術行事ばかりでなく、キリスト教固有のクリスマス祭をも迫害するに至ったのである。ここに、古代ユダヤの預言者とともに始まり、ギリシア科学的思惟と結合しつつ、救いのためのあらゆる呪術的方法を迷信とし邪悪として排斥した「魔術からの解放」の過程は完結をみたとされる。[15]

大塚氏はこの論理を武器として、第二次大戦後すぐに、わが国の平和的再建が民主主義の方向においてなされるためには、民衆のうちに「近代的人間類型の創造」が行われねばならず、そのためには世界史過程の最後の一歩である「魔術からの解放」が徹底化されねばならないと主張したのであった。[16] が、その近代化や戦後民主主義のかけ声の下で、とりわけ一九六〇年代以降、日本列島改造のために木が切られ始めたのである。

ところで、山折哲雄氏は、一神教的思考と多神教的思考の相違を見事に説明している。即ち前者においては、真理という言葉が大文字で書かれ、それを証明するために単一の文法、単一の論理、単一の象徴体系がはりめぐらされている。だからそこには、善か悪か、光か闇か、真か偽か、現実か幻影か、という二元対立の構図が明確に区分されている。

これに対して後者では、どこにも中心がない。唯一の号令者といったものが存在しない。すべてのものを中心の周縁に配置するといったコスモスの感覚が、そもそも欠如している。中心（価値）がどこにでもあって、しかも円周（価値の尺度）がどこにもないような円である。[17] 真実なるものがどこにでもあって、しかもそれらの真実の確かさを判定する基準がどこにもないような、あいまいな複合世界である。[18]

これら二つのうち、エドワード・B・タイラー[19]以来の伝統、すなわち宗教はアニミズム→シャーマニズム→多神教→一神教へと進化していくという考え方の下で、多神教は一神教に比べて一段価値が低いと思われてきたのではなかろうか。日本は神道と仏教あるいは儒教とが共存する多神教の社会であってみれば、一神教であるキリスト教を持つヨーロッパの方が価値が高いと考える人々が多いのも、ある意味で当然のことと思える。

丸山真男氏が、次のように述べた時、この一神教と多神教の対比が念頭にあったのである。

　一言でいうと実もふたもないことになってしまうが、つまりこれはあらゆる時代の観念や思想に否応なく相互連関性を与え、すべての思想的立場がそれとの関係で――否定を通じてでも――自己を歴史的に位置づけるような中核あるいは座標軸に当る思想的伝統はわが国には形成されなかった、ということだ。[20]

また、鈴木秀夫氏が、「一神教から多神教への退化」とか「農耕による多神教化という退化」と述べる時、[21] これは完全に先ほどの伝統にのっとった評価であろう。

のちに、丸山氏の断定は軽率であり、日本には大乗仏教という一つの大きな背骨が精神の中核に通っているという梅原猛氏の批判を受けるが[22]、それはともかくとしても、本稿の観点からももう一度考え直してみる必要がある。その際には、次の義江氏の言葉が一つのヒントとなるであろう。

> 日本の古来の神々には、人間の自然への思いが込められている。また仏教が説く殺生戒には、自然環境の破壊を罪とし、贖罪を通して関係修復を実現しようとする願いが見出せる。このような視点から神と仏の関係を見直せば、人間関係や支配の問題だけでなく、対自然関係史をトータルにとらえる手がかりを得ることが可能になろう[23]。

対自然との関係を考える時、これまでの価値観は逆転するのではないか。もっと言えば、タイラーによって最も原初的と位置づけられているアニミズム概念こそ、人類的な危機を救うためには、再検討しなければならないのではないだろうか[24]。

㈢　父性原理と母性原理

この二つの対立する原理のバランスの取り方によって、その社会や文化の特性が作り出されてゆくと考えるのが河合隼雄氏である。氏はこれを人間の心の問題、自我確立の問題として深く考察しているのであるが、本稿で扱っている問題に関しても、重要な示唆を与えるように思われてならないのである。

第2表は、河合氏が作成したものであるが、まず母性原理は「包含する」機能によって示され、すべてのものを良

第２表

	父性原理	母性原理
機能	切る	包む
目標	個人の確立 個人の成長	場への所属（おまかせ） 場の平衡状態の維持
人間観	個人差（能力差）の肯定	絶対的平等感
序列	機能的序列	一様序列性
人間関係	契約関係	一体感（共生感）
コミュニケーション	言語的	非言語的
変化	進歩による変化	再生による変化
責任	個人の責任	場の責任
長	指導的	調整役
時間	直線的	円環的

〈出典〉河合隼雄『子どもと学校』岩波新書、1992年、22頁

きにつけ悪しきにつけ包みこんでしまう。そこでは、すべてのものが絶対的な平等性を持つ。「わが子であるかぎり」すべてを平等に可愛いのであり、それは子どもの個性や能力とは関係がない。しかし、母親は子どもが勝手に膝下を離れることを許さない。それは子どもの危険を守るためでもあり、母―子一体という根本原理の破壊を許さぬためでもある。このような時、動物の母親は子どもをのみこんでしまうことがある。こうして、母性原理は、その肯定的な面においては、生み育てるものであり、否定的には、呑みこみ、しがみつきして、死に到らしめる面を持つ。

他方、父性原理は、「切断する」機能にその特性を示す。それは、主体と客体、善と悪、上と下などすべてのものを切断し分割する。母性がすべての子どもを平等に扱うのに対して、子どもをその能力や個性に応じて類別する。母性が「わが子はすべてよい子」を標語として育てようとするのに対して、父性は「よい子だけがわが子」という規範によって子どもを鍛えようとする。かくて、父性原理は、強いものをつくりあげてゆく建説的な面と、逆に、切断の力

が強すぎて破壊に到る面と、両面をそなえている。[25]

ところで非常に興味深いのは、河合氏がソ連のチストフの語るエピソードとして紹介しているものである。すなわち彼が孫に「浦島太郎」の話をしている時のことである。彼が四方を春、夏、秋、冬の景色によって囲まれている華麗な竜宮城の描写をしている間、孫は興味を示さず、何か別のことを期待している様子なのに気がついた。チストフが問いただすと、孫は主人公の浦島が竜宮城の竜といつ戦うのかを期待していることを明らかにしたのである。

このエピソードに対して、河合氏は次のように判断する。ここに、自然との一体感を大切にする国民性と、対象との戦いに重点をおく国民性の差が如実に示されている、と。いうまでもなく、前者が母性原理を持つ日本の自然観であり、後者が父性原理を持つソ連（ロシア）のそれである。そして河合氏は、「確立した自我意識にとって、自然はいかにしてそれと戦い克服していくかという対象となる」とコメントする。[26]

ここまでくれば、父性原理が私のいう「木を切る人」の原理であり、母性原理が「木を守る人」の原理である、とも言い得るであろう。そうして改めて第2表を見れば、父性原理の「切る」とは、木を切ることをも象徴しているのではないであろうか。さらに、先の父性原理の説明で、「強いものをつくりあげてゆく建設的な面」は、「ロビンソン的人間類型」を思い起こさせ、「切断の力が強すぎて破壊に到る面」とはまさにそれと表裏一体の自然破壊と読み取れてしまうのではないかと思うのである。

だとすれば、これまた大胆な仮説として、母性社会に父性原理が浸透してくると、木を切るようになる、といえるのではないだろうか。

グローバルな形で母性社会に父性原理が入り込み始めるのは、まちがいなく一四九二年のコロンブスのアメリカ大陸「発見」からであろう。まさにJ・アタリが言うごとく、これがキリスト教ヨーロッパの地球支配の起点なのであ

第６図　カナダ、オンタリオ湖西岸のクロフォード湖の花粉ダイヤグラム

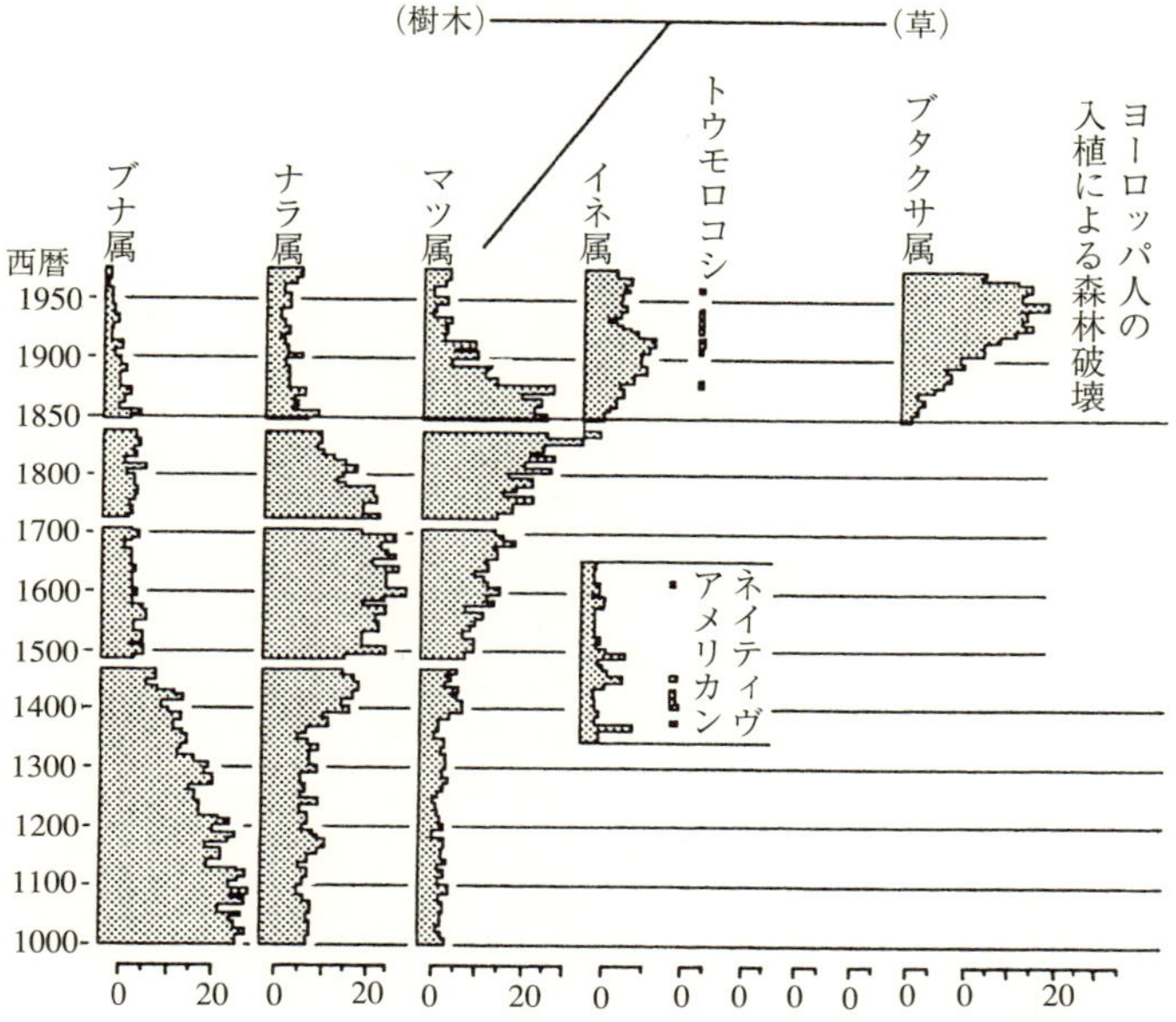

〈出典〉安田『森と文明の物語』154頁

る[27]。アメリカ大陸は、そのことを全くよく示してくれているように思う。第二章第16図は、ちょうど自由な信仰を求めて、メイフラワー号に乗ってきたピルグリム＝ファーザーズが、植民地を建設する時代から、三〇〇年間に亘る森林破壊を示している。森の民ネイティヴ・アメリカン（インディアン）という母性社会に、キリスト教という父性的宗教が入り込んだ結果とみてよいだろう。

第6図には、一三六〇年ころからのネイティヴ・アメリカンの居住が見られる。しかしここでも、一八二〇年に始まるヨーロッパ人の入植によって、先住民が大切にしていたナラやマツの森が、木材の伐採や農耕地、放牧地の拡大の中で急速に破壊されていったのである[28]。

ところで、安田氏は、日本の鎖国政策が、アフリカ・インド・中国や朝鮮半島で展開された、緑を徹底的に破壊する一五世紀の「地理上の発見」を契機とするヨーロッパの嵐のような攻撃から、

日本の森を守る役割を果たしたと評価している。(29) これも私流に言いかえれば、鎖国が母性社会日本に父性原理が侵入することを防いだと表現できよう。

(四) 直線的時間と円環的時間

この二種の時間については、すでに論じたことがある。(30) そこでの目的は、進歩史観を批判するために、その根底に存在する直線的時間に目を向け、円環的時間をぶつけることによって、前者を相対化することにあった。

歴史的に見れば、最初はどこでも円環的時間が支配的であったと考えてまちがいないであろう。しかし、紀元前一二〇〇年頃の気候変動は、人類の精神史において、蛇をシンボルとする大地母神から天候神へと変化せしめることによって、古代地中海世界の一角に一神教を誕生させた。(31) そこに、世界は天地創造に始まり、終末に向かって一直線に進行していくという、直線的時間が成立することとなったのである。

この時間意識が、キリスト教を通じて古代ローマからヨーロッパに受け継がれていくのであるが、真にヨーロッパが直線的時間を有するようになるのはいつごろのことであろうか。阿部氏はやはり一一世紀以降のことであって、それ以前は円環的にぐるぐるまわっていく時間が主であったとみている。(32) つまり、すでに見た表現を使えば、ヨーロッパが「世間」から離陸する時期に直線的時間が支配的になる、ということなのである。とすれば、社会が円環的時間から直線的時間に転換する時、木を切るようになる、という仮説が提起できないか。

この点ですこぶる面白く読めるのが、ミヒャエル・エンデの『モモ』ではないかと思う。(33) 古代ローマの円形劇場を思わせる、その廃墟のある大都会で、人々はのんびりと暮していた。そこへある時、灰色の男たちがやって来て、人々に時間の大切さを説き、時間を節約するよう強要する。人々は「よい暮し」のためと信じて必死で時間を倹約し、追いたてられるようにせかせかと生きることになる。河合氏は、この作品には、「進歩」と「能率」を標語にして、「遊び」を失い、個性を失ってゆく人々の姿が見事に描写されているという。[34]私自身は、灰色の男たちに、マックス・ヴェーバーのいう「資本主義の精神」を見た。大都会の大きな工場や会社の職場には、「時間は貴重だ――むだにするな！」「時は金なり――節約せよ！」という標語がいたるところに掲げてある。これなど全くベンジャミン・フランクリンの精神である。[35]旧市街の家は取り壊わされて、まるっきり見分けのつかない、同じ形の高層住宅が、見渡す限りえんえんと連なる。そこに木は一本もない。

まさに『モモ』は、円環的時間の中に直線的時間が入り込んだ時に、環境がどのように変化するのかを、象徴的にではあるが、見事に示していてくれるのである。

内山節氏の言葉を借りれば、近代以降の人間たちは、直線的な時間を確立することによって、円環の運動をする自然の時間世界から自立したのであり、それは自然と根本が異なる時空を手にすることによる、自然からの自立であった、ということになる。[36]そしてこの自立こそが自然破壊に連なるのである。

さて、およそにおいて以上のようなことが言えるとすれば、木を守るためには、円環的時間というものを見直す必要があるのではないかと思う。梅原猛氏は、デカルトに始まる近代の哲学の考え方は根本的にまちがっていたという。なぜなら、デカルトの「コギト・エルゴ・スム（われ思う、故にわれあり）」という言葉は大変な人間の思い上がりの哲学であって、それは世界の中心に「われ」を置いて絶対化するからだ。しかし、「われ」は最初から「われ」としてあるのではなく、やはり「われ」の命の背景には、自分の父や母の命がある。その父や母の背景には、もっとずっと人類の悠久にわたる生命があり、さらにさかのぼれば、生命の始源に返る。そういう生と死を繰り返した循環の結果として「われ」はいまここに存在している。そういう循環する生命の一つとして人間は存在するという認識が正しいのではないか。「われ」を絶対化することは、「われ」の対象として物質が存在することになる。となれば、その物質は人間によって支配されるべきものになる。こうして自然も人間によって支配可能な存在となる。これもやはり一種の独我論ではないか、と問う[37]。まさに循環の思想の重要性を述べているのだが、我々の言葉でいえばそれは木を守るための円環的時間の再構築ということにつながるだろう。

さて、この章の最初に、ここで取り上げたそれぞれの項目は、相互に関連していて切り離すことはできないと書いた。しかし改めて個々を分析してみると、一つ一つの要素がそれぞれ重要な意味を持っているのではないかとも思うようになったのである。それはひとつ前の章で論じたメソポタミアやギリシアの都市文明の考察と関係せしめると面白い。というのは、メソポタミアにしてもギリシアにしても、なおかつ全体として多神教、円環的時間の世界であった。にもかかわらず森を破壊したのは、経済の発展による「合理性」（もちろんその前に都市文明の成立のきっかけとなった、遊牧民と農耕民の融合の際の前者の合理的思考がながれこんでいるが）といった原理の成立が大きな役割を果たしているのではないだろうか。とりわけギリシアでは、木田元氏が指摘するように[38]、ソクラテス、プラトン、アリストテレスというギリシア古典時代の三人の思想家のもとで、自然に包まれその中で生きているいかなる自然民族にもかつて生まれなかったような不自然な思考様式、つまり「哲学」が世界史上初めて形成された事は決定的であった。この思考様式のもとでは、自然はそれ自体では悪しきものであり非存在なのであって、超自然原理によって形成され、構造化されることによって初めて存在者になりうるのだとみなされた。このような形而上的思考こそが、自然に背を向け、自然から離脱してゆくことをよしとする反自然的な思考、不自然な思考なのであって、言い方をかえれば、最もソフィスティケイトされた合理的思考なのである。この思考が自然破壊につながらないはずがない[39]。

これに対して、キリスト教は先の第1表Ⓐの要素をすべて併せ持っており、それだけに森を破壊する衝動もきわめて大きかったといえるのではないか。いずれにしてもこれらの要素を組み合わせることによって、色々のことが考察できるような気がしている。

最後に、これまでの日本の教育は、「個の確立をめざす」という立場から、もっぱら第1表のⒷ→Ⓐをめざして進んできたといってよいし、いまもこの流れは少しも変わっていないようにみえる。しかし、本稿の観点からしても、果たしてそれでよいのか、そろそろ再検討すべき時期にさしかかっているのではなかろうか。[40]

（1）L・デュモン（渡辺公三他訳）『個人主義論考』言叢社、一九九三年。私もかつてプロテスタンティズム成立以降の近代ヨーロッパに特有のものとして、「個人主義」を分析した。拙著『社会科教育の国際化課題』国書刊行会、一九九五年、七四頁以下。

（2）A・マクファーレン（酒田利夫訳）『イギリス個人主義の起源』リブロポート、一九九〇年。

（3）阿部謹也『ヨーロッパを見る視角』岩波書店、一九九六年、一七頁以下。別の定義は次のようである。「世間とは個人個人を結ぶ関係の環であり、会則や定款はないが、個人個人を強固な絆で結び付けている。しかし、個人が自分からすすんで世間をつくるわけではない。何となく、自分の位置がそこにあるものとして生きている」。同『「世間」とは何か』講談社現代新書、一九九五年、一六頁。阿部理論についてさらに詳しくは、本書第四章二の㈡参照。

（4）阿部『ヨーロッパを見る視角』四三頁。

（5）同、五〇、五五頁。

（6）同、九一～一〇三頁。

（7）この図の別の読み取り方（とりわけ「一二世紀ルネサンス」）については、本書第二章二の㈣および前掲拙著、二九七頁以下参照。

（8）大塚久雄「ロビンソン・クルーソーの人間類型」（一九四七年）『大塚久雄著作集』第八巻、一九六九年、二一四〜二二一頁。ただし、一九七〇年代になると大塚氏において「ロビンソン的人間類型」が相対化され始めることについては、前掲拙著、第四章「大塚久雄研究」を参照。また従来ロビンソンがあまりに健康的な相のもとに解釈されてきたことの反省については、岩尾龍太郎『ロビンソンの砦』（青土社、一九九四年）を読まねばならないし、まだまだこの点についてはいろいろな課題がありそうである。

（9）大塚氏のこの論文では、この言葉は使われていない。

（10）阿部『ヨーロッパを見る視角』九九〜一〇三頁。

（11）もとより、その背景には、イスラムとヨーロッパとの「文明遭遇」、前者から後者への「文明移転」がある。伊東俊太郎『一二世紀ルネサンス』岩波セミナーブックス、一九九三年。

（12）池上俊一『動物裁判』講談社現代新書、一九九〇年、一三四〜一三六頁。

（13）同、一三六〜一三八頁。

（14）もともとは古代ゲルマンの祭として行われたもので、モミやトウヒの柱頭だけ緑を残し、あとは枝払いをして、教会や町や村の広場に立て、そのもとで人々が楽しく歌い踊る。詳しくは、植田重雄『ヨーロッパ歳時記』岩波新書、一九八三年、一三四頁以下。

（15）M・ヴェーバー（梶山力、大塚久雄訳）『プロテスタンティズムの倫理と資本主義の精神』岩波文庫（下）、一九六二年、二六、六八、一四二、二〇九〜二一一頁。

（16）大塚「魔術からの解放」（一九四七年）前掲『著作集』第八巻、二三五頁。

（17）これはのちに登場する河合隼雄氏の「中空構造」の理論を思い起こさせる。同『中空構造日本の深層』中央公論社、一九八二年、とくに四一〜四三頁。

（18）山折哲雄「宗教と文明のゆくえ」前掲『文明と環境』二〇一〜二〇二頁。

(19) E. B. Tylor, *Primitive Culture*, 1871.
(20) 丸山真男『日本の思想』岩波新書、一九六一年、四～五頁。傍点は原文。
(21) 鈴木秀夫『超越者と風土』大明堂、一九七六年、六九、七一頁。
(22) 梅原　猛『美と宗教の発見』講談社文庫、一九七三年、八一～八四頁。
(23) 義江、前掲書、二二二頁。
(24) 岩田慶治『アニミズム時代』法蔵館、一九九三年、一〇頁。また安田氏は「アニミズム・ルネッサンス」を提唱している。同『蛇と十字架』人文書院、一九九四年、二一七頁以下。
(25) 河合隼雄『母性社会日本の病理』中央公論社、一九七六年、九～一〇頁。
(26) 同『中空構造日本の深層』八一～八三頁。
(27) J・アタリ（斎藤広信訳）『歴史の破壊・未来の略奪』朝日新聞社、一九九四年。
(28) 安田『森と文明の物語』一五三～一五六頁。しかも植民者自身は、彼らがしてきたことをほとんど全面的に、「森林破壊」としてでなく全く逆に「耕作の進歩」として肯定的に理解していた。W・クロノン（佐野敏行他訳）『変貌する大地』勁草書房、一九九五年、一八八頁。
(29) 安田『文明は緑を食べる』読売新聞、一九八九年、二一八～二一九頁。なおより詳しくは本書第七章二の㈣を参照。
(30) 前掲拙著、一一九～一二〇頁。なお、少し違った観点から、本書第四章三の㈡をも参照されたい。
(31) 安田『気候が文明を変える』七七～九〇頁。
(32) 阿部『ヨーロッパを見る視角』四八～五〇頁。
(33) ミヒャエル・エンデ（大島かおり訳）『モモ』岩波書店、一九七六年。
(34) 河合『中空構造日本の深層』一一一頁。
(35) ウェーバー、前掲書（上）、三七頁以下。

(36) 内山　節『時間についての十二章』岩波書店、五四頁。さらに、本書第四章三の注（38）をも参照。
(37) 梅原　猛『共生と循環の哲学』小学館、一九九六年、一一二頁以下。
(38) 木田　元『反哲学史』講談社、一九九五年、一〇一～一〇三頁。
(39) この点で、自然を大事だと認識したヘラクレイトスやアナクシメネスなど、ソクラテス以前の哲学者たち（フォルソクラティーカー）に注目する必要がある。梅原『共生と循環の哲学』四〇～四一頁、参照。
(40) むしろ浜口恵俊氏のように、日本人の人間関係のあり方を相手をおもんぱかって行動する「間人主義」と捉え直して、再評価していく事の方が重要ではないかと考える。同『間人主義の社会』東洋経済新報社、一九八二年。

おわりに

本稿を書き終えてみて、まだまだやり残したことが多いと感ずる。とりわけ仮説的な部分が多い三は、今後さらに詳細に検証していかなければならない。ここでは、もう一つだけいま考えていることを記して結びにしたい。それは、山折氏が多神教のところで説明したように、第1表のⒷの性格としてあいまいさ、ファジィがあるということである。[1]従来このあいまいさには非常に低い価値付けしかなされてこなかったが、近年になって、「新しい知」として再評価がなされ始めたことは、注目すべきことではないかと思うのである。[2]予想としては、このあいまいさが、木を守る重要な「知」となるのではないだろうかと思っている。[3]

（1）私は、Ⓑの性格は、日本ばかりでなく、多かれ少なかれ非西欧諸国が持つ共通したものであると考えている。が、これについては今後の検討課題としておきたい。
（2）中村雄二郎他『ファジィ―新しい知の展開』日刊工業新聞社、一九八九年。
（3）この点で、両義性、多義性、曖昧性を根本とする「共生」の思想を説く黒川紀章氏が、「自然を征服し手なずける西欧」を批判していることは注目に価することと考える。同『新・共生の思想』徳間書店、一九九六年、三三九頁以下、参照。

補論二　国際ボランティア認識上の問題点

(一)　欧米文明＝白人の相対化

日本人は「外人」といえば金髪、碧眼の白人を思い浮かべるように、現在でも欧米の文明に憧れを抱く人が圧倒的に多い。歴史的にみれば、明治期に日本がヨーロッパに範をとって近代国家建設を成し遂げようとしたこと、大正時代には西洋趣味が流行したこと、そして、第二次大戦敗戦後、物質的にも精神的にも貧困であった日本人が、アメリカ人の生活様式に強い憧れを抱くようになったこと、などが日本人が欧米文明に高い価値を置くようになった原因であろう。

しかも現在の日本においても、この傾向が至る所で増幅されているようにおもわれてならない。テレビのコマーシャルにおいて、外国人が登場するのは三割あるが、その中の実に八〇パーセント以上が欧米系白人なのである。自動車、化粧品、高級ブランド品、宝石など次から次に白人が出てくるため、見ている日本人は白人にこそ高級、優秀、進歩の価値観がもともとそなわっているかのようなまちがったイメージを植え付けられてしまい、それらを身につけ備えつけることで、自らも高級な気分にひたるという錯覚におちいってしまっているのである。料理でも同様で、これは三重ブラジル人会での調査でわかったことであるが、フランス料理のパーティーをやるといえば多くの人が集まるのに、ブラジル料理をやるといっても、期待するほどに人は集まらないとのことであった。

こうしたことは教育の分野においても全く同様である。これまでの研究によれば、小学校四年生まではまだ子供らしい自己中心的な世界観が残っているが、ほぼ五年生を境にして、欧米志向が始まり（第一次欧米化）、中学校二年生でそれが固定化する（第二次欧米化）といわれる。高校生になればそうした志向に批判的になる者も若干は存在するようであるが、圧倒的大部分の頭の中は欧米志向である。

このようにさせてしまうのは、先にみたテレビや雑誌などマスコミの影響によるところ大であるが、学校教育もマイナスの意味で大きく貢献しているのである。

たとえば、コロンブスやマゼランが活躍した時代を考えてみよう。かつては「地理上の発見の時代」と呼ばれ、コロンブスが新大陸を発見したことや、マゼランが世界周航して地球球体説を実証したことを、われわれ日本人はまるで我が事のように喜んで学習したのではなかったろうか。日本も一五四三年にポルトガルに「発見」された事には少しも気がついていないかのように。ともかく日本人は極力「ヨーロッパ人の眼」を持とうとして努力してきたといって過言ではないであろう。

しかしさすがに最近では、こうした捉え方に反省がなされるようになってきた。特に「発見」という言葉は、ヨーロッパ人に視点を置いた非常に一面的な見方であることから、たとえばコロンブスが「到達した」arrived、あるいは「上陸した」landedという言い方に改めるようになってきたのである。それとともに彼に「発見」された人々に目が向けられるようになってきたことは重要である。コロンブスに誤ってインド人と名づけられてしまったインディアンを「もともとアメリカに住んでいた人々」という意味で“Native American”と呼ぼうと言われ始めたし（もっともアメリカという地名は、イタリア人アメリゴ・ヴェスプッチの名に由来するが）、マゼランに「発見」されたマリアナ諸島のいわばマゼランに「来られた側」から見れば、マゼラン艦隊は多くの原住民を絶滅させた「悪魔の使者」にほかならなかったのでないかという、逆の立場からみた反省もなされるようになってきた。が、大学生にこのような話をすると驚いたり、衝撃を受けたりするところからみても、日本人全体の意識改革はまだまだ先のことであるという気がしてならない。

なぜこのようなことを縷々述べたかといえば、国際ボランティアの対象になる人々は圧倒的大部分が白人以外の人たちであるからである。実際今回のシンポジウムに出席していただいたパネラーのボランティアの対象は、ブラジル人、中国人、インド人、ネパール人、スリランカ人、ケニア人などであった。

欧米白人系に高い価値を置く日本人から、これらの人々は非常に深刻な偏見や誤解を抱かれることは容易に想像ができよう。特に肌の黒い外国人労働者に対するそれはひどく、犯罪や恐いというイメージがつきまとい、まるで3Kのための要員のように思われてしまって、日本人と対等の人格・人権を持った人々という意識がないというのが現状であろう。

それゆえに、何よりもわれわれは欧米白人系の文明を絶対的なものとして捉えるのを反省し（その意味でその相対化）、それ以外の地域の人々や文化を欧米に劣らない等価のものと見る眼を養わなければ、問題解決にはほど遠いことを自覚しなければならない。

㈡　英語の見直し

今日、英語が国際語となっているという認識においては、誰にも異存はないであろう。問題は、英語そのものに対する日本人の意識である。「国際化」「国際化」のかけ声の中で、日本人が英会話の強迫観念にとりつかれてしまっているようにも思われる。津田幸男氏はこれを「一億総英会話症候群」と呼び、その病理について多くを語っている。重要な点は、㈠で述べたことと深くかかわるが、過去における敗北と屈辱の経験が、日本人をして、ガイジン・コンプレックスを抱かしめるようになったことにある。そのコンプレックスの裏返しが、ガイジンを崇拝する「英会話中毒」だと津田氏は言う。

まずその初期症状は、「英語が大好き」「英語がペラペラになりたい」「学校英語はホンモノでない」「ホンモノの生の英語が必要」という意識が形成された時点である。ついで中期症状では大学生がＥＳＳに入会したり、会社人が英会話学校に通い始めるように、学習の場を個人の領域から社会的領域にまで広げて英会話を求めていくようになる。ガイジン崇拝主義が強くなり、ガイジンとつきあうことにより、自分までもが特別な人間になったかのような意識が出来上がる。そして末期症状までくると、日本を飛び出し数年間の英会話留学をするのが大きな特徴となり、ガイジン崇拝はますますエスカレートして、ガイジンとその文化習慣をことごとく肯定し、日本文化を否定するような意識さえ生まれてくる。

勘違いをしていただいては困るが、何も英語を好きになるなとか勉強する必要はないなどと言っているのでは毛頭ない。そうではなくて、英語は数千もある世界中の言語の一つにすぎないこと、英語に付け加えられた「先進」「進歩」「優秀」といった差別的な付加価値を取り去ることを主張しているのである。そうでなければ、英語を話さない人々に対するボランティア交流に、これまた意識面でさまざまな支障を来すことになるのである。

もう一つ注目すべきことは、三重県内での国際ボランティア交流において、英語がどれほど有効かという点である。県内に在住の外国人の占める比率は、ブラジル人約六割、中国人二割五分、残りの一割五分が英米系の人々である。今回の調査でわかったことは、ブラジル人がほとんど英語をしゃべれないということである。とすれば県内の交流において英語はあまり役立たず、むしろポルトガル語や中国語を勉強した方が良いということになる。もちろん、日本に来ているのだから日本語を習得して欲しいとも思うが、やはり日本人の方も英語ばかりに比重を置かず、対象となる国の言葉を少しでも多く知って接することが真の国際交流となるであろう。

(三)　国際ボランティア活動の意味

今回の調査で、特に海外支援の領域において、意識面の変化にいくつかの共通のものが見られた。すなわち最初は、富める国、先進国に住む日本人が、貧しい国、発展途上国に住んでいる人々に、いわば施しにも似た尊大な気持ちで接したというのが正直なところだというのである。ところが日を重ね、回数を重ねるにつれて、自分たちの気持ちが変わってきたという。

インドに井戸を掘る手伝いからスタートした日印こころの輪の聞き取りでは、現地へ赴いて、タイムスリップしたような気分にとらわれ、貧しい所に援助するどころか、むしろ日本人が近代化や高度経済成長でいつしか失ってしまった、さまざまな豊かさを見出すようになったという。話の中で非常に印象に残るのは、村々の人々が家族そろって道端に出て、沈みゆく夕陽を眺めていた光景であった。日本が援助することによって現地の文化を破壊したくない、さらに本当に援助が必要なのかどうかまで考えさせられたということである。

また、スリランカの州立職業訓練所への援助をしているタランガ・フレンドシップ・グループでの調査でも、同じ仏教国であり、敗戦後日本がここまで発展してきたのだから、スリランカにももっと発展してほしいという強い願いをもち、自分たちなりのシナリオも夢ももって現地へ行ったが、やればやるほど当初の気負いがなくなり、淡々としてきたという。別の言い方をすれば、きれいさ、カッコよさがなくなり、現地人の眼になっていく自分を感じたというのである。そして日本人が西洋ばかりに眼を向けていつしか忘れてしまった何かを現地に行くたびに教わったようである。

以上の二つの例の中に、われわれは重要な教訓を読み取ることができるように思われる。シンポジウムの席上、インターナショナル・ルイ企画の発表で、国内の外国人支援においても、富める者が貧しい者を救助するような感覚やおしつけは逆効果でないかという反省がなされた。海外支援の場合はなおさらのことである。これに関連して文化人類学者として名高い視父江孝男氏が、根本的な問題として提起するのは、ある地域が、外の世界へ、外の文明の世界へ触れるようになることがほんとうによいことなのか否か、もっとつきつめれば、一体、人間の「幸福」とは何か、ということである。もとより今日のような高度情報社会においては、ある地域が他の世界と全く無縁に存在するというのは不可能なことであろう。だがボランティア活動のためにわざわざ現地まで赴く場合、日本人のひょっとしたらおしつけがましい行為をするよりも、何も手をつけない方がかえってよいのでないかと常々考えながら行動することが大切ではないであろうか。さらに両グループとも、現地へ行くことで日本が失ってしまったものに眼を向けている。その多くは、物質万能主義の中でなくなってしまった精神的豊かさであろう。現在、地球環境が悪化し、人類がどう存続すべきかが問われる中で、日本をはじめとする先進国は、現代社会を支えている基本的構造、すなわち、「大量生産→大量消費→大量廃棄」のサイクルから、脱成長社会、自然との共存社会への転換に否応なくさし迫られているといってよい。その時、われわれが援助しようとしている社会の中にこそ、実はすぐれたモデルがあることに気づかないであろうか。

さて、少し観点は変わるが、四日市日本語教室での調査で、ブラジル人に日本語を教えることが、実は半ば自分の楽しみであると聞いた。また、ザ・フレンドシップ・フォース・オブ三重での聞き取りでも、ボランティア活動が自己を変えてくれた。その意味で「自己実現」の道がこの活動の中にあるとうかがった。さらに先の両グループの中から最初は人のためと思っていたが、結局は自分のためにするものなんだという話が何度も出た。ボランティア活動のもう一つの重要な側面が、これらの話の中にあると思われる。

(四)　日本をどう捉えるか

国際ボランティアを考える際のもう一つ避けて通ることができない問題として、ほんのひと握りの先進国が大多数の発展途上国から富を吸い上げて、両者の貧富の格差を著しいものとしているいわゆる南北問題がある。シンポジウムにおいて、伊勢市国際交流協会からは、南北問題が外国人労働者を通じて日本国内に反映しているのではないかという重要な報告があったし、ケニアに支援しているミコノの会からは、「北」がケニアの環境を破壊しているというこれまた重要な指摘があった。さらに松阪国際クラブからも、海外支援が日本資本主義のお先棒を担ぐようではいけないという提言もいただいた。「北」の中でも今やトップを走ろうかとする日本にとってこれは今後真剣に考えられるべき重大な課題であろうし、個々のボランティアグループの次元においても、先に述べたある地域へ外から別の文化を持ち込んでよいかどうかの問題とならんで、よくよく慎重な行動をとらなければならない。

ところで、今回の調査で気になったことは、日本社会のあり方について良い評価を下す意見にはめったに出会わなかったことである。これはある意味で当然のことかもしれない。大は先の南北問題から、中は行政のあり方、そして小は日本人個々人の外国人に対する態度まで、これまでにも少し触れたように実にさまざまな問題があり、そうした点でプラスの評価を与えにくいことは事実であろう。

しかし、よくよく考えてみると、そもそもボランティア活動をしたいと考える人々が多数存在すること自体が素晴らしい事ではないだろうか。ブラジルではボランティアの観念すら存在しないと聞いた。今回の調査で多くの人々に接することができたが、誰もが皆、困っている外国人に少しでも自分が力となりたいと切に願う心やさしい方ばかりであった。かつて日本社会は欧米に比べると価値の劣った社会であると考える人々が多かった。もとより現在でもそう考える人は少なくはないが、多くの見直しが始まっていることも事実である。たとえば濱口恵俊氏は、日本型組織の特徴は、成員相互の密接な連関性にあり、社会的情報が豊かで、絶えず「ゆらぎ」を示しながら「複雑系」としての構造を保つ現代社会では、むしろ関係性を重視する日本社会の編成のあり方が、今後一つのモデルと見なされるようになってきた、と述べる。その意味で氏の、日本人は自他との関係性を非常に重視する「間人《かんじん》主義」であるという主張は重要である（この点については、本書第四章二の㈢をも参照）。もう少しわれわれも相互信頼を基底にすえた、こうした日本社会のあり方に自信を持ちつつ、ボランティア活動にはげみたいと思うのである。

〔参考文献〕

本田勝一『マゼランが来た』朝日新聞社、一九八九年
ジェームズ・A・バンクス『多文化教育』サイマル出版会、一九九六年
津田幸男『英語支配の構造』第三書館、一九九〇年
祖父江孝男『文化人類学入門』中公新書、一九七九年
古沢広祐『地球文明ビジョン』ＮＨＫブックス、一九九五年
濱口恵俊『日本型信頼社会の復権』東洋経済新報社、一九九六年
深草　正博『社会科教育の国際化課題』国書刊行会、一九九五年

第四章　ヨーロッパ一九世紀的知の再検討

はじめに

大変おおげさな表題をつけてしまったが、本稿はあくまでも私がこれまでにほそぼそと続けてきた、「一九世紀ヨーロッパ歴史像」批判のための基礎作業の一環に位置づけられるにすぎないものである。[1] したがって一九世紀ヨーロッパの知の全面的検討ではもちろんなく――その能力も資格もないが――、最近読んだもののうちでその批判に役立ち、新たな世界史像構築のためにヒントとなりそうなものを、自分なりに整理してみようと思っただけなのである。しかし、二一世紀に突入した時点で、なぜ一九世紀ヨーロッパにこだわるのか。それはわれわれが依然として一九世紀ヨーロッパの生み出した諸成果から抜け出せないでいるからである。

私と同じような思いを多くの学者たちが持っている。たとえば、近代世界システム論で著名なウォーラーステインは、近著で次のように述べている。

> われわれは一九世紀社会科学を「脱思考する unthink」必要がある、とわたしは信じている。一九世紀社会科学の前提の多くが、わたしのみるところ、人を惑わせるものであり、窮屈なものであるのに、依然として、きわめて強力にわれわれの考え方をとらえているからである。これらの諸前提は、かつては精神を解放するものだと考えられていたが、今では、社会的世界を有効に分析するにあたっての、最大の知的障害となっているからである。[2]

こうして、ウォーラーステインは、法則定立的―個性記述的二律背反 nomothetic-idiographic antinomy 認識、「発展 development」概念、分析からの〈時空〉Timespace の排除などを一九世紀パラダイムと考え、その限界とそこからの脱却の道をさぐろうとしているのである。

加藤尚武氏も一九世紀思想に、大きな問題を感じている一人である。

> 私は一九世紀からでないと二一世紀が見えない、という意識を持っているのだ。
>
> 一九世紀の思想は歴史意識を確立したわけだが、二〇世紀の思想は一九世紀にでき上がった歴史意識を片方では持て余しながら、片方ではその上に乗って、進歩の延長上にあると自分では思いたがっている。それが二〇世紀思想の特徴ではないかと思う。
>
> つまり二一世紀を考えるには、一九世紀型の歴史意識の根にあるものまで洗い晒しにした形で未来を展望するのでなければならない。[3]

興味深いことに、二人とも「発展」、「進歩」といった概念を再検討すべきであると考えている。したがってわれわれの分析もまた、ここから始めなければならないであろう。

（1）拙著『社会科教育の国際化課題』国書刊行会、一九九五年、第一～三章、参照。

（2）I・ウォーラーステイン（本多健吉・高橋章監訳）『脱＝社会科学』藤原書店、一九九三年、七頁。傍点は引用者。以下ことわりなき時は、傍点はすべて引用者のものとする。

（3）加藤尚武『進歩の思想・成熟の思想』ＰＨＰ研究所、一九九三年、八頁。

一、「発展」＝「進歩」＝「進化」概念の再検討

㈠　「進歩」というつくり話

ウォーラーステインは、先に触れたいくつかの概念のうち、「発展」こそ「一九世紀社会科学の鍵をにぎる概念、しかも最も問題だと思われる概念」[1]とみなしている。この発展＝進歩の思想が登場するのは、一八世紀の啓蒙思想であるが[2]、彼は社会変化は繰り返すという思想が、社会は進歩するという思想を中心としたものにとってかわられることが、近代性についての大きな知的移行の一つだとみる[3]。それが一九世紀半ばにはしっかり確立したとして、近代世界の根幹をなしているつくり話を掲げる。それは次のようなものである。

昔はヨーロッパは封建的だった。それは「暗黒時代」にあった。大半の人々は小農民だった。大半の小農民は多くの土地を所有する領主に支配されていた。何らかの過程によって（どのようにして、また正確にいつのことなのかが、いまだに論争の的となっているが）中産層が現われた。それはまずもって都市ブルジョアジーであった。新たな思想が登場あるいは再登場（再生《ルネサンス》）し、経済生産は拡張し、科学と技術が普及した。つまるところ、ここから「産業革命」が生じた。この大きな経済的変化にともなって政治的変化も生じた。ブルジョアジーはどうにか貴族階級を打倒し、その過程で自由の領域を拡大した。こうした変化のすべては同時に生じた。しかしながら、それらはどこでも同時におこったわけではなかった。他国に先がけて変化を達成した国があった。世界経済にお

けるイギリスの、経済的ヘゲモニーの庇護のもとで発展した神話の背景のもとでは当然であるにせよ、第一走者の本命は、長きにわたってイギリスであった。

このつくり話は、訳知り顔の人間たちによって吹聴され、学校教師によって教えられ、大半の人々（あるいは少なくとも「近代的」で、何らかの「教育」を最低限受けていた大半の人びと）によって信じられていたし、今日でも依然としてわれわれの日常的ならびに専門的な言語や世界認識にたいへん深く根づいている、とウォーラーステインはいう[4]。こう言われるとわれわれ世界史教育を担ってきたものは実に耳が痛い。なぜなら私も含めてほとんどが多かれ少なかれこのつくり話を事実と思って教育してきたのではなかったか、と反省するからである。これほどまでに「一九世紀ヨーロッパ歴史像」は、われわれを深く捉えてしまっているのである[5]。

ところで、こうしたつくり話の源が、第一走者の本命である一九世紀のイギリスヴィクトリア時代にありそうなことは容易に想像がつくであろう。この点で、ピーター・J・ボウラーの『進歩の発明[6]』The Invention of Progress, 1989 から教わることがきわめて多い。

さて、一九世紀は、物質文明がいまだかつてない勢いで発展を遂げた時代であった。この世紀は、イギリスの工業化とともに始まって、ヴィクトリア女王が即位する一八三七年には、すでに鉄道網が田園地帯にまで広がりつつあった。世紀末には、ヨーロッパとアメリカが大規模工業の中心地となり、世界を支配する力を手に入れる。しかし、物質的進歩を成し遂げたこの時代は、過去に魅せられた時代でもあったという。なぜなら一九世紀は、自らを中世的価値観から近代的価値観への移行の時代とみなしており、この変化にしばしば痛みが伴い、また近代的価値観がいかにあるべきかを巡って大きな混乱を引き起こしていたからである。実践上の問題は、社会の行く末をいかにして予知するかであった[7]。このような状況の中で、ヴィクトリア時代人の心に安らぎを与えたものが、社会の進化が目的をもった方向に動きつつあるという信念であった。

　進歩という観念が彼らの思考の中心を占めるようになったのは、それがまさに、現在起こっている変化が意義ある歴史的パターンの一部かもしれないという期待を持たせてくれたからであった。……ヴィクトリア人は、己の時代を映す鏡として過去を用いたのであった。進歩という観念を歴史にあてがうことで、彼らは自分たちが望む秩序感覚を造り出した。[8]……発展論がはやったのは、ヴィクトリア時代の人々が歴史における自らの特別な地位を確信し、他の一切の文化や種を自らの起源に関連づけようとしたためである。[9]

　ここには当時世界を制覇しつつあったイギリス人が、世界の文明の頂点に立つ自覚をもって、あらゆるものを歴史的に序列化しようとした姿が浮き彫りにされているのである。

　しかしながら、ひと口に進歩といっても、ヴィクトリア時代には、大きく言って連続的モデルと循環的モデルの二つがずっと論争・対立を続けていた。すなわち前者は、誕生に始まり成熟に向けて着実に成長するという考え方で、発展の各段階はゆるぎない順序でつぎつぎと起こり、そのシステムを完全に発展しきった状態に向かわせるとする点に主な特徴がある。他方後者は、発展向上の「主系列」を認めつつも、各段階ごとにそれ独自の成長期、衰退期を持つと考える。そして自己の独創性と努力とが自助の精神を養うと考えた自由主義勢力は連続モデルを好み（いわゆるホイッグ派の解釈）、進歩の各段階に神の介入の必要性を説く保守勢力は循環モデルに執着した。[10]ボウラーの書物の面白いところは、この二つのモデルの対立が、言語学、考古学、人類学、古生物学、地質学、生物学などの領域全体を貫いていたことを示していることにある。ただ、二つの違いはあっても、何ものも到達点に向かう社会の動きを阻止できないと信ずる点、また世界史のこの発展段階において、ヴィクトリア朝大英帝国が決定的な役割を果たすことになると考える点では一致していた。つまり自由主義者も保守主義者も同じように、予め定められた到達点に向かう社会進化の発展モデルを好んだのである。[11]

このようなヴィクトリア朝の雰囲気の中で、一八五九年にダーウィンが『種の起源（Origin of Species）』を出版し、一八六〇年代以降、ヘンリー・メイン卿の『古代法（Ancient Law）』（一八六一年）、ジョン・F・マクレナンの『原始婚姻論（Primitive Marriage）』（一八六五年）、ジョン・ラボック卿の『文明の起源と発展（Origin and Development of Civilization）』（一八七〇年）、エドワード・B・タイラーの『初期人類史研究（Researches into the Early History of Mankind）』（一八六五年）や『原始文化（Primitive Culture）』（一八七一年）、さらにアメリカではルイス・モルガンの『古代社会（Ancient Society）』（一八七七年）などが相次いで出版された。ヘンリー・メイン卿以下に掲げた書物は、すべて野蛮状況からヨーロッパ文明の頂点に進む際に、どの社会も必ず通過しなければならない発展の諸段階を定めた文化の直線的発展モデルを考え出したのである。たとえば、マクレナンが部族→氏族→家族へという社会集団の変遷を説き、タイラーがアニミズムを起源とする宗教の進化を説き、さらに、モルガンが野蛮→未開→文明という諸段階が「自然かつ必然的な進歩の一系列」と考えたように。[12]

以上、いかにも不十分ではあるが、「発展」＝「進歩」＝「進化」という概念が一九世紀ヨーロッパそれもとりわけヴィクトリア時代のイギリスという特定の時間と空間の中で確定されたことを見てきた。問題は二一世紀初頭のわれわれが、これをどのように克服するかであろう。

(二)「進歩」の克服

(1)「タテの異文化」理解から(13)

先のつくり話に見られるように、もしも世界史を何らかの価値基準にもとづいて、現代へ向けての営々たる進歩＝発展の過程として描き出すならば、すべての過去は現代という時代が体現している文物や価値の「未熟児」あるいは「胎児」と捉えられることになってしまう、というのが小谷汪之氏の重要な問題提起であった。そのような見方はやめてたとえば中世という時代を、それ独自の個性と価値をもった社会すなわち「異文化」として捉え直そうというのである。(14)これは文化人類学の発想すなわち文化相対主義を、時系列的にならんでいる歴史上の各時代や文化にあてはめてみようとするものであり、村上陽一郎氏が適確にも「歴史の文化人類学化」と呼んだ方法である。(15)この方法論の前提は、過去の「異時間」における社会の状態を、現代の状態と通底する共通の「文化」の変形と見なすのでなく、ちょうどわれわれが、現在共時的に存在する未知の文化に出逢うときと同じように、「異文化」と見なす、というところにある。(16)

私はこれらの考え方に大きなヒントを得、現在共時的に存在する文化を「ヨコの異文化」、通時的「異時間」における文化を「タテの異文化」と構想し、後者を歴史教育に生かすことを提唱した。この方法によって、過去を現在に比べて劣ったものと見る誤りは防げるのではないかと思う。

日本史であるが、一つだけ具体的な例を示せば、現在家族のあり方も含めて親子関係がよく問題にされている。(17)そこで、服藤早苗氏の『平安朝の母と子』と太田素子氏の『江戸の親子』の二冊を比べてみたらどうであろうか。前者には、子どもを犠牲にしてまで我が身を守った母親の行為を、武者たちが誉め称え評価した『今昔物語』の話を例に取りながら、家族史では家成立途上の、女性史にとっては男性への従属開始の、子ども史ではやはり父権への従属の始まる一〇～一一世紀中頃までの家族生活史を扱っている。また後者では、江戸時代の子育てと親子関係をひとことで特徴づければ、「父親が子どもを育てた時代」という興味深い指摘がなされている。江戸時代の家族のもろさと、抜き差しならずに子育てに巻き込まれていく男性たちの姿が浮き彫りにされる。両者とも現代とはかなり異質であるが、平安時代よりも江戸時代が、江戸時代よりも現代が進歩しているとはとうてい読み取れないし、また読みとるべきではない。むしろそれぞれを「異文化のあり方」と捉えつつ、現代を映し出す鏡と理解すべきであろう。[18]

(2) 環境問題から

最初に触れた加藤尚武氏は、次のような重要な指摘を行っている。

歴史の本当の曲がり角は、進歩の時代の終わりがはじまろうとしているところにある。環境と資源の限界が人類に抑制を強いるだろう。……

環境問題の最終的な解決はあらゆる社会が経済成長を持続しない限り安定しないという成長体質を脱却することである。[19]ハプスブルグ系の成長社会を目標とすべきではなくて、オスマントルコ型の低成長社会を目指すべきではないか。それは成長の低い社会というよりは、人々の幸福感が〈もっと多くの物を〉という貪欲の充足にあるのではなくて、美しい静かな信仰や素朴な芸術制作にあるような社会である。明日を求めるという自転車から降りることの許されない、成長という人参を鼻の先に下げて走り続ける文化ではなくて、暖炉の傍らで永遠の静けさと自己充足の果たされるような文化であろう。[20]

ここには人類が将来目指すべき社会や文化が美しく描かれているが、まことに進歩の時代が終焉を迎えようとしている今日、それに取って代ったのが環境問題といってよいのである。[21] 伊東俊太郎氏は人類の長い歴史を六つの変革期に分け、その最後の六番目を「環境革命」と規定している。[22] それは、まさに地球環境問題こそが現代文明の変革を主導するものであり、この文明の様相を根本的に変えさせる根源となっているからである。

ここで、すでに四半世紀以上も前に、歴史の進歩について徹底的に検討した市井三郎氏の主張に改めて注目してみたい。

《各人（科学的にホモ・サピエンスと認めうる各人）が責任を問われる必要のないことから受ける苦痛を、可能なかぎり減らさねばならない[23]》という倫理的価値理念を提唱する氏が、考えぬいたあげく、科学技術史などの「進歩」にもかかわらず、「人間歴史の全体にはいっこうに明瞭な『進歩』の様相が確認できない[24]」と結論したことは重要である。[25] しかも一般には進歩してきたと認められる科学認識にしても、「累積的な科学技術上の進歩を達成したところで、要するにその結果は究極兵器（原水爆）の発明と、深刻きわまる環境破壊（公害）の創出であったのではないか[26]」と、人間歴史のパラドックスを直視するように促している。[27] そしてそうしたパラドックスをこえるためには、「過去の〝進歩〟を導いた諸理念をもこえる必要がある[28]」と説くのである。すなわち、ここにはまさに世界観の転換が要請されているといってよい。いいかえれば、古沢広祐氏が言うように、われわれは地球環境問題という人類が直面する危機のなかで、「近代文明そのもののあり方を根本的に問い直し、現代社会を支えている基本構造（パラダイム）の転換を否応なしに迫られようとしている[29]」のである。

伊東氏に戻れば、氏が「環境革命」を提唱したのは、「環境問題」こそ現代文明の転換を促し、嚮導する文明変動の転轍手たる役割を担うものだからである。そのためには、「科学革命」以降の近代科学技術およびそれを支える近代哲学（とりわけデカルトやフランシス・ベーコンの思想）が根柢から変えられねばならないこと[30]、人間だけでなく他の生きものとの共存をいかに保持してゆくかという生態倫理や次の世代まで視野に収めた世代倫理の樹立、さらに先進国といわれている国の経済の在り方を、いっそうきびしい省資源・省エネルギー的なものに変換し（先の加藤氏のいう「ハプスブルグ系成長社会」から「オスマントルコ型の低成長社会」への転換、佐和隆光氏のいう環境調和型の「メタボリズム文明」の構想[31]）、南北問題の解決に資するようなものとせねばならないなど、今日の環境問題を引き金として、新たな文明の形態に移ってゆかねばならないと主張する[32]。以上の認識のもとで、「人間や地球のよりよき生のために存在する文化財」としての科学（かつて福井謙一氏はこれを「自然と両立する科学」「自然に組み込まれた科学」「自然を尊重する科学」と呼んだ[33]）への変換である「叡知革命」Sapiential Revolution、「人間や生物はおろか、地球も宇宙も生きている」自己組織系とみる「生世界革命」Bio-world Revolution、人間が限りない欲望の奴隷となることなく、「外的・物質的なものの拡大から、より内的・精神的なものの充実へと文明の軸心を移してゆく」ための「人間革命」Human Revolution という三つの革命をこれからの重要な課題とするのである[34]。

このような課題を達成するためにわれわれは具体的にどうすればよいのだろうか。鈴木善次氏に従って、環境教育を「ライフスタイルの見直し、大きくは文明の問い直しのための教育」と規定するなら、まさしく環境教育こそ「環境」時代に対応した教育そのものであり、「二一世紀における新しい教育像」となろう[35]。

すでに私自身、世界史教育で環境問題をいかに取り扱うべきかについて、とりわけ歴史上における森林破壊の問題に焦点を絞りながら、古代から現代までかなり詳細に論じてみた[36]。その後宮崎正勝氏が私とは異なる角度から、やはり世界史における環境教育の導入を主張しており、大変参考になるのでその一部を紹介してみたい[37]。

まず根本において、現時点での歴史教育は、一九世紀の近代歴史学の視点の相対化を十分にはしておらず、グロー

第１図　歴史的視点から見た自然区分

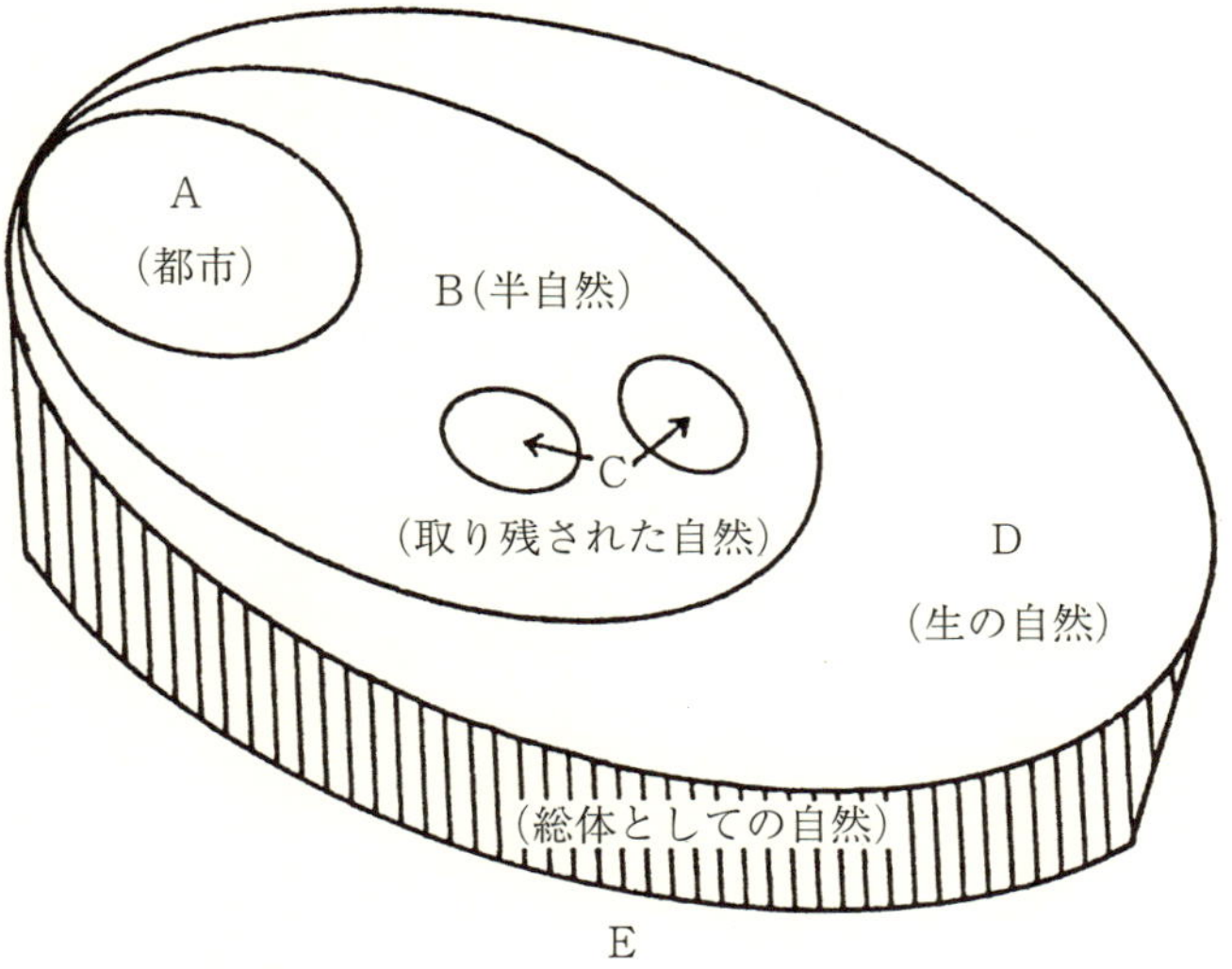

〈出典〉宮崎、前掲論文、55頁

バリゼーションの進行、地球環境問題の深刻化に伴う現代の諸課題に十分応えるに至っていないという認識が氏にはある。[38] たとえ産業革命以後の自然破壊については取り上げられるようになったとしても、「生産力」の進歩こそが人類「進歩」の原動力であるとする「生産力」重視、生産至上主義の視点に変化がみられない限り、問題の進展はのぞめない。そうではなくて、「生産力の発展」に伴う「開発」が自然破壊を随伴するという基本認識こそが、「環境教育」としての歴史教育にとっての出発点に位置づけられる必要があるというのである。[39]

以上のような認識を背景にして、宮崎氏は第1図のA～Eのような人類史を織り成す五種類の空間をモデルとして設定し、歴史教育の基本的枠組みに環境問題を組み込む試みをしている。この図の有効性は、人類史が展開された空間を大きく「生の自然D」、「半自然（取り残された自然Cを含む）B」、「人工空間（都市）A」と三つに分けることによって、それぞれの空間の生活・社会・意識・文化、諸空間の相互関係ならびに「生の自然」から

「人工空間」への推移の過程を理解させ、もって環境問題を踏まえて歴史の輪郭を明らかにし、「生産力」の発展を鍵概念とする歴史教育の基本配列を変化させることにある。[40] すなわち、「開発」による「人工空間」・「半自然」の拡大は、「生の自然」の縮小となり、両者の拮抗関係の中で歴史過程が説明され、「開発」を「文明」の指標として一方的に評価してきた一九世紀的発想を相対化することが可能となる、という重要な指摘がなされている。[41] 私流に言わせていただけば、「開発」によるD→B→Aの流れが生産力の増大であり文明の発展というプラスの評価であったものが、裏をかえせば森林を中心とする環境破壊というマイナスの評価にもなるということである。[42]

宮崎氏はさらに、①狩猟・漁労・採集社会、遊牧社会、②食料生産革命、③都市革命、④都市国家、都市国家連合、領域国家、⑤精神革命、⑥大航海時代以降のアメリカ・ロシアに征服されたシベリア、⑦科学革命、⑧産業革命・交通革命、⑨市民革命による国民国家の形成、⑩アメリカナイゼーションと流通革命、⑪戦後世界のそれぞれをA〜Eの組み合わせで興味深く描いている。[43] 現在はD（生の自然）の加速的な縮小とA（都市）の肥大文化がE（総体としての自然）を変質させ、地球環境問題を深刻化させている段階に位置づけられよう。[44] この中で①のみが生活の場が全てDであり、人類が自然のエコシステムに組み込まれており、自然との共生を重んじるアニミズムが文化の基盤をなしていた。人類史上の時間的長さでいえば①が九九・九パーセントを占めており、①と②〜⑪を分ける視点も必要だという。これによって「開発」ばかりでなく「共生」も人類史の重要な指標・価値となるからである。[45]

（1）ウォーラーステイン、前掲書、九頁。
（2）P・ゲイ（中川久定他訳）『自由の科学Ⅰ』ミネルヴァ書房、一九八二年、第二章および前掲拙著第三章を参照。
（3）ウォーラーステイン、前掲書、七五頁。
（4）同、七六頁。本文中の（　）内はすべて原文。

（5）　このつくり話の大きなあやまりの一つは、ブルジョアジーが貴族を打倒したのではなく、貴族がブルジョアジーになった事実を捉えていないことにある。ウォーラーステインは、小農民が強くなるにつれて、「富農の楽園」の方向に事態が進行しているのを恐れた貴族が、その流れを変えるために取った戦略が、封建制システムを資本主義世界経済へと変化させることであったという、本文中のつくり話に対抗する〈現代の寓話〉を提示している。同、八三～八四頁。

（6）　P・J・ボウラー（岡嵜修訳）『進歩の発明―ヴィクトリア時代の歴史意識』平凡社、一九九五年。

（7）　同、二～一三頁。

（8）　同、一四頁。

（9）　同、二九頁。

（10）　同、二四～二五頁および「訳者あとがき」をも参照。

（11）　同、三五頁。

（12）　詳しくは同、五五～六一頁、ならびに綾部恒雄編『文化人類学一五の理論』（中公新書、一九八四年）の「文化進化論」の項（一～一八頁）や、米山俊直『文化人類学の考え方』（講談社現代新書、一九六八年）一六七～一六九頁を参照。なお、ダーウィンについて、ボウラーは独自の考えをもっており、『種の起源』はかつて考えられたほど、当時の学問の世界に大きな衝撃を与えなかったという。詳しくは同『ダーウィン革命の神話』朝日新聞社、一九九二年、参照。

（13）　この点については今までにかなり論じてきたので（前掲拙著、第一～二章）、ここでは最近の研究に触れながら要点のみ述べる。なお本書第九章は、司馬遼太郎の作品に「タテの異文化」の方法論を適用したものである。

（14）　小谷汪之『歴史の方法について』東京大学出版会、一九八五年、九五～九六頁。

（15）（16）　村上陽一郎『文明のなかの科学』青土社、一九九四年、一五九～一六三頁。もとより、こうした方法論の最も早い例は、木村尚三郎氏によるものであろう。同『歴史の発見』中公新書、一九六八年、二〇～二一頁。

（17）　服藤早苗『平安朝の母と子』中公新書、一九九一年、太田素子『江戸の親子』中公新書、一九九四年。

(18) これら二書に加え、篠田有子『母と子のアメリカ』（中公新書、一九八四年）や藤田苑子『フランソワとマルグリット――一八世紀フランスの未婚の母と子どもたち』（同文舘、一九九四年）を読み比べれば、さらに一層興味が増すであろう。

(19) この関連で「経済成長」という理論こそ「これまでの人類が打ち出した理論のうちもっとも精神力の乏しい理論」と言い切ったH・グルールの『収奪された地球』（東京創元社、一九八四年、一頁）を徹底的に検討する必要がある。

(20) 加藤、前掲書、一六七～一六八頁。

(21) もとより、私は地球環境問題の主題化が、一九八八年後半に始まった米ソ冷戦の終焉といった国際政治の枠組転換と深く連動していることを、重々承知しているつもりである。米本昌平『地球環境問題とは何か』岩波新書、一九九四年、四二～四三頁。

(22) 伊東俊太郎「文明の変遷と地球環境の変動」伊東俊太郎・安田喜憲編『文明と環境』日本学術振興会、一九九五年、所収、一六～一八頁。なお残り五つを順番に掲げておく。「人類革命」「農業革命」「都市革命」「精神革命」「科学革命」である。詳しくは本書第二章一を参照。

(23) 市井三郎『歴史の進歩とは何か』岩波新書、一九七一年、一四三頁。（ ）内は原文。

(24) 同、二〇二頁。傍点は原文。

(25) 「数千年の文明史のなかで人類は、ただの一度も戦争を止めなかったし、貧困を追放することもしなかった。そしてわれわれの世界も今なお戦争の惨禍から免れていないし、貧困から救われてもいない。世界は少しも改善されていないのです」。森本哲郎氏も、このように世界がちっとも進歩していないことを嘆いている。「二〇世紀は『進歩』という一方的なイメージにつき動かされた〝錯覚の世紀〟だったということです。科学文明万能、技術ですべてが解決できる、という思いこみ、それが戦争をはじめ、現代の環境問題を引きおこした、といっても過言ではありません」。こう考える氏は、新しい価値観に基づく新しい文化・文明への転換の必要を説くのである。松井孝典編『最後の選択』徳間書店、一九九四年、五九～六五頁。

(26)　市井、前掲書、二〇六頁。（　）内および傍点は原文。
(27)　やや観点は違うが、かつて夏目漱石が「開化の産んだ一大パラドックス」と呼んだ次の指摘は、今日でも考えさせるものを含んでいるのではあるまいか。すなわち「昔の人間と今の人間がどのくらい幸福の程度において違っているかといえば―あるいは不幸の程度において違っているかといえば―活力消耗活力節約の両工夫において大差はあるかも知れないが、生存競争から生ずる不安や努力に至っては決して昔より楽になっていない。否昔よりかえって苦しくなっているかも知れない」。夏目漱石「現代日本の開化」（明治四四年）『私の個人主義』講談社学術文庫、一九七八年、所収、五一～五三頁。
(28)　市井、前掲書、二〇七頁。
(29)　古沢広祐『地球文明ビジョン』NHKブックス、一九九五年、一三頁。本書は多くのデーターや提言を載せており、きわめて有益である。その根本主張は「脱成長・永続可能な社会」の構想である。
(30)　ニュートン―デカルト的パラダイムを超えて、科学の新しい方法論を探った次の書物は一読の価値がある。『河合隼雄対話集』三田出版会、一九九四年。ただし木田元氏によれば、ソクラテス、プラトン、アリストテレスというギリシア古典時代の三人の思想家のもとで、自然に包まれそのなかで生きているいかなる自然民族にもかつて生まれなかったような不自然な思考様式、つまり「哲学」が形成され、それがヨーロッパ文化形成の基本的構図になったという（『反哲学史』講談社、一九九五年、一〇一～一〇二頁）。だとすれば、われわれもギリシア古典期あたりから再検討しなくてはならなくなると思う。
(31)　メタボリズムとは循環・代謝型のことで、適正消費、極少廃棄、省エネルギー、リサイクル、製品寿命の長期化を内容とする文明のこと。佐知隆光編『地球文明の条件』岩波書店、一九九五年、二五頁。
(32)　伊東「総説　現代文明と環境問題」梅原猛・伊東俊太郎・安田喜憲総編集『講座　文明と環境　第14巻　環境倫理と環境教育』朝倉書店、一九九六年、所収、一～二頁。
(33)　福井謙一『学問の創造』佼成出版社、一九八四年、三、二二二～二二三頁。

(34) 前掲、伊東「総説」、一一～九頁。傍点はすべて原文。

(35) 鈴木善次「環境教育の現状と問題」前掲『環境倫理と環境教育』一五一、一五四頁。

(36) 拙稿「世界史教育における環境問題の取り扱い」『皇学館大学紀要』第三四輯、一九九五年（本書第二章）、所収、なお、この論文の中には、地理と歴史をいかに結合したらよいかという問題意識もある。また歴史教育以外の取り扱いについては、前掲拙著、第五・六章を参照。

(37) 宮崎正勝「環境教育の導入による歴史教育の視点と内容編成の転換―主に『世界史』の基本配列を中心に―」『社会科研究』（全国社会科教育学会）第四四号、一九九六年、所収。

(38)(39) 同、五三頁。氏も一九世紀的歴史学のあり方に強い疑問を持つ一人である。

(40) 同、五四～五五頁。

(41) 同、五五頁。

(42) このような観点から、私はマルクスの発展段階論を下敷にした大塚久雄氏の理論を捉え直してみた。前掲拙稿、五九～六二頁。

(43) たとえば⑧は次のごとくである。「西欧におけるAの加速度的な増加・肥大化。都市内部の物質循環サイクル形成の必要性が生まれ、都市の再編が成される。鉄道・蒸気船などにより都市の支配エリアが飛躍的に拡大する。DとCにAの意志が『開発』という形で押し付けられ（資本主義的農業の普及、鉱山の開発など）、Dの急速な『開発』が進み、自然が広い範囲で滅ぼされる」。宮崎、前掲論文、五六頁。

(44) 同、五五～五六頁。

(45) 同、五四頁、前掲拙稿、六六～六七頁。なお、「共生」とは、黒川紀章氏が四〇年も前に仏教の「ともいき」と生物学の「共棲《きょうせい》」を重ねて作った概念であり、その真の意味を知る上でも、同氏の『新・共生の思想』（徳間書店、一九九六年）は必読の文献である。

二、「個人主義」individualism の再検討

(一) ブルクハルトのルネサンス像

以前に私は、穂積重行氏の「『個人主義』について」[1]というすぐれた論考を手がかりとしながら、「個人主義《インディヴィデュアリズム》」の相対化について考えたことがあった。[2] そこでの論旨を簡単に要約すれば、次のごとくである。

近代ヨーロッパ文明を根底から特徴づけているものは一体何であろうか。それはあらゆる問題を「基本的な構成要素」にまで分解したうえで構成し直す、「分析と再構成」の手続きであろう。たとえば、自然を分析して「これ以上分析できない」ものを「元素《エレメント》」と捉える近代自然科学にその方法は最もはっきりと現われているが、ホッブスやロックの政治思想における抽象的な「個人」も、社会の構成要素のこれ以上分析できないエレメントとして、同じ方法のもとに想定されたものなのである。[3]

ところでこれまでヨーロッパ近代に至上価値を見出してきたわが国においては、こうした「個人主義」が非常に高く評価され、しばしば「集団主義」とみなされてきた日本文化には低い位置づけしか与えられず、ヨーロッパに比べて「遅れた」「劣った」社会として、非難され続けてきたのである。しかし、私は文化相対主義的な立場からこのような捉え方には疑問を持ち、「個人主義」も特殊近代ヨーロッパ的な文化のあり方として、相対化する必要があるの

ではないか、と考えたのである。以上が私の論の要約である。
今回ブルクハルト（一八一八～一八九七年）を取り上げたのも、同様の主張を別の観点からしてみたいがためである。

さて、先の論をすすめれば、一九世紀においては、「物」については元素、「生物」については細胞（一九世紀半ば頃からの生物学の中心は「細胞説」である）という形で、「自然」に対する統一的認識の基礎としての「インディヴィデュアリズム」の観点が広く承認されるようになると、これはものごとの考え方そのものに受け入れられることとなり、ここにあたかも自然科学的な真理であるかのように「個人主義」が確立された[4]。これが本稿の主題である「ヨーロッパ一九世紀的知」の最も重要な本質の一つなのである。

ここで一八五九年という年に注目してみたい[5]。

マルクスはこの年に『経済学批判』を出版し、第一篇第一章の冒頭で次のように述べた。

> 一見するところブルジョア的富は、一つの巨大な商品集積としてあらわれ、個々の商品はこの富の原基的定在としてあらわれる[6]。

ここにマルクスは、ブルジョア的富（『資本論』の冒頭では「資本主義的生産様式の支配的である社会の富」としている）の「インディヴィデュアルなエレメント」が、個々の「商品」であることを発見し、それを表明しているのである。しかもその際、彼はこのことについて生物に対する「細胞」の関係との間の類推を行っており[7]、先の「知」との深いかかわりが示されているといえよう。

同じ年にダーウィンが『種の起源』を出版した。ここに示された進化論が、「東洋から見ているからわかるのかもしれない[8]」として、それが「西欧的近代社会の申し子の一つであって、しかも一ばん核心的な役割をはたしてきたともいっていい、個人主義」に深く根ざすものだと喝破したのが、今西錦司氏であった。[9] なぜなら、ダーウィンは、生存競争[10]で有利な変異をもつものが勝利者となり、そうした変異が集積されていけばやがて変種が生じ、それが進むと新しい種の誕生になると考えたのであるが、まさにその核心が種の中の個体に生じた変化にあったからである。今西氏はダーウィンの思想に、「いかにこの個人主義、あるいは生物でいったら、個体重視主義がしのびこんでいるか」[11]を強調しているが、これはまさにヨーロッパ一九世紀的知の根本を突いた重要な指摘であろうと思う。[12]

さて、われわれはようやくブルクハルトにたどり着く。彼がマルクスやダーウィンが重要な著作を出版した同じ年一八五九年に脱稿し、翌一八六〇年に世に問うたのが、彼の諸著作の中でも最も重要で、後世に多大な影響を与えた『イタリア・ルネサンスの文化』Die Kultur der Renaissance in Italien, ein Versuch であった。

この本に関してホイジンガは、「ブルクハルトが示したような、賢さと深みとの統一、広汎な総合力と、史料を集めて読みとおす学者としての忍耐の限りをつくした熱心さとの結合は、史学史上めったにみられない」と評し[13]、またG・P・グーチも、「いかなる歴史家もこれ以上の力と洞察をもって一時代の心理を把握し解釈したものはない」とまで述べた。[14] 下村寅太郎氏も、近代の「ルネサンス」概念はこの書によって初めて定着したとし、「一つの時代としての『ルネサンス』の存在そのものがこの書によって発見されたとすら言ってよいであろう」とする。[15]

それではブルクハルトは、イタリア・ルネサンスの本質をどのようなものとして捉えたのであろうか。最も重要な部分を引用したい。

　イタリア人が早くから近代的人間として形成された唯一とは言えないにしても最も有力な理由は、これらの国家、共和国ならびに専制国家の性質の中にある。イタリア人が、今日のヨーロッパの子供たちの中で、長子にならなければならなかったのは、この点にかかっている。

中世においては、意識の両面——外界に向かう面と人間自身の内部に向かう面——は、一つの共通のヴェールの下で夢みているか、なかば目ざめている状態であった。そのヴェールは、信仰と小児の偏執《へんしゅう》と妄想《もうそう》から織りなされていた。それを通して見ると、世界と歴史はふしぎに色どられて見えた。しかし人間は自己を、種族、国民、党派、団体、家族として、あるいはそのほか何らかの一般的なものの形でだけ、認識していた。

イタリアではじめて、このヴェールが風の中に吹き払われる。国家および一般にこの世のあらゆる事物の客観的な考察と処理が目ざめる。さらにそれとならんで主観的なものも力いっぱいに立ちあがる。人間が精神的な個人となり、自己を個人として認識する。(16)

やや長い引用となったが、ここには中世とルネサンスの相違がくっきりと示されている。すなわちルネサンスをルネサンスたらしめるものは、「人間が精神的な個人となり、自己を個人として認識する」という個人、個性の自覚であり、本書第二章の表題のいう「個人の発展」なのである。中世ではそれはまだヴェールをかぶっていたとされる。ホイジンガはこの点こそブルクハルトの作品の根本思想だと言い(17)、下村氏も、ブルクハルトのルネサンス解釈の核心をなすものは「個人」「個性」の理念であると指摘している。(18)

ブルクハルトのこのような捉え方は、その後さまざまな形で批判されるが、今日までなおかつ大きな影響を残していることも事実である。たとえば、ごく最近でもブルクハルトを高く評価し、近代人の起源として「ルネサンス人」という概念を提起するエウジェーニオ・ガレンはその内容として、「ルネサンス人とは、それぞれの活動においてみな似通ったしかたで新しい個性を発揮する一連の人物」と規定しているし(19)、澤井繁男氏も中世からルネサンスへの移行において、「個の覚醒」を新しい人間観（ルネサンス的人間観）として最重要視しているのである。(20)

また阿部玄治氏は、ブルクハルトのルネサンス観が今日の高校教科書の基本となっていると、二〇年近くも前に指摘しているが[21]、現在でもなおそれはまちがいではない。試みに今最もよく使用されている『詳説世界史』（山川出版社）を繙いてみよう。

　中世末期の西ヨーロッパで、封建社会のしくみに大きな変化がおこり、都市経済の興隆のなかで市民の活力が強まってくると、文化や思想の面にもあたらしい動きがあらわれた。中世文化がカトリック教会の権威によって強く規制され、現世に生きる楽しみや、理性・感情ののびやかな活動をおさえてきたのに対し、あたらしい市民生活は、人間性の自由・解放を積極的に求めた。そして、各人がその個性を発揮し、とらわれぬ目で人間と世界をながめようとした[22]。

傍点の箇所は、先ほど引用したブルクハルトの文章の最後の段落を易しく言い換えたにすぎないことがわかる。もはや読者にはおわかりいただけようが、個性の自覚・発展をイタリア・ルネサンスの本質と捉えたブルクハルトの知性は、本稿で問題にしているヨーロッパ一九世紀的知と無関係であろうか。私には決してそうとは思われないのである。なるほど、ブルクハルトにはマルクスと異なって、進歩、発展といった概念を批判し、「繰り返すもの恒常なもの類型的なもの」を主張するのであって[23]、この点に一、とかかわって私は非常に重要なものを認めるのであるが、「インディヴィデュアルなエレメント」を重視する眼において、共有するものを持っていたといわざるを得ないのである。

　ところで、ブルクハルトの見解をきわめて大雑把に図式化すれば、「ルネサンス—個人（主義）の成立・発展—近代の始まり」となろうが、これを基本的に承認した場合に大きな問題点がでてくる。すなわちそれは、この図式を現在でも「集団主義」社会と考えられている日本にあてはめた時、日本はまだ近代化されていないという短絡的な発想につながってしまうのではないか、ということである。したがってここには次のような二つの検討すべき課題があるように思う。第一は、ヨーロッパ中世に「個人」は存在しなかったかどうか、第二には、ヨーロッパ＝「個人」VS日本＝「集団」という今日でも流布している捉え方は正しいのかどうか。

ブルクハルト理論に対する批判のうちで最も重要なものの一つは、今述べた第一の課題とかかわるが、中世とルネサンスをはっきりと分けることができるかどうかという点である。たとえば今日でも高く評価されているブールダッハは、ブルクハルトの捉え方を根本から批判して、「中世精神からルネサンスが徐々に台頭した」と主張し、その精神的根源をフィオレのヨアキム（一一四五～一二〇二年）ならびにアシジのフランチェスコ（一一八二～一二二六年）に求めている。(24)

またブールダッハを重視するホイジンガも結論として、「ルネサンスが中世文化に対立するものとは言えないし、また決して中世と近代の間を分ける境界地帯だとも言えない」と述べる。(25) そしてブルクハルトのいう個人主義について検討している。すなわち、彼の影響で個人主義が不当にもルネサンスのすべてを支配する基本特徴に数えられているが、それはせいぜい相矛盾し合う諸特質の中の一つにすぎないという異論を肯定的に想定しながら、何はともあれルネサンスに対して単純な公式を当てはめることをやめるべきだ、という。(26)

近代文化が一枚板で支えられるように維持されているのは、「人生および社会に対する個人の生き方ともいうべき観念の総複合体」によるとホイジンガは考える。その内容は、それ自身が目標というべき個人的な生涯かけての仕事の設定。個人のもって生まれた力と才能のすべてを意識的に発展させ、それによって生活圏の拡大と人格の形成に邁進する努力。個人的自律の意識と現世的幸福の権利への宿命的妄想。全体に対する責任。すべての人が個人的課題をもち、それを守りそだて、あるいは改善につくすべきこと。改革への意図、社会正義への要求、さらに病理的場合には社会に対する原則的な永遠の弾劾、などである。

中世人は、これらすべての感情を全く知らないか、もしくは宗教的義務と宗教的道義の姿をかりてのみ知っていたという。それならばルネサンスはどうか。この中のどれを知っていたか。ホイジンガは、ほんの芽だけだという。すなわち、個人的な自律と自己独自の目標設定の意識はルネサンス人にわずかに知られていた。が、ブルクハルトが指摘したほど強いものでも一般的なものでもなかったと付け加える。さらに、社会的責任感をともなった、これら理念連合体の全体的な利他的要素はルネサンスに極度に欠けていた。ルネサンスは社会的には異例なほど不毛であり何の動きも見られないのであって、この観点からすれば「中世に比べてその宗教的社会的意識の点でルネサンスは新生というよりむしろ停滞を意味している」とすら言うのである。(27)

ここまでくると、ブルクハルトによって打ち立てられた土台がぐらぐらしてくるのを覚えるのであるが、ここで少し観点を変えて、中世の真只中に「個人」の成立を説く阿部謹也氏の論究に眼を移したいと思う。

(二)　阿部謹也氏の「世間」と「個人」をめぐって

いうまでもなく、阿部氏は社会史研究の第一人者であるが、その研究の大きな特色は、ヨーロッパと日本の社会の比較ということを非常に明確に意識している点にある。その際に、両者が異質の世界であることをどのように認識するべきかが、重要な問題となっているのである。

まず阿部氏は次のような反省からスタートする。すなわち、これまでは、日本の社会とヨーロッパの社会は基本的には同質な社会であるが、遅れている、進んでいる、という部分で違いがあるにすぎないという前提に立っていた場合が多かったのではないか、言いかえれば、日本は遅れているが、いずれヨーロッパと同じような社会になれるという暗黙の了解があったのではないか、と。[28]

それならば阿部氏の立場はどのようなものか。それは今の反省の裏返しになるのであるが、日本の社会がヨーロッパと等質な社会、等質だが比較的遅れた社会であり、ヨーロッパのほうが先進的な文化圏であるとみる立場に立たない、ということなのである。あくまで日本の社会はヨーロッパとはかなり異なった特質をもった社会だという前提を大切にする。[29] この点は私の重視する文化相対主義に非常に近いものを感じ、大いに首肯することができる。

そこで問題は、日本の社会が現在のヨーロッパ諸国の社会とどこが決定的に違っているかである。阿部氏の結論を先取りすれば、それは、ヨーロッパ風の社会が日本には部分的にしか成立していないこと、そして古来、世間という独特な人間関係が支配的であった点に求められるという。[30] ここでいうヨーロッパ風の社会とは個人が成立している社会のことである。

阿部氏はヨーロッパにおける個人の成立を、キリスト教が普及してくる一一世紀以降に置き、とりわけ一二一五年のラテラノ公会議によって、告白がすべての成人男女の義務とされたことを重く見、ここにヨーロッパの原点があると考えている。[31]

氏における独創的な見解は、個人が成立する一一世紀以前のヨーロッパ社会は、日本の世間と同じような人間関係をもった社会であったとする点にある。したがって、ヨーロッパは一一世紀に「世間」から離陸したというのである。[32]

それでは氏が捉える「世間」とは、どのような構造を持った社会であるのか。氏はそれを次のように定義づける。

> 世間とは個人個人を結ぶ関係の環であり、会則や定款はないが、個人個人を強固な絆で結び付けている。しかし、個人が自分からすすんで世間をつくるわけではない。何となく、自分の位置がそこにあるものとして生きている。[33]

さらに、世間には葬祭への参加に示されるような厳しい掟があり、しかもその背後には世間を構成する二つの原理があるという。すなわち、一つは長幼の序であり、もう一つは贈与・互酬の原理（対等な関係において貰った物に対してほぼ相当な物を贈り返すという原理）である。[34]

日本の社会（世間）のもつこうした特質は古代的なものであり、全世界のなかにおいて観察してみると程度の差はあるが決して日本にのみ固有なものでなく、特に互酬性についていえばそれは普遍的な広がりをもつものと阿部氏は考えている。だから私たちは日本社会のもつ古代的＝普遍的特質を分析し、それを全世界史のなかに位置づける作業として世界史を営まなければならないだろう、と。[35]

もう一度確認すれば、ヨーロッパのみがキリスト教の普及によって個人を成立せしめ、今述べた世間という贈与慣行の世界から離陸して、近代社会へと走ることができたというのである。

だとすれば阿部氏の眼には、やはり日本は依然として近代化されていないと映るのではなかろうか。もとよりある箇所では、「日本は非常に近代化された文明圏で近代的先進国でありながら、贈与の関係も残している大変珍しい例[36]」と述べており、日本は近代化はされていることは認めつつも、贈与関係という古いものを残しており、それが真の近代化を阻んでいると考えているようである。

日本の個人は、世間向きの顔や発言と自分の内面の想いを区別してふるまい、そのような関係の中で個人の外面と内面の双方が形成されているのである。いわば個人は、世間との関係の中で生まれているのである。世間は人間関係の世界である限りでかなり曖昧《あいまい》なものであり、その曖昧なものとの関係の中で自己を形成せざるをえない日本の個人は、欧米人からみると曖昧な存在としてみえるのである。ここに絶対的な神との関係の中で自己を形成することからはじまったヨーロッパの個人との違いがある。わが国には人権という言葉はあるが、その実は言葉だけであって、個々人の真の意味での人権が守られているとは到底いえない状況である。こうした状況も世間という枠の中で許容されてきたのである。(37)

世間のなかを結んでいるのは一種の呪術的な人間関係であり、非常に非合理なものがいっぱいあるわけです。これが日本文化を育んでいる。……人間関係のなかにある程度は合理的なものを導入し、世間というものの呪術的な面をどこかで断ち切らないかぎり、日本の民主主義や人権問題というのは現実のものとはならないと思います。(38)

これらの言葉から判断すれば、つまるところ世間という人間関係の中では、民主主義や人権意識というものは確立していないということではないか。これでは結局のところ、世間から離陸したヨーロッパの方が価値が高く、近代化したもののそこから離陸しきっていない日本の社会は遅れているということにならないか。これは、かつての丸山真男氏や大塚久雄氏などの日本社会に対する捉え方と軌を一にするものではなかろうか。(39) 先に大雑把に示したブルクハルトの図式「ルネサンス―個人（主義）の成立・発展―近代の始まり」の中のルネサンスが中世まで溯っただけで、大枠としての捉え方は同じではなかろうか。

ところで他方では、私の眼からすれば別の阿部氏がいるように思われてならない。

僕は西欧的な社会は日本に採り入れられないと思ってるんです。そこに日本のインテリの幻想があると思ってるんです。明治以来、百二十何年間も日本人はヨーロッパを真似て、ヨーロッパ的な社会をつくりたいと思ってきた。その願望はわかりますが、私はその必要もないし、その可能性もないと思っています。(40)

先のような見解を見てきた私には、「その必要もないし、その可能性もない」と言い切る阿部氏にびっくりする。ならば世間をヨーロッパ社会に比べてネガティヴに評価せず、ヨーロッパとは違う社会のあり方であるが、決して遅れた社会でないという、それこそ最初に記した阿部氏の立場に立ちもどるべきでないかと思うのである。事実、次のようにも言っているのである。

日本は、ヨーロッパ的にはならないと思うし、なる必要もない。とすると、日本的な世間というものを解体せずに――これは解体できませんから――、どうやって個人というものを守るのか。どうすれば個人を大事にする社会にできるのかということが、当面の問題だろうと思います[41]。

ここにはなおかつヨーロッパ風の個人が見え隠れしないわけではないが、日本社会のあり方を前提とした上で、問題を解決していこうとする姿勢が見られるのである。どうして阿部氏はこうした認識の方向をもっと強力に推し進めなかったのであろうか。

それは、「個人が集団の中に埋没している状態は日本のいたるところに見られます[42]」という発言からも明らかなように、やはりヨーロッパ＝「個人主義」VS日本＝「集団主義」という二項対立に根底的には囚われてしまっているからではないだろうか。

(三) ヨーロッパ＝「個人主義」VS日本＝「集団主義」の問題点とその是正の方向

この二項対立のうち、前者すなわちヨーロッパの個人主義にポジティヴな価値を置く日本人は現在でもきわめて多いが、他方ではそうした考え方に疑問を感じている研究者も存在する。たとえば村上陽一郎氏は、「少なくとも均質的な空間の中で、人間が一つの単位として、基本的人権を持った自由な個人単位として存在することが、社会の理想的な姿であるという考え方で、今の状況を今後も続けていくことができないことだけは見えてきたのではないか」、

「近代的な個のままでは人間が生きられない」として、ヨーロッパ近代の個のあり方を批判し、善きにつけ悪しきにつけ、文脈、場、状況といった把握がどうしても必要になると主張する。そしてそれは共同体とかコミューンとか小さな地域社会とかの濃密な空間の回復を意味し、そのような場の中で人間をとらえることの重要性を説いているのである。(43)

また、心理療法家として、欧米人と日本人の心のあり方の差異を痛切に感じてきた河合隼雄氏も、我々にとって興味深い捉え方をしている。すなわち氏が感じた差異とは、欧米人が「個」として確立された自我をもつのに対して、日本人の自我――それは西洋流に言えば「自我」とも呼べないだろう――は、常に自他との相互的関連のなかに存在し、「個」として確立されたものではない、ということであった。(44) さらに氏は両者の倫理観の対立を「個の倫理」と「場の倫理」と名づけ、前者は個人の欲求を充足することに高い評価を与え、後者はそこにできた「場」の平衡状態の維持に高い評価を与えるものとしたのである。(45)

強い関心が持たれるのは、河合氏がこの両者をどう評価しているかであろう。「欧米人の近代合理主義に支えられた自我の確立ということを、日本人がいまだ十分に成し遂げていない(46)」という言葉を聞くと、やはり氏も欧米の個を高く評価しているのかと思ってしまうが、氏の評価はそれほど単純ではない。結論を示せば、日本人の自我が西洋のそれに対して、「発達の遅れた」ものであるのではなく、別個の種類のものであり、互に一長一短、どちらも一理あり、善悪の判断は容易に下し得ない、とするものである。(47)

また個人の確立がすぐに個性の発展に結びつくとも言えないという。アメリカ人の生き方を見ていると、個人の意見を明確に表明することは、もちろん日本人よりすぐれているが、それによってすぐに、彼らの方が日本人よりユニークであり個性的であるとも言えないのでないか、とも指摘する。(48) しかも次のような見解に接する時、非常に考えさせられるものがある。

しかし、問題は簡単ではない。近代自我はそろそろ行きづまりを見せ、人間の自我意識のあり方においても、まさに転換期に来ていることを自覚させられるからである。わが国の教育が、したがって、西洋に追いつこうとして、近代自我を確立するような教育にそのあり方を変えたとしても、それはたちまち時代おくれとなってしまうであろう。近代自我を超えたあり方を、われわれは探索しなくてはならない。わが国の教育のあり方は、欧米をモデルにするわけにもゆかず、日本の従来の方法をよしとするわけにもゆかず、「個性」を見出してゆくのには、いったいどのようにすべきか、強いジレンマに悩まされるのである。[49]

河合氏からいきおい教育論にまで踏み込んでしまったが、欧米流の個の確立を至上目的と考えている圧倒的多数の教育者に、もっともっと河合氏の本を読んでもらいたいと思う。

それはさておき、いよいよ前に提出したもう一つの課題に迫らなければならない。それはこれまで当り前のごとくに前提としてきた、ヨーロッパ＝「個人主義」VS日本＝「集団主義」という二項対立の図式がそもそも正しいのか、という問題である。

この点で、アメリカと日本をいわば「渡り鳥」のように往復してきて、どちらの立場をも公平な眼で見ることのできる稀有な研究者の一人、恒吉僚子氏の指摘は実に参考になる。すなわち、欧米人と比して、日本人は容易に他者に同調すると言われてきた。個人と他者、個人と集団を対立的に捉えがちな欧米においては、同調行為は、自分の「個」を犠牲にするものだという認識につながりやすい。欧米的な枠組みから眺めた場合、日本人の集団同調は、しばしば、個人が集団に埋没しているような捉え方をされてきた（先に阿部氏もそのような発想に陥ってしまっていることを見た）。

このような欧米的な視点に影響された日本人が、自分たちが欧米人にくらべてあたかも個性が弱いような、個人が発達していないような劣等感を抱くことがしばしばある。だがこのような場合に問題となっている「個人（individual）」とは、一体、何なのか。それは、単に有機体としての一人の人間ではなく、欧米の伝統から生まれた、「自立している個人」を理想とする、文化的価値を含む「個人」である。したがって、欧米人にくらべて日本人は「個」が発達していないという言い方は、いわば、日本人を欧米的基準で評価していることになる。(50)

以上のような恒吉氏の見方は大変重要であろう。(51)なぜなら日本の人間関係のあり方を、外的基準からではなく、内在的に理解しようとする姿勢がみられるからである。この点を早くから明確に意識して、日本人の人間観を探ってきたのが濱口恵俊氏である。現在のところ私は氏の方法論の中にこそ、本稿で問題にしてきたヨーロッパ一九世紀的知を克服する鍵があるのではないかと考えているので、それを最後に検討することとしたい。

濱口氏は、ある社会を別の社会と比較する場合に、その基準（比較のための物差し）をどのように設けるかによって、結果は大きく異なってくるから、文化の真の比較は、それぞれの社会に基線をおいて比較を試み、見いだされた二つの差異を、基準の違いに留意しつつさらに対比することでなくてはならないと提言する。単一の共通尺度などありえないのであって、何よりもまず比較基準の相対化が必要である。このために不可欠な作業が、当該社会の人びとの立場でしか理解しえない文化のエミックス（内在的な固有属性）を掘り起こし、それをその社会の側からの比較基準にまで仕上げることなのである。(52)

それでは日本文化のエミックスとは何か。先の河合氏も日本人の自我が常に自他との相互的関連のなかに存在するという特質をもつと指摘していたが、濱口氏はこの人と人との間に位置づけて初めて〝自分〟という存在を意識する人間関係を重要視し、西洋の「個人主義」に対して「間人主義」と名づけて、その特徴を以下の如く掲げている。すなわち①相互依存主義――社会生活はひとりでは営めない以上、相互の扶助が人間の本態だ、とする理念、②相互信頼主義――自分の行動に相手もきっとうまく応えてくれるはずだ、とする互いの信頼感、③対人関係の本質視――相互信頼の上に成り立つ関係は、それ自体が値打ちあるものと見なされ、「間柄」の持続が無条件で望まれる、の三つである。[53]

　これらの特性を踏まえたうえで、「個人」と「集団」の問題にもどれば、日本人を特色づけている「集団主義」は、必ずしも、「個人主義」の対立項としてのそれではなく、それゆえ、自律性を失った人間が組織に全面的に隷属・依存するということでは決してない。日本的「集団主義」とは、各成員が仕事をする上で互いに職分を超えて協力し合い、そのことを通して、組織目標の達成をはかると同時に、自己の生活上の欲求を満たし、集団レベルでの福祉を確保しようとする姿勢である。そこでは、「個人」と「集団」との相利共生が目指され、かつ成員間での協調性（人の和）が重視される。それはむしろ、福祉組織の確立を通して自己充足をはかる「協同団体主義」(corporativism) と言い換えた方がよい。「集団」が「個人」に対してつねに優位に立つ、全体主義的な支配原理なのでは決してないのである。[54]

　ここには、日本の集団のあり方を内在的に見た場合の、重要な論点が示されているであろう。しかも興味深いことに、濱口氏の行っている国際比較調査によれば、世界のどの国においても「間人主義」の意見項目に対する肯定の度合いが、全般的に日本人よりもやや強く、かつ「個人主義」項目における肯定度は、欧米においてさえそれほど大きくなかったという。ここから氏は、次の二点が明らかになったという。第一に、欧米は「個人主義」、日本は「間人主義」に依拠して社会が編成される、という従来の比較社会論の常識が必ずしも正しくないこと、第二に、「間人主義」は国際的に遍在しうる対人関係観であることで、「間人主義」は、グローバリゼーションの中で、決して日本だけに限られたものではなく、フィーザブル（実現可能）な社会編成モデルなのではないか、ということである。[55]

第二の点について言えば、すでに濱口氏自身の研究によっても、日本人を含む東アジアの人たちの抱く基本的な人間観が「間人」型であることとの指摘があったし、[56]すでにみた阿部氏も、「世間」的社会が程度の差はあっても決して日本にのみ固有のものでなく、普遍的な広がりをもつものであると論じていた。もう一つ私にとってきわめて印象深いのは、タキエ・スギヤマ・リブラ氏が国際会議に参加して、決まって抱く感想についてである。すなわち多様な民族、多数の文化の代表者からなる会議で、欧米だけが突出して、他の文化はそれぞれの特色が、非西欧という大きな風呂敷の中に包まれて見えなくなってしまうというのである。文化の多様性を語るべき会議が、西欧と「その他大勢」に二分してしまう傾向である。それでは「その他大勢」に共通するものとして何があるのであろうかというと、対人関係の重視で、それが人間観において殊に顕著であるという。文化によってさまざまな形をとるとはいうものの、対人関係、社会関係が人間性、自己像に大きな比重を占めている。ジャワにしろ、バリにしろ、モロッコにしろ、その多様性には目をみはるものがあるが、対人関係が自己の重要な構成要素であることでは変わりがない。これに対して西欧の人間像は、個人と集団、内面と表面が対立し、しかも前者が後者に先んずるために、社会性、対人性は周辺に追いやられているというのである。もちろん氏も、複雑きわまりない文化現象をこのような二分化で片づけてしまうのでは実りがないと言っているのであるが、[57]濱口氏のいう「間人主義」の遍在を示す興味深い内容であり、また西欧がこれまで普遍と考えられてきたが、全く逆で西欧こそ特殊でないかと考える私の見解をも裏づけてくれるものである。

さらに濱口氏はデカルト以来の要素還元主義ないし方法論的個体主義を批判して、「間人」を基底にすえた「関係体」を重視する「方法論的関係体主義」(methodological relatum-ism) へのパラダイム転換を主張し、[58]その新たな

「関係体」パラダイムから自然科学・社会科学を捉え直すことを提唱している。その際、西田幾多郎氏の弁証法的論議（個別限定＝一般的限定）、龍樹の「縁起」論、湯川秀樹氏の素領域論、あるいは山内得立氏の「依止《えし》」が検討素材とされているが[59]、今の私にはそれらを論ずる能力もなく、また許された紙数も尽きてきたため、濱口氏も注目する「複雑系」について[60]、その問題になっている一端を見てみることで本稿を終えたいと思う。

「複雑系」とは、現在最も注目を集めている最先端科学のキーワードで、吉永良正氏のわかりやすい定義によれば、「無数の構成要素から成る一まとまりの集団で、各要素が他の要素とたえず相互作用を行っている結果、全体として見れば部分の動きの総和以上の何らかの独自のふるまいを示すもの」である[61]。

この複雑系の研究のいわばふるさとは、アメリカのサンタフェ研究所で、そこでは生命現象から政治、経済までを統合する知の革命が進行している。複雑系の名の下に、それらを根源的に統一するヴィジョンを共有しているのだが、本稿ともかかわるその根本は、研究者たちが、ニュートン時代以来科学を支配してきた線形的、還元主義的思考へのしかるべき対案を、いま初めて作りつつあると信じていることにある[62]。

実に興味深いことに、欧米の研究者たちがデカルトあるいはニュートン以来の三百年に亘って保ってきた要素還元主義（濱口氏の言葉でいえば方法論的個体主義）を脱却しようとしているのである。まさにこれまで圧倒的な力をふるってきた西欧近代科学を、その根底から覆そうとしているわけである。

が、ここでさらに興味をそそることは、そうは言っても欧米の研究者の間には、なおかつ複雑系を単純な要素に分解して理解しようという姿勢が強いということである。この点はもちろん日本の研究者でもみられることで、例えば米沢富美子氏は、学生時代に、「自然は単純なはずだ。だから、複雑でこみいった理論はどこかまちがっているにちがいない」と、湯川秀樹氏から教育を受け、「森羅万象の営みを複雑にしているさまざまな原因の中から、表面的な複雑さを取り除き、単純な本質をとらえる」ことを、物理屋として骨の髄まで教育されてきたのであってみれば[63]、それもわかるような気がする。その米沢氏がサンタフェ研究所を訪れた際に、複雑な現象を説明するのに、複雑な法則の想定はしていなくて、むしろ単純な法則から、どのような複雑さが発生するかを調べるという姿勢をとっていること、要素を大切にしていることが、「私としては一番うれしいことでした」[64]と言うのも当然のことであろう。ここに私は欧米あるいは日本の科学者の要素還元主義思考の根強さを垣間見る気がするのである。

しかしそれでは複雑系の本質を捉えきっていないのではなかろうか。吉永氏は日本の複雑系研究の特色を三点掲げている[65]。第一に、複雑な現象を単純に理解しようとする傾向への疑念と反省である。先のような要素還元思考では結局線形思考に陥り、複雑系に対峙した時の新しさは何もない。複雑な現象では多くの要素の動的な関係を個々の独立した過程に切り離すことができないのである。第二に、従来の科学のモデルたとえばプラトンのイデア論のように、現象の深部あるいは背後にいまだ知られざる確たる真理の存在を前提とするのでなく、複雑性をもった基本プロセスから組み立ててモデルを構成しようとする（構成論的アプローチ）。第三に、上記二つから必然的に出てくるものだが、科学が現象論の世界に踏みとどまるべきことを要請する。しかも、絶対的な真理を夢想せず、複雑なものを複雑なままに見ようとする態度は、日本人には本来的にわりと合っているのではないか。「不易」なものはそれ自体では存在せず、「流行」の中にその姿を現わすとみるのが、日本的心性からみれば自然だからだ。明治以来、日本の弱点とみなされてきたものが、今や強みに転じる可能性さえあるという。

もうこれ以上論じる余裕はなくなったが、新しい科学が、濱口氏のいう「方法論的関係体主義」で見直されはじめているといえようし、複雑系こそが日本型システムを捉え直すのにふさわしいとする吉田和男氏の研究も登場してきた[66]。一九世紀ヨーロッパで確立した「個人主義」が今ようやく問い直されはじめているのである。

（1）穂積重行『歴史の盲点』時事通信社、一九九一年、所収。

（2）拙著『社会科教育の国際化課題』国書刊行会、一九九五年、七四～七九頁。

（3）マクファーソンが、ホッブスの方法がガリレイから引き継いだ「分解的−構成的な方法」であると述べていることは興味深い。C・B・マクファーソン（藤野渉他訳）『所有的個人主義の政治理論』合同出版、一九八〇年、四二頁。

（4）穂積、前掲書、二八～二九頁。

（5）ごく最近の翻訳で、バーザンが早くも一九四一年時点において一八五九年に注目していることを知った。そこではダーウィン、マルクスのみならずヴァーグナーの『トリスタン』をも射程に入れ、三者とも機械論的唯物論で共通していると捉えている。J・バーザン（野島秀勝訳）『ダーウィン、マルクス、ヴァーグナー』法政大学出版会、一九九九年。

（6）K・マルクス（武田隆夫他訳）『経済学批判』岩波文庫、一九五六年、二一頁。傍点は引用者（以下ことわりなき時は、傍点はすべて引用者のものとする）。

（7）穂積、前掲書、一二〇～一二一頁。『資本論』第一版序文の次の文章をも参照。「ブルジョア社会にとっては、労働生産物の商品形態または商品の価値形態が経済的細胞形態 ökonomische Zellenform なのである」。『資本論』（第一巻）大月書店、一九六八年、八頁。

（8）今西錦司、飯島衛『進化論−東と西』レグルス文庫、一九七八年、三九頁。

（9）今西錦司『ダーウィン論』中公新書、一九七七年、三九頁。

（10）この「生存競争」という観念にも、生存競争のために個人が戦うのはむしろ当然であるという、自由放任（主義）laissez-faire が強調された当時の西欧社会が反映されている（同、三九頁）。

（11）同、四〇頁。

（12）こうしたダーウィンの方法に対して、今西氏が、個ではなく生物全体社会を重視した「棲みわけ理論」を提唱したことは、よく知られているところである。

(13) J・ホイジンガ（里見元一郎訳）「ルネサンスの問題」（一九二〇年）『文化史の課題』東海大学出版会、一九七八年、所収、二一二頁。

(14) G・P・グーチ（林健太郎他訳）『一九世紀の歴史と歴史家たち』（下）筑摩書房、一九七四年、二八五頁。

(15) 下村寅太郎『ブルクハルトの世界』岩波書店、一九八三年、二一九頁。傍点は原文。

(16) ブルクハルト（柴田治三郎訳）『イタリア・ルネサンスの文化』（上）中公文庫、一九七四年、一四一～一四二頁。傍点は原文。

(17) ホイジンガ、前掲書、二一三頁。

(18) 下村、前掲書、二二五頁。なお、西村貞二氏も「個人を意識した人間、すなわち人間についての新しい考え方をしたルネサンス―イタリア人が、中心問題のひとつ」とややひかえめではあるが、同様の点に論及している。同『ブルクハルト』清水書院、一九九一年、一二三頁。

(19) エウジェーニオ・ガレン編（近藤恒一他訳）『ルネサンス人』岩波書店、一九九一年、六頁。

(20) 澤井繁男『ルネサンスと科学』（世界史リブレット28）山川出版社、一九九六年、五～二六頁。

(21) 阿部玄治「ルネサンス観の変遷」中森義宗他『ルネサンスの人間像』近藤出版社、一九八一年、所収、二頁。なお、阿部氏も、ブルクハルトがルネサンスの全文化を「新しい人間」の個人主義的世界観から導き出すと指摘している（同、八頁）。

(22) 江上波夫他『詳説世界史』山川出版社、一九九五年、一四七～一四八頁。

(23) ブルクハルト（藤田健治訳）『世界史的諸考察』岩波文庫、一九七二年、一一～一二頁。傍点は原文。ホイジンガは次のように述べている。「彼こそ、ルネサンスを啓蒙や進歩から切りはなし、それを後世の優越性に至る前奏曲や、先駆としてではなく、独特の文化理想として眺めた最初の人であった」（ホイジンガ、前掲書、二一二頁）。さらにこの点については、下村、前掲書、五七九頁以下、ならびに仲手川良雄『ブルクハルト史学と現代』創文社、一九七七年、第三、四章がすぐれている。また、ごく最近では、野田宣雄氏が進歩史観の限界に直面した現代にこそ、ブルクハルトの歴史観が危機を乗りきる指針となると、高く評価している。同『歴史をいかに学ぶか―ブルクハルトを現代に読む―』ＰＨＰ新書、二〇〇〇年。

(24) Ｋ・ブールダッハ（坂口昂吉訳）『宗教改革・ルネサンス・人文主義』創文社、一九七四年、八、三四～三九頁、他。ブールダッハのもうひとつの重要な主張は、起源において、ルネサンスと宗教改革は同一の精神的源泉に由来するというものである。

(25) ホイジンガ、前掲書、二五七頁。

(26) 同、二五〇頁。

(27) 同、二五四～二五五頁。

(28) 阿部謹也『ヨーロッパを見る視角』岩波書店、一九九六年、八、一四頁。

(29) 同、七～八頁。

(30) 同、一五頁。

(31) 同、九二頁。

(32) 同、第一講「『世間』からの離陸」を参照。

(33) 同『「世間」とは何か』講談社現代新書、一九九五年、一六頁。

(34) 同、一七頁。

(35) 同『社会史とは何か』筑摩書房、一九八九年、一〇二頁。

(36) 前掲『ヨーロッパを見る視角』四〇頁。

(37) 前掲『「世間」とは何か』三〇頁。

(38) 栗本慎一郎他『いま「ヨーロッパ」が崩壊する』光文社、一九九四年、九〇頁。

(39) ただし、大塚久雄氏のばあい、一九七〇年代になると理論が変化してくることについては、前掲拙著、第四章参照。
(40) 栗本、前掲書、九三頁。
(41) 同、九四頁。なお阿部氏が環境問題に関して、日本の一種の汎神論、アニミズム的なものが大きな力を持ちうるんじゃないかと主張していることは、注目に価する。そして「呪術をすべて、なくせばいいと思っていない。ヨーロッパ的な合理主義が全ていいとは思っていない」ともいう（同、九六〜九七頁）。
(42) 前掲『ヨーロッパを見る視角』七八頁。
(43) 村上陽一郎「科学史の現在」中村雄二郎他『学問のすすめ』青土社、一九八一年、所収、一四二〜一四三頁。
(44) 河合隼雄『日本人とアイデンティティ』講談社＋α文庫、一九九五年、二三頁。
(45) 同、六八頁。
(46) 同『子どもと学校』岩波新書、一九九二年、五八頁。
(47) 前掲『日本人とアイデンティティ』二六、六八頁。
(48) 前掲『子どもと学校』六〇〜六二頁。
(49) 同、六三〜六四頁。
(50) 恒吉僚子『人間形成の日米比較』中公新書、一九九二年、三一頁。同様に、欧米的見地から日本の学校などでの集団活動を眺めた場合、実態からずれた価値を読む可能性があるともいう。頻繁な全校集会や小集団を使った日本の学校活動などを、果たして日本人は個の抑圧だと感じているであろうか。日本人の多くは日本の学校や企業でのラジオ体操の風景を見ながら、アメリカ人が感じるような「没個性」「集団への従属」というような違和感は感じていないにちがいないと指摘している（同、一二八〜一二九頁）。
(51) このような見方からすれば、比較的バランスよく論じる河合氏にあっても、その基準の根底がやはり欧米に偏っているのではないかと思われる。

(52) 濱口恵俊『間人主義の社会　日本』東洋経済新報社、一九八二年、iii頁。
(53) 同『「日本らしさ」の再発見』講談社学術文庫、一九八八年、九六～九八頁。なお、氏が掲げる「個人主義」の特徴は次の三つである。①自己中心主義②自己依拠主義③対人関係の手段視（同、九五～九六頁）。
(54) 濱口恵俊、公文俊平編『日本的集団主義』有斐閣選書、一九八二年、一七頁。
(55) 濱口恵俊『日本型信頼社会の復権』東洋経済新報社、一九九六年、二六四頁。
(56) 前掲『間人主義の社会　日本』一四〇頁。
(57) 濱口恵俊編『日本文化は異質か』NHKブックス、一九九六年、二二九～二三〇頁。
(58) 前掲『日本型信頼社会の復権』五九～六七頁。
(59) 前掲『日本文化は異質か』二八九～二九六頁。
(60) 前掲『日本型信頼社会の復権』iv頁。
(61) 吉永良正『「複雑系」とは何か』講談社現代新書、一九九六年、一五頁。
(62) M・ミッチェル・ワールドロップ（田中三彦他訳）『複雑系』新潮社、一九九六年、七～一二頁。
(63) 米沢富美子『複雑さを科学する』岩波科学ライブラリー、一九九五年、一〇九～一一〇頁。
(64) 同、二五頁。
(65) 吉永、前掲書、一七四～一七九頁。
(66) 吉田和男『複雑系としての日本型システム』読売新聞社、一九九七年。

三、「時空」の再検討

㈠　ウォーラースティン＝ブローデルとトッドの問題意識

すでに「はじめに」において触れたように、ウォーラースティンは、社会的世界を有効に分析するにあたって、今日最大の知的障害となっているものとして、「発展」概念とともに、〈時空〉Time Space の排除を掲げていた。これも一九世紀パラダイムの一つだと彼はいう。

そこで、ウォーラースティンの主張に耳を傾けながら、論を進めてみよう(1)。

今日時間と空間ほどわれわれにとって自明なものは少ないように思われる。多くの種類の時間や多くの種類の空間があると言う人はほとんどいない。たいていの人びとにとって、時間・空間はまさにそこにあるもの、つまり、永続的で、客観的で、外的で、不変なものである。まさしく私にはニュートン的な絶対時間・絶対空間を思い起こさせる。が、果たしてそれは本当であろうかと、ウォーラースティンは問う。

そこで彼が注目するのが、フェルナン・ブローデルである。周知のようにブローデルは時間に関して独自の考えを持っている。すなわち、一九五八年の著名な論文「長期持続 La longue durée—歴史と社会科学(2)」で明らかにした「短期」、「中期」、「長期」の三種類の持続時間である。

「短期」はいわば事件史 histoire événementielle の時間で、「個人、日常生活、私たちの錯覚、私たちのすばやい現実認識などに対応した、短い時間―特に編年史家やジャーナリストの時間―」である。一見すると、過去とはそうした細かい事実の寄せ集めで、そのうちのあるものは際立っているが、他のものはぼんやりしていて果てしなく繰り返されていると思える。が、短い時間は、あらゆる持続のうちで最も気まぐれで、われわれが最もだまされやすいものなのだという。

次に「中期」とは、変動局面史 histoire conjoncturelle の時間で、価格曲線、人口動態、賃銀動向、利率変化など、一〇年、四半世紀、あるいはコンドラチェフの古典的景気循環のような、半世紀という単位すら提示するものである。そして最後に「長期」とは、構造史 histoire structurelle の時間で、ブローデルの関心を最も引き、その思考を最も深く投入させたものである。すなわち、先の変動の波の下にある知覚できないほどの傾向をもったトレンドの現象、きわめて長期の波、ゆっくりとしか方向を変えない歴史、そのために人びとの観察のまえにゆっくりとしか姿をあらわさない歴史である。(3) 歴史家にとって、「長期持続」を受け入れるとは、スタイル・姿勢の変化、思考の転換、社会的現実についての新たな発想法を受け入れることを意味するとブローデルはいう。が、それはともかくとして、ウォーラーステインに戻れば、彼は以上示したブローデルのカテゴリーを理解するためには、一九世紀半ばこのかた社会思想を支配してきた、名目上は相反する二つの立場、つまり個性記述的および法則定立的な認識論（これもウォーラーステインは一九世紀パラダイムと考えている）に対して、ブローデルが両面戦争を行っていることを知らねばならないと指摘する。

すなわち一方では、個別的具体的な事実の研究を旨とする伝統的歴史家がいて、戦闘が行なわれ、条約が結ばれ、君主が玉座につき、法律の改変が制定されといった事件の日時をつきとめ、年表を作り、物語、歴史を作る。こうした歴史家に対してブローデルは、そうした「事件」が起こったのは確かだとしても、その時に記録される事件もあれば、他に記録されない事件もあるということ、また、比較的重要な出来事として記録され認識されているとしても、それにどれだけの意味があるだろうか、と注意を促す。「事件はちりである Les événements sont poussière」[4]。

他方、人間の行動の普遍的で永遠の型を探求する社会学者がいる。この理想国家の建築物はいつまでたっても身動き一つしない。そこには歴史が不在だからだ。無意識のうちに社会学者が嫌悪しているのは歴史ではなく、歴史の時間である。歴史の時間というこの現実は、いくらたくさんのかたちを認めきちんと整理しようとしても、いつまでたっても荒々しさを失わない。歴史家が決して抜け出せないこの拘束から、社会学者の方はほとんどいつでも抜け出している[5]。

以上のようにブローデルを要約しながら、ウォーラーステインは、結局のところ個性的記述的歴史学と法則定立的社会科学という両極端は、いずれも歴史的現実の制約から逃避しようとする点において、実は単一の知の立場にすぎないという[6]。それならば彼がやりたいことは、この歴史的現実から目をそらすことなく、ブローデルの四つ時間――エピソード的時間（「短期」）、循環的時間（「中期」）、構造的時間（「長期」）、賢人たちの時間（「長期」よりも一層長い時間[7]）――をとりあげ、これらの時間はそれぞれの空間をもつと主張することである[8]。しかも時間と空間は二つの別々のカテゴリーではなく、〈時空〉Time Space（ウォーラーステインの命名）と呼ぶ単一のカテゴリーであると主張したいという。そして結論からいえば、彼は五種類の〈時空〉モデルを提供するのである。すなわち、（1）エピソード的・地政学的〈時空〉、（2）循環的・イデオロギー的〈時空〉、（3）構造的〈時空〉、（4）永久不変の〈時空〉、（5）転形期の〈時空〉の五つである。

これら五種の〈時空〉の簡単な説明を試みれば[9]、まず（1）は、どの点からみても同じく議論の的になり、かつ構成される現象で、たとえば一九八七～八八年と思い込まれている事件、ある新聞が「イスラエルにおけるパレスティナ人の不穏状態」として触れる事件を例にとってみる。まずその年代を決定するのに苦労する。それが始まったのは一九八七年の暮れであろうか、それとも一九四八年であろうか、あるいは一九一七年であろうか。それとともに地理的な位置を決定するのも同じように苦労する。この不穏状態はイスラエルで起こっているのであろうか。それともパレスティナであろうか。あるいはガザとヨルダン川西岸地区であろうか。あるいはイスラエル占領区であろうか等々。いずれにしても、この不穏状態に関して論じるためには、その原因をなんらかのごく近くの地政学的空間に求めねばならないのである。

（2）では、〈東―西〉の空間がわかりやすい。一九四五年以降のこの用法が、近代世界の歴史の特定の循環的局面と結びついていることは明白だからだ。誰もがそれが政治的、軍事的、文化的、そしてなかでも、イデオロギー的な現代の世界的分裂のことであることを知っており、東西間のいわゆる冷戦が存在したこと、今この冷戦が終ったと考えているからである。

（3）は、まさしくウォーラーステインの最も得意とする領域で、彼のいう史的システム、つまり資本主義世界経済を例にとれば、もちろんその時期と方法に関して大論争が存在しはするが、一六世紀に出現し、中核（「諸国民の興亡」という形で位置を変化させる）―周辺という構造空間を次第に広げつつ今日まで及んでいるものである。

（4）のモデルは（1）と同様に、ウォーラーステインにとって、きわめて批判的な意味での提示である。すなわちもし永久不変の空間があるとすればそれは賢人たちの時間にしかなりえないが、それはまたすでに触れたように、まさにそこにあるものとしての外から与えられた時間・空間、言いかえれば「時間と空間を超えて」あてはまるとされる、法則定立的社会科学の一般化にみることのできるものである。

最後に（5）はブローデルから離れたウォーラーステイン独自のものだが、一つのシステムが危機に陥り、そしてそれが何か他のシステムに移行していくのに好機が到来する「好都合な時間」と「好都合な場所」である。好機とは人間が選択する〈時空〉であり、それは自由意志が可能となるまれな時期である。私などはすでに一、で述べたように、現代の環境危機を契機（好機）として、今まさにここで、新たな世界観の構築に向かうべきだと、ふと考えてしまう。

以上、非常に抽象的な説明の仕方ではあったが、時間・空間に関して、一九世紀パラダイムに対するウォーラーステインの考え方を見てきた。五種の〈時空〉は一つの興味深い提案であった。

次に、同じく諸現象を同時に空間と時間の双方の中で把握しようとする、エマニュエル・トッドの目のさめるような素晴らしい研究[10]に言及しないわけにはいかない。

学者が書く歴史は、空間より時間を好むことを反省したトッドの研究の特徴は、次の文章の中に示されているように思う[11]。

> 歴史家が空間を思うがままに取り扱うためには、出来事であれ経済的・社会的構造であれ、研究対象の現象を余すところなく表象するような地図を系統立てて作成するということが前提となる。こうした地図を作成してみるなら、事件と事件の間、構造と構造の間、事件と構造の間に驚くべき符合があることがたちどころに明らかになるのである。いく世紀にもわたって変わることのない地理的形態とも言うべきものが存在することが明らかになる。あらゆる種類の——経済的、宗教的、イデオロギー的——事件、構造、現象は、見事な規則性、素晴らしい規律をもって、これらの地理的形態の上に到来しては刻みこまれるのである。空間それ自身が、歴史の立て役者、人間の運命を決定する者となるさまを目のあたりにする思いである[12]。

ブローデルの『地中海』を読んでいるような錯覚に陥るが、この中に出てくる不変の地理的形態は、いくつかの安定的な力が目に見えぬところで恒常的に働いた結果が目に見える形をとったものに他ならない。トッドはそうした力のうち最大のものが家族制度であって、それが沈黙のうちに人間の行動の多くを決定する強力な決定因と考えている。そこでトッドの分析に従いながら、もう少し詳しく見てみようと思う。

彼はヨーロッパ全土を分け合っている家族制度の主要なものを四つに分割する。すなわち①絶対核家族、②平等主義核家族、③直系家族、④共同体家族である。これらに親子間（自由主義《リベラル》的か権威主義的か）と兄弟間（平等主義的か非平等主義的か）の関係を律する価値を組み合わせて表にすれば第1表のごとくである。さらにトッドがヨーロッパ全土を四八三の地理的単位に区分して、調査した家族制度が第1図に示される。

第1表

家族制度	親子関係	兄弟関係
①絶対核家族	自由主義的	非平等主義的
②平等主義核家族	自由主義的	平等主義的
③直系家族	権威主義的	非平等主義的
④共同体家族	権威主義的	平等主義的

この図を見ると、大部分の国家は、異なる家族型を特徴とする複数の人類学的空間の集合から成り立っていることがわかるのであるが、さらに驚くべきことは、トッドが研究対象としている当該期間、すなわち一五〇〇～一九〇〇年の五〇〇年間において、このヨーロッパの家族制度は変化せず安定性を保っているということである。これによって、家族の歴史に関する一九世紀的な進化主義的図式がとどめを刺されたことは、注目に価するであろう(13)。

もとより、非常に長い期間で見た場合、家族制度は不安定さを示す。が、これに比べて、人類学的・民族学的な空

第1図

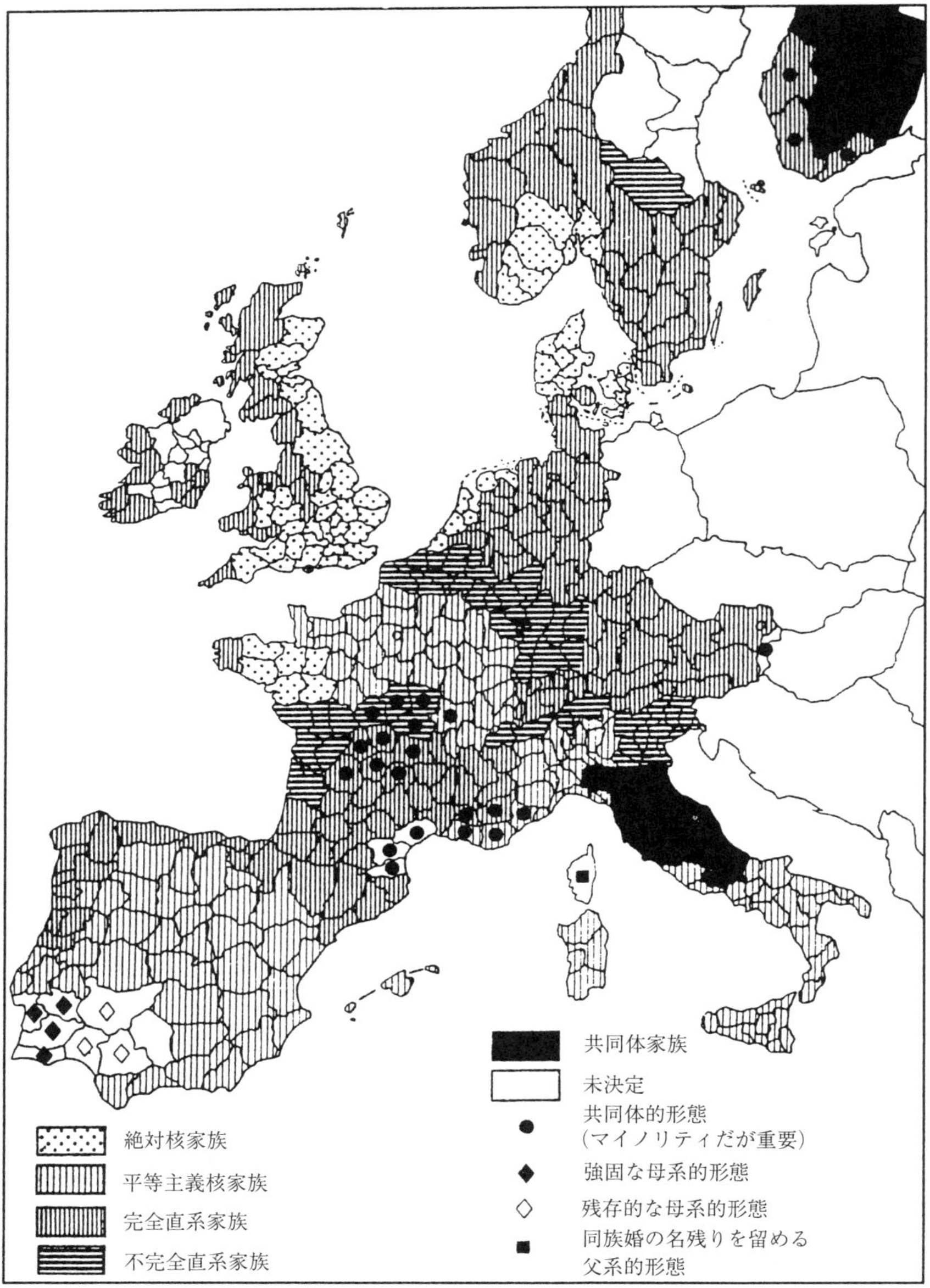

〈出典〉トッド、前掲書（I）、80頁

間は、はるかに不動である。より具体的には、一五〇〇〜一九〇〇年のラテン世界で多数を占める家族型は平等主義核家族であって、これは厳密な意味ではローマ的なもの（共同体家族）ではない。文化上――ラテン世界――の安定性は、家族型の不安定性を妨げないのである。

こうして、家族制度という個別的ケースを通して、時の中での変貌、空間の安定性という論理図式が観察された。トッドはこれを〈内変化〉endomorphoseと名付ける。この概念は、諸構造が時のなかで変化して行くということと、それらの構造が不動の安定した人類学的地域の中に刻み込まれているということを両立させるものである。「内変化＝時の中での変化＋空間的安定性」[14]。

このようなトッドの方法論は、時間と空間の両者の中で諸現象を把握するための有意義な問題設定のあり方を示しており、今後の研究のための一つの指針となるものであろう。実際トッドが示すもののうち、宗教改革とフランス革命について一瞥しよう[15]。

◆宗教改革と対抗宗教改革

トッドはプロテスタントにもカトリックにも向きは逆向きであるが、その本性に根本的矛盾を抱えていると指摘する。すなわち前者においては、地上の世界においては、宗教改革は信仰心の民主化を提唱して実現したのに、形而上の次元では、それは人間の隷属と不平等を宣言するという矛盾、後者においては、対抗宗教改革は、聖職者権力を受け入れることにより、地上でのキリスト者の服従と不平等を要求するのに、人間の形而上的平等と、救済あるいは劫罰に到達するについての人間の自由を主張するという矛盾。このような両者に見られる矛盾は、どのような条件のもとで出現するのか。

すでに説明してきたところから予想がつくように、トッドは、宗教的価値と家族的価値の間に必然的な関係を読み取ろうとするのである。彼の立てた仮説は、「全能の神と、救済に関して不平等な人間たちという観念に他ならないプロテスタントの救霊予定説が容易に受け入れられたのは、権威的父親と不平等な兄弟を含む家族組織が以前から存在していたところ、つまり直系家族の諸地方においてである」というものである。プロテスタントの形而上学は、直系家族の制度の下で暮らし、強大な父権に耐え、著しい兄弟間の不平等を認める慣習を持った住民でなければ、理解することも受け入れることもできない、という。これと対照的に、形而上的機会平等と自由意志の対抗宗教改革の教義は、自由主義的な父親と平等な兄弟を含む家族組織が前から存在していたところ、つまり、平等主義家族地帯において擁護された。より単純化すれば、宗教改革は、直系家族の地域に基本的拠点を見出し、対抗宗教改革は、平等主義核家族の国々を足場としているといえる[16]。

◆フランス革命

フランス革命がまさにフランスというカトリック国で勃発したという、全く基本的な空間一致の現象は偶然であろうか。そうではあるまい。カトリックの形而上学と革命の形而上学の間には構造的類似がある。両者とも自由主義的にして平等主義的という。しかもきわめて興味深いことに、このカトリック国の中でも、宗教戦争の時に最も頑強にカトリックを護った地域、パリ盆地の中心部を、革命はその第一の地理的拠点としているのである。

カトリック同盟から革命まで、司祭に指導された宗教的蜂起から俗人に指導されるイデオロギー的政体転覆まで、二世紀の時間が流れている。教義の中身は変わっても（といっても自由と平等という価値は常に存在しているが）、この地域の安定性には変わりがない。ここにも内変化の一つを読み取ることができるだろう[17]。

そして、ここでも家族構造が決定的なカギを握っている。一五八八年から一七八九年までの間、パリ盆地の家族構造は変わらない。この二つの時点において、親子関係の自由主義と兄弟関係の平等主義を組み合わせる平等主義核家族という家族型は不変である。潜在的な安定的構造が、二世紀の間隔をおいて、同じ平等主義的自由主義の二つの異なるヴァージョンを生み出したといえる。家族構造の反映が、宗教的なものから社会的なものに変化しただけである。神のイメージの代わりを国家のイメージが果たし、諸条件の法的平等が洗礼によって作り出される平等の代わりとなる。父親に対して自由な人間たちは、国家に対しても自由でなければならない。家族の中で平等な兄弟たちは、社会生活の中でも平等でなければならない。こうして、一七八九年の平等主義的自由主義は、絶対君主制を堪え難いもの、アンシャン・レジームの秩序を許しがたいものと見なすのである(18)。

だから、革命とは宗教を攻撃するものなりと考えるのは正確を欠く。実際には消え行く宗教の代わりをするのである。一七三〇年から一七八九年の脱キリスト教化によって生じた空白が、革命の形而上学の出現を避けがたいものとした。神の国を奪われた人間たちは、理想の社会を築き上げる必要を痛感するのである(19)。

トッドの論点を簡略化して示してきたが、もとより、革命を少しく勉強してきたものにとって、これだけで革命が説明し尽くされるものではないことは百も承知である。が、諸現象を空間と時間の双方の中で理解しようとする手法によって、これまで見えなかったものが見えてきたことも事実である。ウォーラーステインが言うように、一九世紀パラダイムが時空を排除してきたというならば、トッドの方法もそのパラダイムを乗り越える有力な手段となるだろう。

㈡　多様な時間、多様な空間の回復

本稿の最初のところで、多くの種類の時間や空間を認めず、いわばそこにあるものとして、分析から排除してしまったのが、一九世紀パラダイムだというウォーラーステインの考え方を紹介したが、これはおそらく彼が考える以上にもっと深いところで真実ではないかと思われる。

そこで時間・空間に関してやや角度を変えた視点から見るために、一八世紀のヨーロッパの知的状況を垣間見ることにしたい。

この点で非常に啓発されたのは、芝井敬司氏の論文である。[20]「諸社会の理論的把握」という観点から見た場合、同じく一八世紀といっても、その前半と後半では様相はかなり異なる。そこで芝井氏は一八世紀前半については、モンテスキューの『法の精神』（一七四八年）を、その後半については、アダム・スミスの『国富論』（一七七六年）を取り上げ、その観点から両者を比較するのである。

詳しい途中の分析は省かせていただき、結論のみを先走って見たいと思う。まずモンテスキューの場合、『法の精神』で提示しようとしたものは、人間社会の同一性と多様性を時空間を超えて説明し把握できる理論であった。言いかえれば、モンテスキューは、歴史的にも地理的にも距離のある多種多様な社会を、一つの理論平面に展開し配置したといえる。この諸社会の多様性を説明するのに、モンテスキューは風土に注目しており、[21]私などは現代の異文化理解にも大きな示唆を与えるものではないかと考えているが、芝井氏はこれを風土決定論と受け取ることにはやや批判的である。

ところで、モンテスキューは、自然が生み出したものに埋没して生きている狩猟民と牧畜民は未開社会を構成しているのに対して、人間が作りあげたものによってたつ農耕民は貨幣を創り(22)、良き市民法を生み出し、文明社会を形成したとして、未開社会と文明社会を截然と区別している。が、芝井氏はモンテスキューのこの二つの社会の区別にもかかわらず、両者に価値の優劣を与えることには慎重であらねばならないという立場を取る。そこには未開と文明の基本的な区別は存在しているが、一貫した価値的視点から諸社会の発展を構想することはない、と。(23)『法の精神』の序文には、「私が筆をとったのは、いかなる国であれ、その国に確立されているものを非難しようがためでは決してない。いかなる国民もこの本の中にそれぞれの格率の理由を見出すことであろう(24)」と述べられている。私から見ると、ここには文化相対主義の立場に非常に近いものを感じるのである。

それではスミスの場合はどうであろうか。『法の精神』が法学の著作でないように、『国富論』も経済学の著作ではなく、富の性質と諸原因という観点に立った諸社会の理論といえる。そして『国富論』では早くも「序論」において「狩猟民や漁撈民からなる野蛮民族」と「文明が進み繁栄している国民」とが対照的な例としてあげられ(25)、価値評価を含んだ区別となっている。また『法の精神』が非常に強調していた自然や風土の支配力についても、否定的ないし単なる与件として無視するかのような扱いであることに芝井氏は注目している。(26)総じて、『国富論』の議論の中では、野蛮と文明は常に比較される対照観念であり、その二つの区別こそが『国富論』の理論展開を支える大前提となっているのである。(27)

芝井氏が最も着目するのは『国富論』第五篇であって、とりわけ第一節「防衛費について(28)」において、スミスは、「進歩の段階がちがう」四つの段階に区別した社会を掲げている。すなわち、①北アメリカの原住諸民族の中にみるような社会の最低で最も未開な狩猟社会、②タタール人やアラブ人の間にみるような牧畜社会、③古代ギリシアのポリス、初期王政期および共和政初期のローマ、ヨーロッパの中世封建社会においてみられる、外国商業をほとんど持たず、ほとんどすべての個々の家族が自家用に作る粗雑な家庭用の物以外には製造業を持たない農耕社会、④近代ヨーロッパ文明諸国民にみられる商業社会、である。そしてスミスにおいては、①②③が野蛮に、④が文明に位置づけられることになる。

モンテスキューの『法の精神』では、諸社会がそれぞれ独自の色合いを持ち、そこに必然的存在理由があるものとして捉えられていたのに対して、スミスの『国富論』にあっては、狩猟、牧畜、農耕、商業という四区分は、富裕の進歩に対応し価値的な優劣を付与された四つの発展段階と提示されることによって、一本の尺度の上に位置づけられる。こうしてスミスは、彼の生きるヨーロッパ社会と、そこから地理的にあるいは歴史的に距離のあるさまざまな諸社会とを、一つの時間軸上に整序することができた。が、ここで奇妙なことがおこると芝井氏はいう。

それはひと言でいえば、尺度の自立あるいは外化、それに伴う空間の消滅である。進歩は本来時間軸を前提に成立するはずであるが、ひとたび経済進歩の尺度が成立すると、時間軸と尺度の間に主客の転倒がおこる。今度はこの尺度が自立して、過去および現在のあらゆる種類の社会を、新たに測定し段階づけることになった。それによってスミスと同時代の地理的空間を共有している異文化社会は、近代ヨーロッパ文明社会からみれば、多くは自らの「過去の空間」を生きている存在にほかならなくなる。先頭を疾走するイギリスにとって、非ヨーロッパ諸社会の大部分は四段階理論によって貧困かつ野蛮な段階に「正当」に位置づけられてしまったために、彼らの位置すべき空間は消滅し、彼らの存在は近代ヨーロッパの過去の歩みに重ね合わされたのである。(29) この方向が一九世紀ヴィクトリア朝において決定的になることはすでに一、においてで見た通りである。

こうしてみると、いわゆる進歩史観の確立に果たしたスミスの『国富論』の役割はきわめて大きいように思われる。

が、一般には一八世紀後半の啓蒙期において、進歩史観の源泉として最も重要視されているのはコンドルセの『人間精神進歩史』（一七九三〜九四年）である。[30] 市井三郎氏も、西欧民主主義諸国において、現在まで知識人のあいだに流通した進歩史観は、圧倒的にコンドルセの構築したものであると指摘している。[31] もちろんそうした評価自体は誤っていないと思うが、コンドルセが『国富論』の全編を要約し、フランスで紹介までしたほどスミスから影響を受けた事を考える時、そしてコンドルセが文明史を九つの時期に分けて、言語の発生から自然および社会についての諸科学の分化と発展にいたる人間精神の進歩を論じ、社会形態の推移に関して、狩猟→牧畜→農業→商・工業という歴史の段階把握（スミスに工業を付け加えただけ）を示した事を考慮する時、スミスがコンドルセに与えた影響は大きいといえるのではないだろうか。[32] こう考えると進歩史観の大本にアダム・スミスあり、という気がしてならないのである。[33]

少し脇道にそれたかもしれない。モンテスキューとスミスとの比較に戻れば、結論として、一九世紀パラダイムを乗り超えるためには、いったん進歩史観によって一本にまとめあげられてしまった多種多様な空間を、もう一度解体し、時間も含めた上で、モンテスキュー的な方向で空間概念を回復することではないだろうか。

そのためにもちろん先にも述べたように、『法の精神』を異文化理解的な観点から再検討することがぜひとも必要であるが、その他にも私は次の二つの方法に注目している。

一つは、松本亮三氏らの研究グループで、インカやマヤ、あるいは古代中国の歴史的研究から時間、空間に対する新しい問題提起を試みるものである。[34]

すなわち、まず時間感覚について、「感じられた時間」と「刻まれた時間」という二つのモデルを設定する。前者は、太陽や月などの天体の運行や動植物の成長に密着した時間であり、いわば自然の動きをモデルとした時間である。そこでは長期的な紀年法は無縁であって、時間は基本的に累積することはない。時や時間はそれぞれが特殊な個性をいもつものであって、われわれの「数」のような同質性に基礎を置いた算術的操作はできない。

他方後者は、自然の動きを再解釈したモデルを再びモデルとすることで認識され、構成し直された時間である。この「刻まれた時間」の特徴は、その基本的要件が時あるいはタイミングではなく、長さとしての単位時間にある。「感じられた時間」の中で時間サイクル内の点を位置づけるマーカーとしての意味をもっていた時が、ここでは単位時間の累積として定義づけられる[35]。

以上の二つのモデルは、私からみると、レヴィ・ストロースのいう「冷たい社会」と「熱い社会」という類型に見事に対応していると思われるが、近代ヨーロッパから現代文明にいたる時間を「刻まれた時間」の極とし、非ヨーロッパ的な文明にみられる時間を、「感じられた時間」の極と「刻まれた時間」の極の間に位置づけ得るのではないかという興味深い提案がなされているのである。そうして、世界の広がりと構成とは、時間と空間のあり方そのものであり、時間のあり方と空間のあり方は基本的に同じ体系を共有しており、時間の問題は空間の問題に転化し、空間の問題は時間の問題となるという観点から、「感じられた時空間」と「刻まれた時空間」というモデルを改めて提起している[36]。

さて、もう一つは、見田宗介（真木悠介）氏の時空コンセプトの型の変数を表す社会学的試み[37]であって、第2図のごとくに示される。

これは、第一に、一切の事象をそこに定位し測定することのできる一般的な尺度としての時間／空間というコンセプトの明確な析出の有無、第二に、「時間的なもの」と「空間的なもの」との原的な異質性への鋭敏な感覚の有無、という二つの要因を、時間と空間の感覚の基礎的な〈型の変数〉として取り出して設定したものである。

まず、原始的な共同体は、経験される世界の事象の、「時間的」な様相を捉えるコンセプトを、「空間的な」様相を

第２図

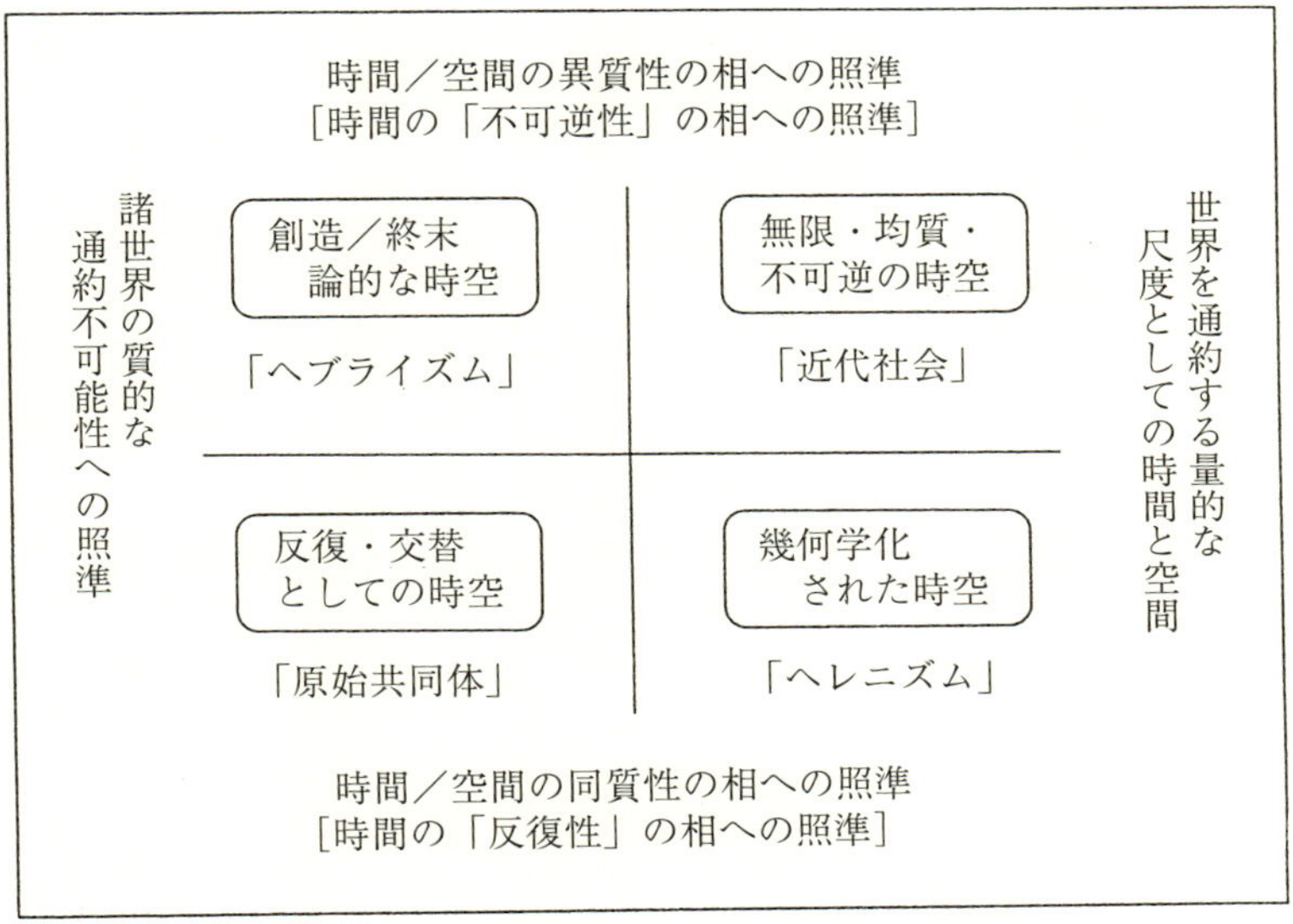

〈出典〉『岩波講座　現代社会学６—時間と空間の社会学』９頁

捉えるコンセプトから、原的に異質の不可逆性として分離して表象することのなかった世界であると同時に、昼／夜、夏／冬、生／死、等々は、それぞれ異質の世界として表象され、これらを通約する共通の尺度というようなもの——「時間」であれ「空間」であれ——を、抽出して実体化するということのない世界であった。

　これと対照的に、近代社会は、あらゆる質的に異なったものを通約する力をもった尺度を析出することなしに存立することのできない世界であると同時に[38]、未来に向かって不可逆に流れる時間という次元を、往ってまたもとの同じ地点に戻ることのできる空間という次元とは、原的に異質のものとして経験する世界である。

　ヘレニズムは、質的に異なったものを通約する力をもった、抽象的に数量化された時間／空間の観念を、早熟に展開した世界として、しかしながら同時に、不可逆性としての時間の、空間との原的な異質性については、ヘブライズムのように鋭敏ではなかった世界である。

ヘブライズムはこれと対照的に、時空の質的な還元不能性、代替不可能性に照準をおくと同時に、この通約不可能／代替不可能なものとしての〈時〉の間を、つまり〈創造〉から〈終末〉に向けて、方向をもつ時間というものの不可逆性、つまり空間との原的な異質性ということに、早熟に敏感であった世界と設定されている。

以上、二つのモデル設定の試みを駆け足で見てきたわけであるが、両者を比較すると、「刻まれた時空」は、第2図でいえば、およそにおいて中央ラインの右側、すなわち「近代社会」と「ヘレニズム」に、とくに前者に対応し、「感じられた時空」は左側の「ヘブライズム」と「原始共同体」に、とくに後者に対応しているといえるであろう。あるいは、「近代社会」のみがまさに「刻まれた時空」として突出していて、残りの三つは何らかの形で、「感じられた時空」に包摂されているという見方も可能であろうか。二つのモデルを比較してみるだけでも、いろいろな検討課題があるように思う。

すでに一、にも示したように、私自身は、現在共時的に存在する文化を「ヨコの異文化」、通時的・歴史的に存在した文化を「タテの異文化」と想定した。今述べた観点からすれば、「タテの異文化」とは、歴史上における異時間と異空間にかつて存在した文化と言いかえることも可能ではないかと思うのである。[39] その解明のためには、先に示した。二つのモデルを様々に組み合わせることで可能になるのではないか。[40] 今回の考察では、そうした研究の出発点が与えられたことで、満足しなければならないと思う。

（1）I・ウォーラースティン、前掲書、一九六～二一三頁。

（2）フェルナン・ブローデル「長期持続」井上幸治編集＝監訳『フェルナン・ブローデル』新評論、一九八九年、所収、一五～一六頁。さらに竹岡敬温『「アナール学派」と社会史』同文舘、一九九〇年、五六～一一〇頁をも参照。

（3）著名な『地中海』では、ブローデルは「ほとんど動かない歴史」、「人間を取り囲む環境と人間との歴史」、「ゆっくりと流れ、ゆっくりと変化し、しばしば回帰が繰り返され、絶えず循環しているような歴史」と説明している。F. Braudel, La Méditerranée et le monde méditerranéen à l'époque de Philippe II (1) 1996, p. 13,（浜名優美訳）『地中海Ⅰ』藤原書店、二一頁。

（4）Ibid. (2), P. 223, 邦訳『同Ⅳ』一一頁。

（5）前掲「長期持続」五七～五八頁。

（6）ウォーラーステイン、前掲書、二〇〇頁。

（7）「賢人たちの時間」について、ウォーラーステインには誤解があるように思う。ブローデルは該当箇所で次のように述べている。「短い時間から少し長い時間へ、さらにきわめて長い時間（この時間は、もし現実に存在すれば、賢人たちの時間にしかなりえない）へと移行すること、そしてその終局に至ったら、立ち止まってもう一度すべてを観察し、とりこぼしのないようにいっさいを再構成し、いっさいが自分のまわりを回るのを眺めること」（「長期持続」五四頁、傍点は引用者）。この中でブローデルは「短い時間」「少し長い時間」「きわめて長い時間」＝「賢人の時間」と区分し、この引用文のすぐ後で、「事件」「局面」「長期持続」について語っているのであるから、「賢人たちの時間」とは「長期持続」のことであって、ウォーラーステインのようにそれよりもまた長い持続を区分してはいないように思う。もとよりウォーラーステインが「長期持続」より長い持続を構想してもそれはかまわないが。

（8）これはブローデルが「長期持続」の中で、空間について全く言及していないことへの不満から構想したものである（ウォーラーステイン、前掲書、二〇一頁）。ただし『地中海』などの業績をとってみれば、バークが言うように、「今世紀のどの歴史家にもまして、ブローデルがわれわれの空間と時間の観念を一変させるのに貢献した……。『地中海』は、歴史における空間の重要性を読者に自覚させる仕事である」という評価を忘れてはならない。P・バーク（大津真作訳）『フランス歴史学革命』岩波書店、一九九二年、七六頁。傍点は引用者。以下ことわりなき時は、傍点はすべて引用者のものである。

とする。

(9) ウォーラーステイン、前掲書、二〇二～二一三頁。

(10) E・トッド(石崎晴己訳)『新ヨーロッパ大全』(I)(II)藤原書店、一九九二年。

(11) この点についてトッドは次のように述べている。「例えば、宗教改革を一六世紀という時代を代表する典型的現象と決めてしまい、宗教改革が起こった場所がドイツ圏、スカンディナヴィア、オランダ、スコットランド、南フランスに限定されることを確定するのは後回しになってしまう。一七八九年の大革命を一八世紀という時代を顕現するものと決めつけてしまうが、実はそれよりも、パリ盆地がその根本的な地理的基盤であることを確認し、フランスの一部に革命に対する活発な抵抗があったことを確認することが先決なのである。学者の歴史はさらにまた、社会民主主義を何よりも二〇世紀の代表的現象と位置づける。しかし、それが支配的勢力となるのは、スウェーデン、ノルウェー、北ドイツ、スコットランド、ウェールズであって、他のところではそれほどでもないということを明らかにすることが肝心なのだ。共産主義も、まず時間的座標によって二〇世紀のものと位置決定され、空間的座標で位置決定されるのはその後に過ぎない。共産主義は、西ヨーロッパだけに限るとしたら、中部イタリア、フィンランド、フランス中央山塊の北西縁辺、フランスの地中海岸、ポルトガル南部に典型的である」。トッド、前掲書(I)、二五～二六頁。

(12) 同、二六～二七頁。

(13) 同、八一、八五頁。

(14) 同、八四～八五頁。

(15) これは注(11)の引用文中の課題の一部に答えることでもある。

(16) トッド、前掲書、一四一頁。トッドはさらに識字率の問題やプロテスタント、カトリックそれぞれの教義についてもかなり詳しく論じているが、本稿ではきわめて単純化した形で示した。

(17) 同、二六一～二六三頁。

(18) 同、二六三〜二六四頁。

(19) 同、二六八頁。

(20) 芝井敬司「一八世紀後半における空間の消滅」樋口謹一編『空間の世紀』筑摩書房、一九八八年、所収。

(21) とくに第3部参照。モンテスキュー（野田良之他訳）『法の精神』（中）岩波文庫、一九八九年。

(22) モンテスキューがとくに貨幣でもって未開と文明を区別しうる徴と考えていたという芝井氏の指摘（前掲芝井論文、八九頁）は、氏も掲げる次の一文で明らかである。「あなたがたった一人で、たまたま見知らない人民のもとに到達したとしよう。もしあなたが一個の貨幣を見出したならば、自分は文明化された人民のもとに来たのだと考えてよいであろう」。前掲（中）、一二七〜一二八頁。

(23) 芝井論文、九一頁。

(24) 前掲（上）、三五頁。

(25) アダム・スミス（玉野井芳郎他訳）『国富論』中央公論社（世界の名著）、一九六八年、六七〜六八頁。

(26) 芝井論文、九三頁。

(27) 同、九四頁。

(28) 『国富論』四八〇頁以下。

(29) 芝井論文、一〇二〜一〇三頁。この結果、非ヨーロッパの諸社会が被った災難は尋常のものではない。彼らの社会は、ヨーロッパ文明に比肩しうる独自の価値を持つ統一体から、ヨーロッパ文明と比べて数段遅れた社会へと評価を下げることになったのである（同、七八頁）。以上と関連して本文で述べた観点からすれば、いわゆる啓蒙思想は、キリスト教の直線的時間から神をぬきとる一方で、空間を時間に従属させてしまったとも評価できるのではないか。

(30) コンドルセ（渡辺誠訳）『人間精神進歩史』（第一部）（第二部）岩波文庫、一九五一年。

(31) 市井三郎『歴史の進歩とは何か』岩波新書、一九七一年、四四頁。

(32) 安藤隆穂『フランス啓蒙思想の展開』名古屋大学出版会、一九八九年、とくに第四章参照。ただ、ヨーロッパ思想史の脈絡において、最初の本格的な進歩史観の祖述者チュルゴ（市井、前掲書、二八頁）が、コンドルセ以前に、狩猟→牧畜→農業（＝商・工業）という発展図式を示しており、当然コンドルセもその影響を受けているものと思われる。が、成熟した文明社会の像に関しても、摂理の神の目的論を信じるか信じないかに関しても、両者の間には歴然たる差があり（市井、三一～四二頁、安藤、一三六～一三七頁）、そこにアダム・スミスの強い影響を見たいのである。

(33) 市井氏は、進歩史観の源泉にチュルゴ、カント、シャトリュ、コンドルセなどを掲げているが、スミスについては一切言及がない。

(34) 松本亮三編『時間と空間の文明学』花伝社、一九九五年。

(35) 前注（34）の書物には指摘されていないが、サモアの酋長ツイアビの語った次の言葉は、パパラギ（白人）の社会の時間の本質をよく示していると思う。「彼（＝パパラギ—引用者）は日々の新しい一日を、がっちり決めた計画で小さく分けて粉々にすることで、神と神の大きな知恵を瀆《けが》してしまう。柔らかいヤシの実をナタでみじんに切るのと全く同じように、彼は一日を切り刻む。切り刻まれた部分には、名前がついている。秒、分、時」。岡崎照男訳『パパラギ』立風書房、一九八一年、六〇頁。逆に、サモアの時間感覚は、アタリのいう「神々の時間」と本質を同じくするものである。J・アタリ（蔵持不三也訳）『時間の歴史』原書房、一九八六年、一四頁以下。

(36) 松本編、前掲書、「序章」に問題点がよく整理されている。

(37) 見田宗介「序　時間と空間の社会学」『岩波講座　現代社会学6—時間と空間の社会学』岩波書店、一九九六年、所収。なお、これから説明する箇所の傍点は、すべて原文に付されているものである。また、時間に関する次の書物は非常に優れているので、常に参看すべきである。真木悠介『時間の比較社会学』岩波同時代ライブラリー、一九九七年。

(38) 質的に異なったものが通約されるとは、時間・空間が等分化、均質化、量化されるからにほかならず、これを村上陽一郎氏にならって、時間・空間の「民主化」と名づけてもよいであろう。『講座・現代の哲学1時間・空間』弘文堂、一九七七年の「総論」を参照。村上氏はライプニッツやニュートンの時空概念を検討しているが、ヨーロッパの時間に関していえば、時間が質ではなく量であるとの了解が優位をしめるのは、アタリの言い方を借りれば、「神々の時間」から「身体の時間」に転換するころ（前掲書、一三一頁）、ル・ゴフの用語に従えば、「商人の時間」が「教会の時間」を凌駕する時期（ジャック・ル・ゴフ（新倉俊一訳）「教会の時間と商人の時間」『思想』岩波書店、一九七九年、第九号、所収）で、およそ一二、三世紀のこととみられ、ヨーロッパの大転換期である「一二世紀ルネサンス」の時期にほぼ一致するのである。

(39)　アタリは、「おのおの社会は固有の時間と歴史をもっている。……あらゆる文化は時間の意味のまわりで築かれ……」と述べているが（前掲書、二頁）、この文中の時間に空間を加えて、「時空」としても、妥当するのではあるまいか。

(40)　青木保氏は、アジアに流れる四つの時間として、次のような区分を示している。①土着的な時間（日本でいえば現在でも生きている神道の時間）、②アジア文化の時間（仏教や儒教、漢字など、東アジアの古代文明に発する普遍的な文化時間）、③近代化や工業化を促す、西欧的、近代的文化の時間（ダイナミックな直線的時間）、以上の三つの総和の上に成り立つ④現代的な時間。氏は①～③の混成のあり方が、アジア各地域の文化を創り出していると指摘している。これは時間の組み合わせ方の、興味深い方法の一つであろう。青木保『異文化理解への一二章』ＮＨＫ人間大学、一九九八年、九一～九九頁。

おわりに

本学人文学会（第八回研究例会、一九九四年一二月六日）で本稿のもととなるものを発表して、今回で一応の完結をみるまでに、足かけ五年の歳月を費やした。今まで一つの論文を仕上げるのにこれほどの期間を要したものは一つもない。発表はしてみたものの、いざ書き始めると遅々として進まずであった。考えてみれば当然のことで、「発展・進歩・進化」にせよ、「個人主義」にせよ、あるいは「時間・空間」にせよ、究明すべき課題が大きすぎて、どこから手をつけてよいかわからなかったというのが正直なところである。おそらくどれもこれも一生涯かけても解明できないようなものばかりで、あまりにも大胆すぎた自分を反省する。

どの問題に関しても、今回でやっとその入り口に立てたものばかりであるが、全体を総括すれば、一九世紀ヨーロッパ文明の相対化と非ヨーロッパ地域文化の復権が一つの課題であったとはいえるであろう。そのためのいくつかの方法を模索したにすぎない。

ただ、足かけ五年間の作業の結果として、実に多くの今後果たすべき課題が見えてきたので、それをまた一つずつ自分なりに解決していきたいと思う。

第五章　日本史教育に環境問題を導入するために

はじめに

先に世界史教育における環境問題について考えた際に、今後の課題の一つとして、近代以前の世界史を気候変化という観点から構成し直してみる方法と関連して、「世界の気候変動を常に意識しつつ、日本歴史を気候変動から整理し直してみたい」と述べた[1]。これまでの日本史教育においても世界史教育と同様に、生産力の発展の観点を基礎に据えた、進歩史観の影響がきわめて強く、気候といった要因を無視ないし軽視してきたといって過言ではないであろう。

しかし、生産力や進歩の視点からのみみる歴史把握はきわめて一面的であり、歴史に与えた気候のインパクトを十分に考慮しないでは、歴史認識を大きく歪める危険性がある。近年刊行された梅原猛・伊東俊太郎・安田喜憲三氏によって編集された『講座　文明と環境』全一五巻（朝倉書店、一九九五～一九九六年）は、そのような反省に立った大変優れた内容を持っており、私自身きわめて大きな啓発を受けた。

本稿は、先学の諸業績を参考としながら、私なりに日本歴史を気候変動から再構築しようと試みたものである。各時代の叙述の分量の違いが大きい荒削りなスケッチではあるが、今後の日本史教育で環境問題を扱う際の、一つの基礎とでもなれば幸いである。なお今回も、安田喜憲氏の諸業績にきわめて多くを負っており、氏に心より感謝申し上げたいと思う。

（1）　拙稿「世界史教育における環境問題の取扱い」『皇学館大学紀要』第三四輯、一九九五年（本書第二章）、六七頁。

一、縄文以前

㈠　三・三万年前の転換

安田喜憲氏の作成になる第1図には、一三万年前からの気候変動（寒・暖と乾・湿）と、日本で発掘された石器の変遷ならびに時代区分が記してある。これを見れば実に大きな気候変動が今日まで何度もくり返され、しかもその大きなうねりとともに、石器の形態も変化していて興味深い。が、特にここでは三・三万年前の転換に注目したい。そこでは気候の急速な寒冷化・乾燥化が引き起こされている。

そもそもこのような三・三万年前ごろを境とする人類史における気候転換期は、日本人の手によって世界で初めて明らかにされた事実であるようで、ヨーロッパでは、旧人のネアンデルタール人が絶滅し、新人のクロマニヨン人へと交代する時期とほぼ一致している。従って、この旧人から新人への転換には、気候の寒冷化・乾燥化が深くかかわっていたわけである。

さて、日本ではこの転換期に、日本海の海洋環境に大きな変化がもたらされた。すなわち、気候の寒冷・乾燥化によって雪が氷河として陸上にとどめられたため、海水の絶対量が減少して海面が低下したのである。対馬暖流は流入せず、日本海はこのため湖に近い閉塞状態となり、対馬陸橋が形成された。

第１図　旧石器の変遷と気候変動

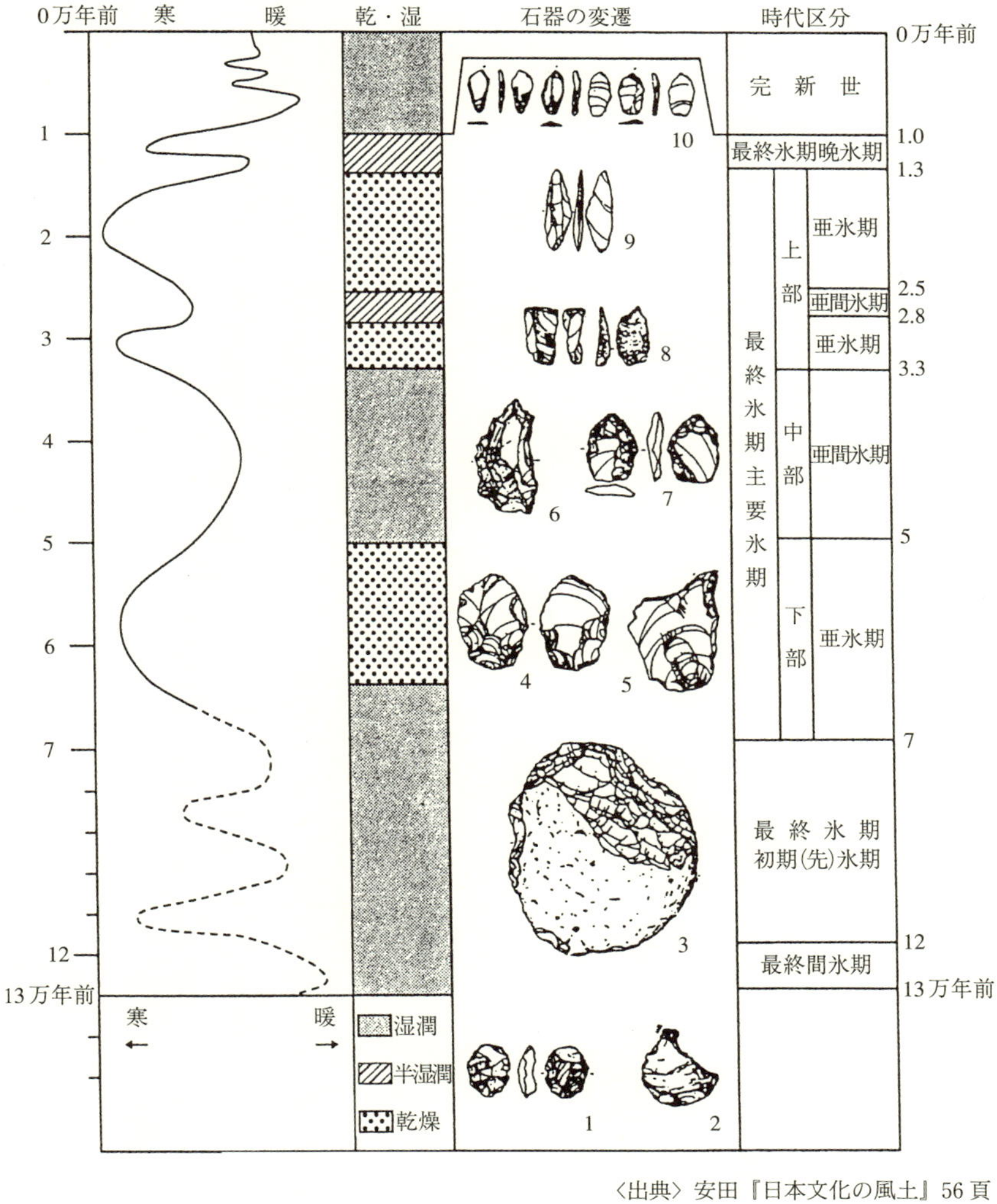

〈出典〉安田『日本文化の風土』56頁

さらに動物相にも変化が認められる。オオカミ、ヒグマ、トラ、ヒョウ、ナウマンゾウ、ニホンムカシジカ、ヤベオオツノジカなど、前代からの生き残りの動物に加えて、小型ウマ、ヘラジカ、オーロクス、バイソンなど北方の寒冷な草原に生息する動物が、日本列島へ南下して来たのである。

第1図にもどれば、この時図中8のような石刃技法をもった後期旧石器が現われる。このことは新しい石器の大量生産の石刃技法をたずさえた人々が、先の動物たちを追って、対馬陸橋や津軽海峡の「氷の橋」を渡って北方から日本列島へやって来たことを意味するのであろう。この人たちはクロマニヨン人につながる新人であり、縄文人の直接の祖先になったと推測される[1]。

(二) 一・三〜一・二万年前

氷河時代の地球は全体として乾燥気候が支配的であったが、一・三〜一・二万年前頃から、地球の気候が温暖化し始め、それとともに降水量と積雪量が増加した。この積雪量の増加こそが、日本列島に大陸とは異なった海洋的風土に適したブナ林が拡大するカギなのである。第2図をみれば、1〜4の地点の示す北緯四〇度以南の多雪地帯において、およそ一・三〜一・二万年前から、ブナ属の花粉が増加を開始することが見てとれる。それは気候の温暖化によって極地の氷河が溶け、海面が上昇することによって対馬暖流が流入すれば、ただちにブナの生育に適した積雪量の多い海洋的風土が形成されるという地理的位置に、日本列島があるからである。そしてそのことはまた、日本列島が大陸から切り離されて、海洋の島国となる第一歩でもあった[2]。

ところで、長崎県北松浦郡福井洞穴遺跡から発見された隆起線文土器が、世界で最も古いものの一つであることは、

第２図　晩氷期のブナ属花粉の出現率の分布とブナ属の地域的変遷図

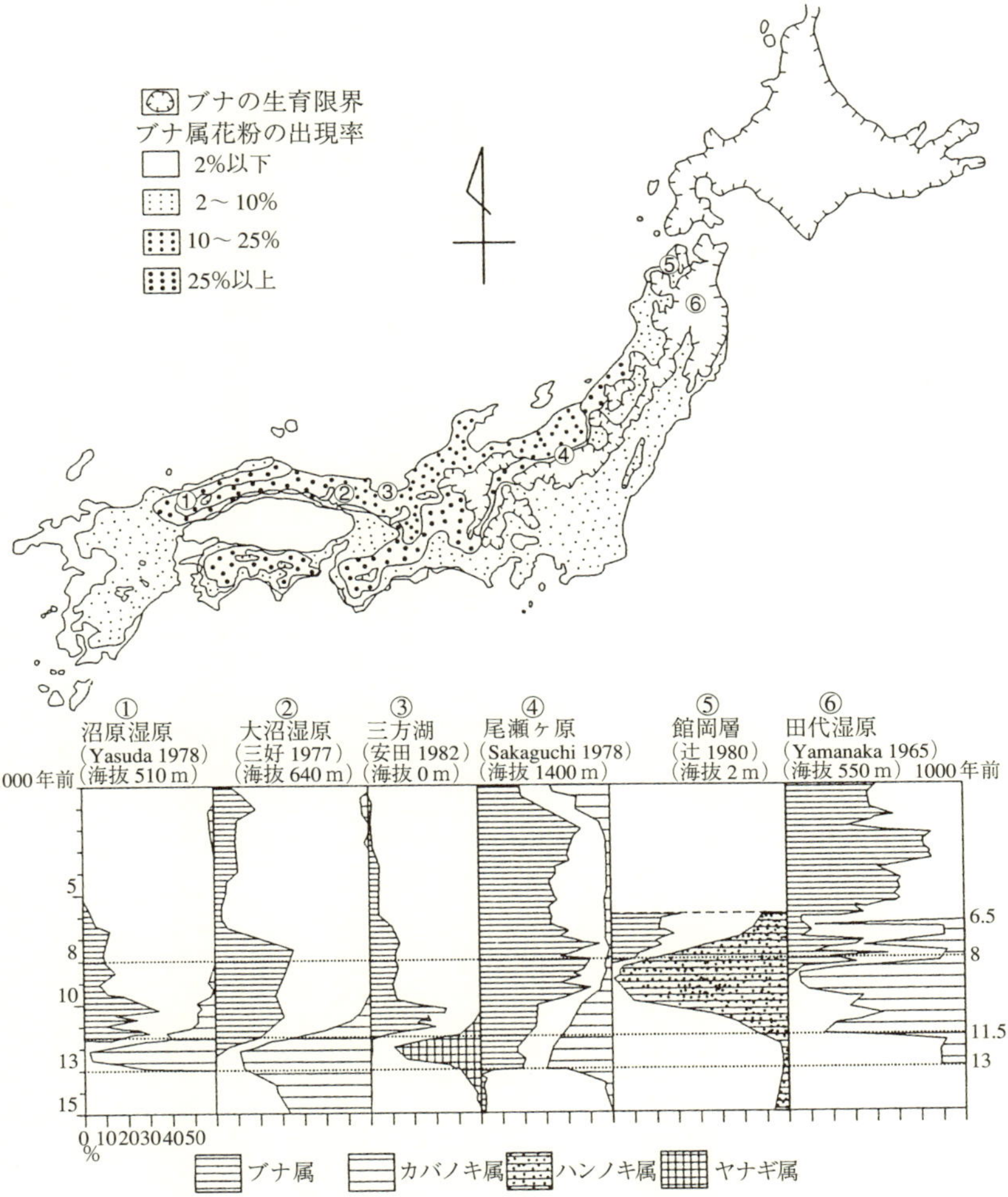

〈出典〉安田『世界史のなかの縄文文化』142 頁

今日ひろく承認されているところである。[3] しかし当初は、土器の出現は農耕の誕生と不可分にかかわっており、農耕の片鱗さえみられないこの時代の日本列島で、そのような土器がみつかるはずがない、という否定的見解の方が多かった。

安田氏は、そこには欧米人の調査した西アジア地域の結果に盲信的であり、日本の文化はすべて大陸から伝播・受容したものであるという、明治以降の日本人のヨーロッパ文明へのあこがれと劣等感が、言いかえれば、日本人が、世界史のなかで最古の、しかも最先端の文化を創造するようなことは、ありえないという先入観があったのではないか、と述べている。[4] これは私には非常に重要な指摘と思えてならなかった。というのも、私自身も世界史教育の最重要課題の一つとして、ヨーロッパ文明の相対化を主張してきたからである。[5] 一九世紀ヨーロッパで確立したものさしでもって、他地域を推し量ることには、よくよく慎重であらねばならない。それぞれの地域の文化、歴史は外的基準によってでなく、まずもって内在的に理解しなければならないと思っているからである。

その意味で、人類史における土器誕生の系譜には、西アジアのように農耕の発生と深いかかわりをもつ系譜と、日本列島のように温帯の落葉広葉樹の森の拡大と深いかかわりをもつ系譜の二系統を認めなければならない、という安田氏の主張には、[6] 大いに首肯できるのである。一・三〜一・二万年前までさかのぼるこの最古の土器は、先に見た地球の温暖化による対馬暖流の日本海流入によって形成された海洋性気候のもとで作られたものであり、その後の縄文文化につながる海洋的な文明の出発点である。[7]

（1） 以上については、安田喜憲『世界史のなかの縄文文化』雄山閣、一九八七年、第一章ならびに同『日本文化の風土』朝倉書店、一九九二年、II、一章を参照。なお、本文中に示した北方回りルートとほぼ同時に、九州には南回りルートで、華南などの南方的要素を強く持った細石刃文化が流入した。この南回りルートでやって来た人々もまた縄文人の直接の祖先となるのである。前掲『日本文化の風土』六六頁。
（2）前掲『世界史のなかの縄文文化』一三九～一四四頁、『日本文化の風土』六八～七三頁。
（3）ただ、今日、中国でも日本の長野県でも、これより三～四千年古い^{14}C時代一万六〇〇〇年前の土器が発見されている。安田『東西文明の風土』朝倉書店、一九九九年、六七頁以下参照。
（4）『世界史のなかの縄文文化』一三六頁。
（5）拙著『社会科教育の国際化課題』国書刊行会、一九九五年、第一章の一ならびに第二章の一参照。
（6）『日本文化の風土』七三頁。
（7）同、七三～七四頁。

二、縄文以降

㈠　全体の概観

縄文以降については、二つの資料に基づいて、まず大まかなスケッチから始めたい。一つは、一九七〇年に伐採された一八六六本の年輪をもつ屋久杉を、安定炭素同位体の分析によって処理した結果得られた気候復原である。第3図には、縄文時代までは及ばないが、弥生時代以降今日までの気候変動が示されてい

第３図　屋久杉の安定炭素同位体分析から明らかにされた歴史時代の気候復原図

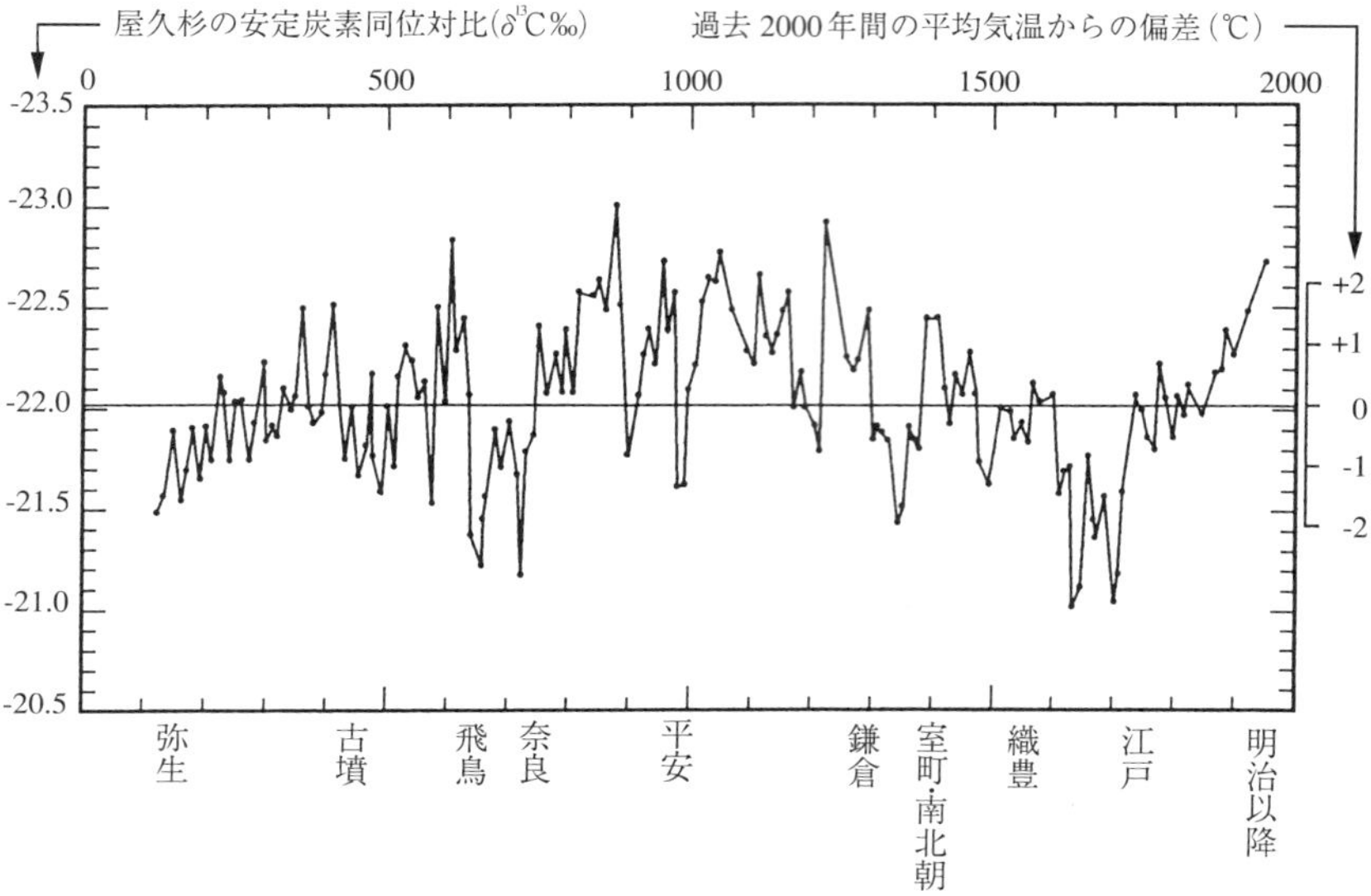

〈出典〉北川「屋久杉に刻まれた歴史時代の気候変動」50頁

る。

きわめて大きく見れば、七〜八世紀、一七〜一八世紀に顕著な寒冷期がみられる。一方、八〜一二世紀には平均一〜二度温暖な期間が認められる。一七〜八世紀の寒冷期は「小氷期」(Little Ice Age)と、また八〜一二世紀は「中世温暖期」(気候小最適期 Little Optimum)と呼ばれて、世界の広範囲な地域でみられる現象である。したがって、屋久杉の巨木に記録された気候変動は、地域的なものというよりはむしろ地球的規模ないしかなり広範囲に引き起こされた気候変動を反映していると考えられるのである[1]。これは、日本の気候変動が世界のそれと歴史的に連動していることを示すものとして大変興味深く、「地球上ですべてが連動している気候変化という視点から世界の歴史をみることは、少なくともコロンブス以前については、ほとんど唯一の有機的な世界史を可能にすることだと思われる」という、鈴木秀夫氏の提言とも結びつくのである[2]。

第4図　古気温曲線

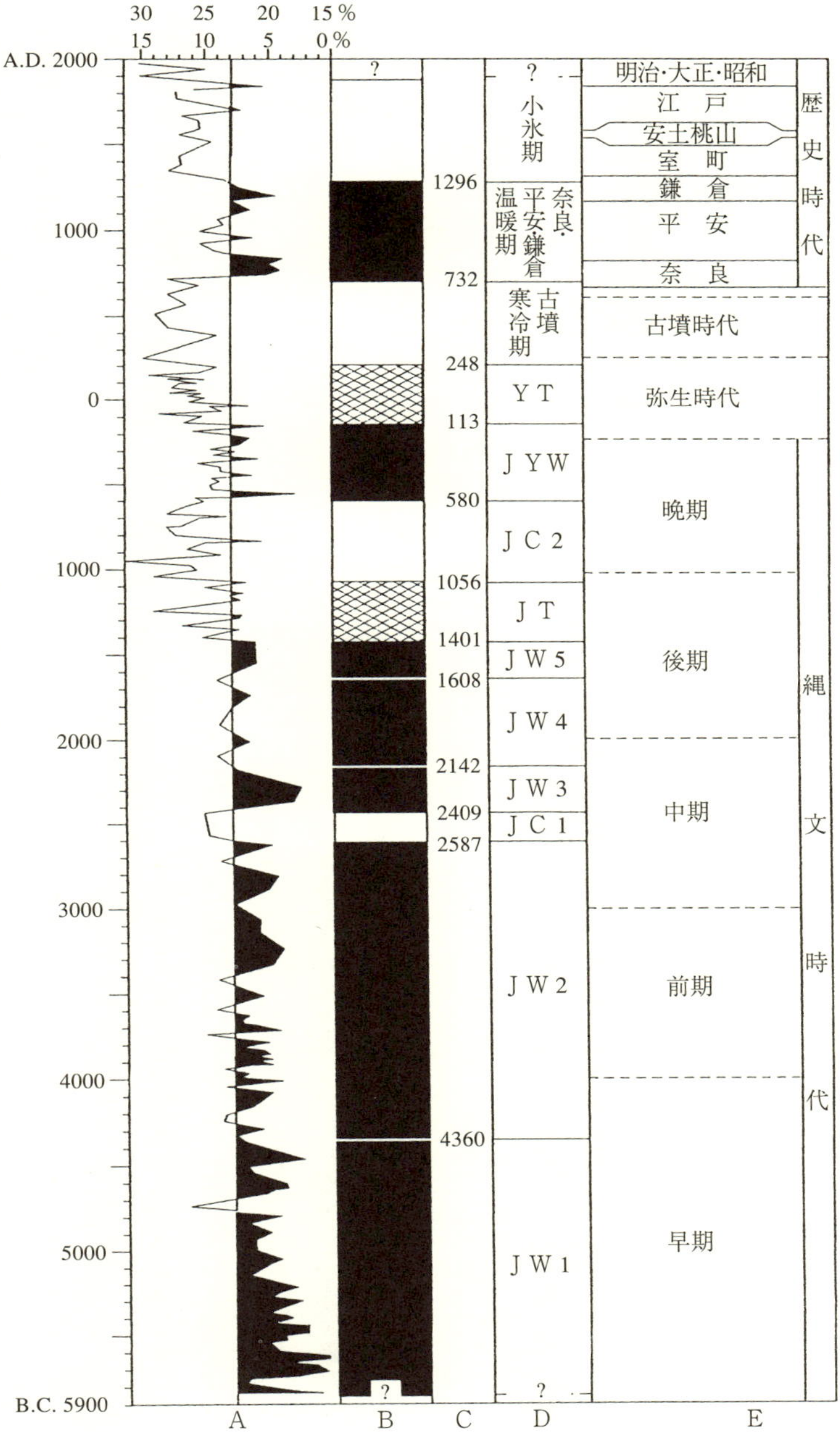

A：古気温曲線（30～15％の目盛りは1800年以降）　B：寒冷の傾向
C：気候期境界の年代　D：気候期の名称　E：先史・歴史時代区分
■温暖期　XXX移行期　□寒冷期
〈出典〉阪口「過去8000年の気候変化と人間の歴史」86頁

もう一つの資料は、阪口豊氏によって得られた、尾瀬ヶ原泥炭層の花粉分析結果にみられる古気温曲線（第4図）である。

こちらは縄文早期から今日までの、約八〇〇〇年という長いスパンを有している。阪口氏は気温が小刻みに変化している八〇〇〇年を、第1表のように一三期に区別している。

第1表　過去8000年の時期区分

13.	A. D. 1296〜1900	小氷期
12.	A. D. 732〜1296	奈良・平安・鎌倉温暖期
11.	A. D. 246〜732	古墳寒冷期
10.	B. C. 113〜A. D. 246	YT 移行期
9.	B. C. 580〜113	JYW 温暖期
8.	B. C. 1056〜580	JC_2 寒冷期
7.	B. C. 1401〜1056	JT 移行期
6.	B. C. 1608〜1401	JW_5 温暖期
5.	B. C. 2142〜1608	JW_4 温暖期
4.	B. C. 2409〜2142	JW_3 最温暖期
3.	B. C. 2587〜2409	JC_1 寒冷期
2.	B. C. 4360〜2587	JW_2 温暖期
1.	B. C. 5871＋〜4360	JW_1 最温暖期

J は縄文時代、Y は弥生時代、T は移行期、W は温暖、C は寒冷を意味する。

〈出典〉阪口、前掲論文、85 頁

これによれば、縄文時代は中期の一部（第1表中の3）と晩期の半分ほど（表中の8）を除けば、大変温暖な時代で、これに匹敵する暖かさは、先にもみた中世温暖期（表中12の奈良・平安・鎌倉温暖期）に一時的に訪れるのみである。

しかし、縄文晩期に気候が急変する。特に紀元前一〇五六年は、過去八〇〇〇年の間でもっとも重要な気候変化の節目と考えられ、以後再びこの年以前のような長期の温暖期は出現しないのである。言いかえれば、この時点から長期の寒冷化が始まったのであり、気候変化の顕著な転換点であった。[3]

古墳時代に目をやれば（表中の11）、この時期が過去八〇〇〇年の中で、最も長く厳しい寒冷期で、低温化のみならず、多雨化も始まったようである。この多雨化と古墳築造と何らかの関係があるのかどうかは、後に触れたいと思う。

阪口氏は小氷期の開始を紀元一二九六年からとしている(4)。私自身は小氷期の名に価するのは一七〜一八世紀だと考えているが、八〇〇〇年という長い眼で見た時、開始が一三〇〇年頃としてもおかしくないであろう。先の屋久杉のグラフからも、その時期から温度の低下傾向が始まっているとみることもできるからである。

(二)　時代別スケッチ

(1)　縄文時代

全体としては大変暖かな縄文時代の中で、例外的に寒かった一つが、第1表の3で、縄文中期であり、第4図にも紀元前二五八七年から二四〇九年まで、大きな気温の落ち込みがはっきりと見てとれる。

ところで大変興味深いのは、まさにこのような寒冷化の時期に、関東西部〜中部山岳地帯を中心にした地域が異常なまでの文化的発展を迎えることである。第5図には、中期に遺跡数四八以上の地域がそこに急激に増大した様相が読みとれるであろう。また第6図の長野県の遺跡数の中期の伸びは驚くべきものである。そして文化的発展は人口も増加させる。第7図は三つの地域パターンを表わしたものだが、西日本がほとんど変化を示さないのに対して、中部・関東の中期の人口増加にはめざましいものがある(5)。

なぜ寒冷期の中部山岳地帯にこれほどの文化発展があったのか。これを世界史的な視野の下で見た時、実に興味深い問題がいくつも出てくる。第6図の点線にも示されているように、今からほぼ六〇〇〇年前のところで、過去一万

第５図　縄文・弥生の遺跡分布図

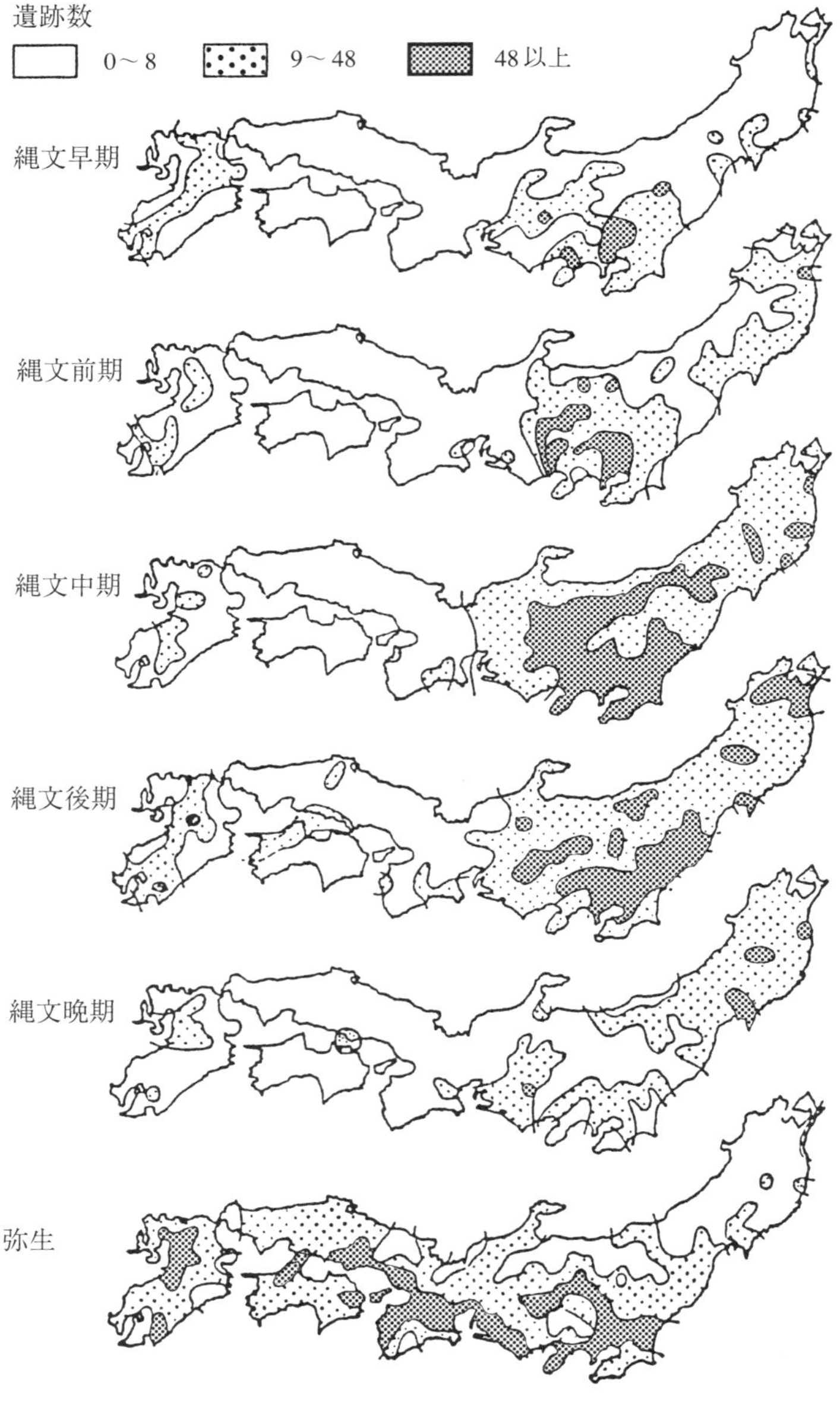

〈出典〉小山修三『縄文時代』25頁

第６図　縄文時代の遺跡数の変化と年平均気温の変化

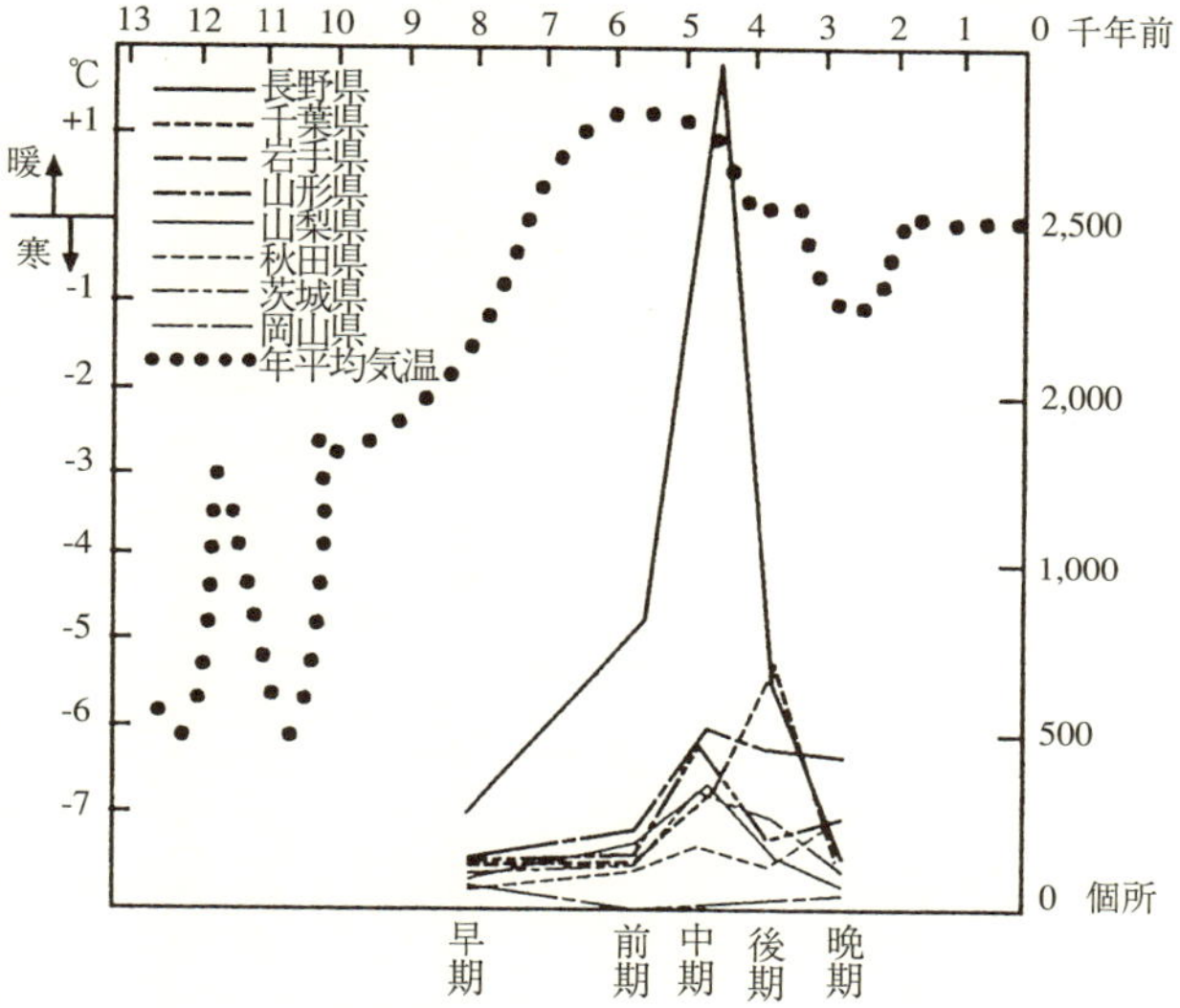

〈出典〉安田『環境考古学事始』NHK ブックス、1980 年、162 頁

第７図　地域ごとの人口密度の変化パターン

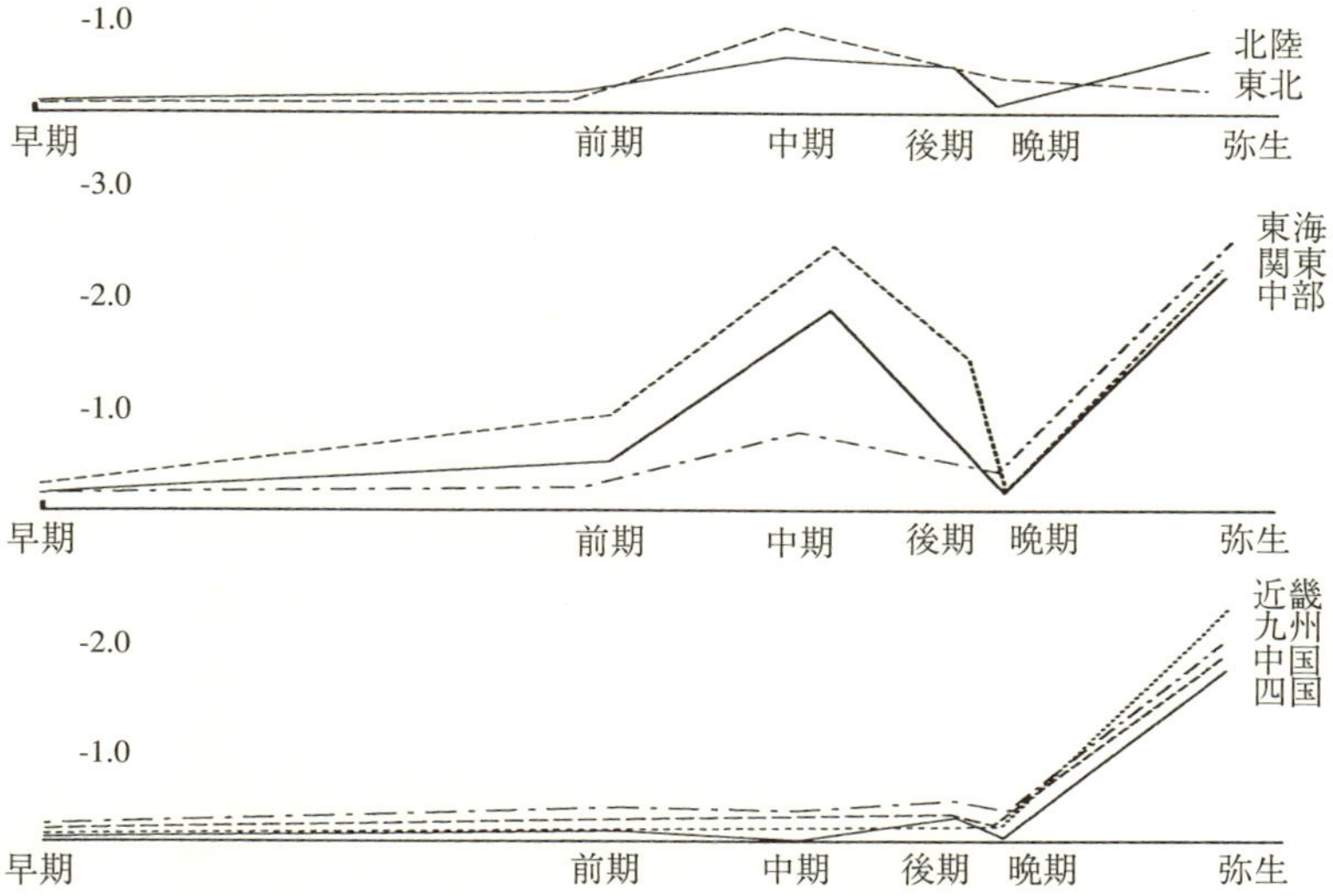

〈出典〉小山、前掲書、34 頁

年では地球上では最も気温の高いヒプシサーマル期（現在に比べて一〜二度高い）が訪れた。しかし、ほぼ五〇〇〇年前を境にして気候は寒冷化に向かう。したがって問題は、ヒプシサーマルの高温期でなく、ヒプシサーマルが終了し、気候の悪化が始まった時点に、なぜ縄文中期の高い文化が出現したか、ということである。

かつて鈴木秀夫氏は、エジプト文明、メソポタミア文明、インダス文明が、いずれもこの五〇〇〇年前の気候変化によって成立したことを示し、その原因は赤道西風の南下とそれにともなう乾燥化によるものであることを明らかにした。(6) 一方、安田氏は、縄文中期文化の発展期が、エジプトの古王国時代の発展期に相当していることに着目し、そこに完新世の気候変動と人類文明史のかかわりにおける世界史上のアナロジーを読み取ろうとした。(7)

五〇〇〇年前に始まる気候悪化は、日本列島では気候の冷涼・湿潤化をもたらした。気候の冷涼化で海面が低下し、関東平野では海岸線が四〇キロも後退した。その上気温の湿潤化は洪水を多発させ、内湾を埋めた。これらは縄文人にとって大切な食糧であった海産資源を提供していた内湾の環境を悪化せしめた。そのために縄文人は、内陸のドングリやクリなどの木の実の資源に強く依存せざるをえなくなった。中部高地の八ケ岳山麓から関東西部は、火山性台地が広がり、乾燥した土壌を好むナラやクリの生育に適していた。縄文人たちはこのナラやクリの生育に適した地に、きそって集中した。この人口集中が、縄文中期の文化発展をもたらしたのである。ちょうど、ナイル川中流域で、気候の乾燥化が人々を「大河のほとり」に集中させ、都市文明を開花させたように。(8)

こうしてみると、この日本の中部高地から関東西部に華開いた縄文中期の文化発展は、メソポタミア、ナイル、インダスの都市革命と有機的に連動した気候事件とみなすことができるのである。(9) グローバル世界史の構築をめざす我々にとっては、きわめて興味深い事例といえよう。

ところで、縄文時代は、進歩史観を再検討するために格好な話題を提供してくれる時代でもある。気候問題から少し離れるが、最初にも触れたように、本稿の目的がこの歴史観を批判するためでもあるので、今しばらくこの点について考えてみたい。

縄文人はザンバラ髪、のびほうだいの髭、片肌ぬぎに毛皮をひっかけ、こん棒をもってはだしで歩いている……。そしてその生活ぶりといえば、食べ物は野山に海にみちており、腹がへったら近くのものを手あたりしだいに食べる。気に入ったもの同士が結婚し、子供が産まれると病気をすることもなくすくすく育つ……。

これは小山修三氏が、絵本やマンガはたまた一般むけの考古学の本にまで描かれた縄文人のイメージとして書いたものである。[10] まことに大多数の人々が思い描く縄文人のイメージとは、かくのごときものであろう。一言で言ってしまえば、「未開、野蛮の原始人」である。が、果たしてこのような捉え方でよいのか。「縄文のタイムカプセル」といわれた福井県の鳥浜貝塚の発掘も、これまでそうしたイメージの修正に大きく貢献してきたが、[11] 三内丸山遺跡の発見をきっかけとして明らかになってきたものは、さらにこれまでの固定観念を根底から打ち破るものであった。[12]

それら最新の成果から築き上げられた縄文社会の姿を、これまた小山氏が次のように描いており、少し長いが全文を引用したいと思う。

縄文人はなかなかおしゃれで、髪を結いあげ、アクセサリーをつけ、赤や黒で彩られた衣服を着ていた。技術レベルは高く、漆器、土器、織物までつくっていた。植物栽培がすでにはじまっており、固有の尺度をつかって建物をたて、巨木や盛り土による大土木工事をおこなっていた。聖なる公共の広場を中心に計画的につくられた都市があり、人口は五〇〇人をこえたと考えられている。ヒスイや黒曜石、食料の交易ネットワークがあり、発達した航海術によって日本海や太平洋を往還していた。その行動域は大陸にまでおよんでいたらしい。祖先を崇拝し、儀礼にあつく、魂の再生を信じている。ヘビやクマなどの動物、大木、太陽、山や川や岩などの自然物に

神を感じるアニミズム的な世界観をもっていた。(13)

これによっても、これまで我々が想定してきたような原始的な社会の様子とは、全く異なったものを感じ取ることができよう。

だが、そうはいっても、我々の心の奥底でなおかつ縄文人を未開人・野蛮人と思ってしまう。それは一体なぜであろうか。三内丸山発掘の中心人物である岡田康博氏すら、「私はこれだけ三内丸山を掘っていても、まだ縄文人は未発達で物質的にも恵まれなかったという先入観が残っていまして」(14)と発言しているのを興味深く感じる。

私はどうしても縄文人＝原始人と思い込んでしまう根底に、狩猟・採集が農耕より一段低く劣ったものとする偏見がまちがいなく存在していると思う。しかもそれは、野蛮→未開→文明へと直線的に進化するモルガン・エンゲルスの進化論によって導かれたものであろう。農耕以前はすべて野蛮・未開なので縄文時代も貧困で野蛮だったという図式である。(15)そしてそれは日本では農耕をもった弥生と対比され、縄文は弥生に比べて一段劣ったものとされた。言いかえれば縄文から弥生への転換は進歩と受け取られたのである。

すでに一五、六年前になるが、村上陽一郎と豊田有恒両氏との対談の中で、次のような豊田氏の指摘には考えさせられるものがある。

> いま考古学のほうでは、縄文時代論が盛んになっているんですね。昔、私たちはやはり進歩史観なのかも知れないんですけれど、縄文時代人は、獲物がないときは三日も四日も何も食べない、そのため腹をすかせていつ飢え死にするかわからない。それが弥生時代になって、稲作が伝わってきたために大変な進歩があって、人口が増えた。そんなイメージを与えられます。しかし、縄文時代は堅果類ですか、トチの実とか、クリだとか、いろんなものがあって、魚や獣を獲ったりしている。要するにモノカルチャーじゃないんですね。だからその限りでは

かなり豊かな生活をしていたんだろうともいえる。逆にいうと、弥生時代に入って、稲作になり、人口は増えてますけど、あの時代は小氷期で、遺骨に飢餓線があるんですね。収奪が行われるようになったせいかもしれませんけれども。何か一つの時代があると、その次の時代はそれより進歩していなければ気がすまない。あるいは、あるところまで進歩したら、今度はそれが逆に暗黒時代に一回落ちた。すると、その分を取り戻さなければいけない。何としてもそういう段階的な発展論でなければ気がすまないというのもおかしいですね。(16)

ここには縄文時代に対する我々の偏見や進歩史観の本質がうまく語られている。また弥生時代に比べて本当に縄文時代が劣っているのか、食生活の観点から疑問も呈せられている。この点で、小林達雄氏の見解は傾聴に価する。すなわち、縄文文化は、狩猟・漁撈・採集経済を基盤とした、農耕経済への前進の展望を欠く、停滞的な文化とされてきたが、研究の進展によって、定着的なムラや豊かな物質文化の実態が明らかにされた。すると、これほどのレベルは到底、狩猟採集ごときに達成されるものではなく、すでに農耕があったに違いないという仮説を生み出した。実際、ヒョウタンやエゴマ、リョクトウその他が数えあげられ、やはり農耕は行われていた。縄文はそんなに遅れたものではなかったのだ、と胸をなで下ろすのだった。このようにこれまでの考え方をやや皮肉っぽく述べたのち、だが、栽培と農耕を混同してはならない、と小林氏はいう。なぜなら、先の栽培種を農耕とみなすのは、縄文的な狩猟・漁撈・採集経済の本質を見間違うおそれがあるからである、と。つまり、農耕は、いくつかの要素をもち、その組み合わせによって独自の農耕体系を備えたものである。しかし縄文における栽培は、このような農耕コンプレックス（複合体）と異なり、多種多様な資源を分け隔てなく利用して安定を図るという方針（小林氏はこれを「縄文姿勢方針」と名付ける）に沿った一要素であって、弥生時代以降の農耕姿勢方針とは真っ向から対立する。農耕が本当に縄文姿勢方針に優るものかどうか、人類史あるいは自然と人間とのかかわりの観点から真剣に検討する必要があると主張している[17]。また、採集においても当然豊凶作はあるが、縄文人は多種多様な資源を利用するゆえに、飢え死にから免れたはずで、そこがごく限られた栽培種に依存した農耕民と決定的に違い、異常気象などの影響に大打撃をこうむるのは、むしろ農耕民であった[18]。これと関連して、栄養のバランスについて言えば、縄文型と弥生型を比較した場合、先の豊田氏のいうモノカルチャーではない、前者の方がはるかによかったという指摘にも注意しておくべきであろう[19]。

こうしてみると、縄文と弥生との関係は、縄文↓弥生と単純に進歩の矢印で結べるかどうか、強い疑問が生じてくるのである[20]。

(2) 弥生〜古墳時代

第4図・第1表を見れば、縄文晩期前半には非常な寒さが訪れ、（JC_2寒冷期[21]）、後半に温暖になるも（ＪＹＷ温暖期）、弥生時代の移行期（ＹＴ）を経て、過去八〇〇〇年の中で最も長く厳しい寒冷期である古墳時代に突入する（もとよりこの古墳寒冷期は七三二年までであるので、飛鳥時代、奈良時代初頭をも含むものである）。

弥生時代後期から古墳時代にかけて、住居を破壊したり泥炭地を埋めるような洪水が、各地で起こったようで[22]、古墳時代に入ると、低温化のみならず、多雨化が始まったといえる[23]。

弥生時代は温度的にはそれほど恵まれた環境ではなかったが、洪水の脅威の少ないおだやかな時代であったから、水田耕作が普及したのではないか。それに対して、古墳時代は寒冷で洪水の頻発した時代であり、稲作にとって決して有利な環境ではなかった[24]。

ここで何よりも注目すべきは、日本の歴史の中でユニークな墳墓がつくられた古墳文化の時代が、日本では過去八〇〇〇年の間で、ユニークな寒冷多雨期に当たっていることであろう。当然のことながら、両者の間には何らかの関

きたい。(25)

連があることが予測できる。ここでは古墳の起源、統一国家の発生について、阪口氏の興味深い仮説を取り上げてお

（一）紀元二五〇年以降の寒冷化によって、稲の収量は全体的に低くなり、生産の地域的格差を増大させた。そのために当時分立していた小国家間の富の差も増大した。領地の拡大、農業生産を高めるために必要な技術者の確保は急務になった。強者が弱者を併合することによって稲の低収量をカバーした。かくして国家の統一が進んだ。

（二）稲作に対する気候のインパクトを軽減させるために、大陸から新しい農業技術を取り入れ、また日本独自の技術の開発・改良が積極的に行われた。そこでつちかわれた技術が古墳造成に利用された。

（三）稲作を生活の物的基盤とするようになってから、生活の場を高所から平野に移さざるを得なかったとき、権力者の見たものは、たびたび襲う洪水の恐ろしさではなかったか。ひつぎをまわりの地面よりも一段高い位置に置く古墳というマウンド形式がとられたのは、洪水に対する権力者の恐怖心からではなかったであろうか。墓のまわりに水を廻らすことによって、洪水という自然の猛威に対する権力者の優越感をシンボリックに表現したものではないか。(26)

(3)　奈良・平安・鎌倉時代

第4図・第1表によれば、紀元七三二年から、現在より平均気温が一～二度高いリトルオプチマム期（気候小最適期）と呼ばれる「中世温暖期」に入り、途中、弱い寒冷期がいくつか入りこむが、一二九六年までほぼ五百数十年間続く。鈴木氏によれば、リトルオプチマム期は、早い所では六世紀に始まり、八世紀には地球上のほとんどの地域に

第８図　７世紀以降の日本の気候災害

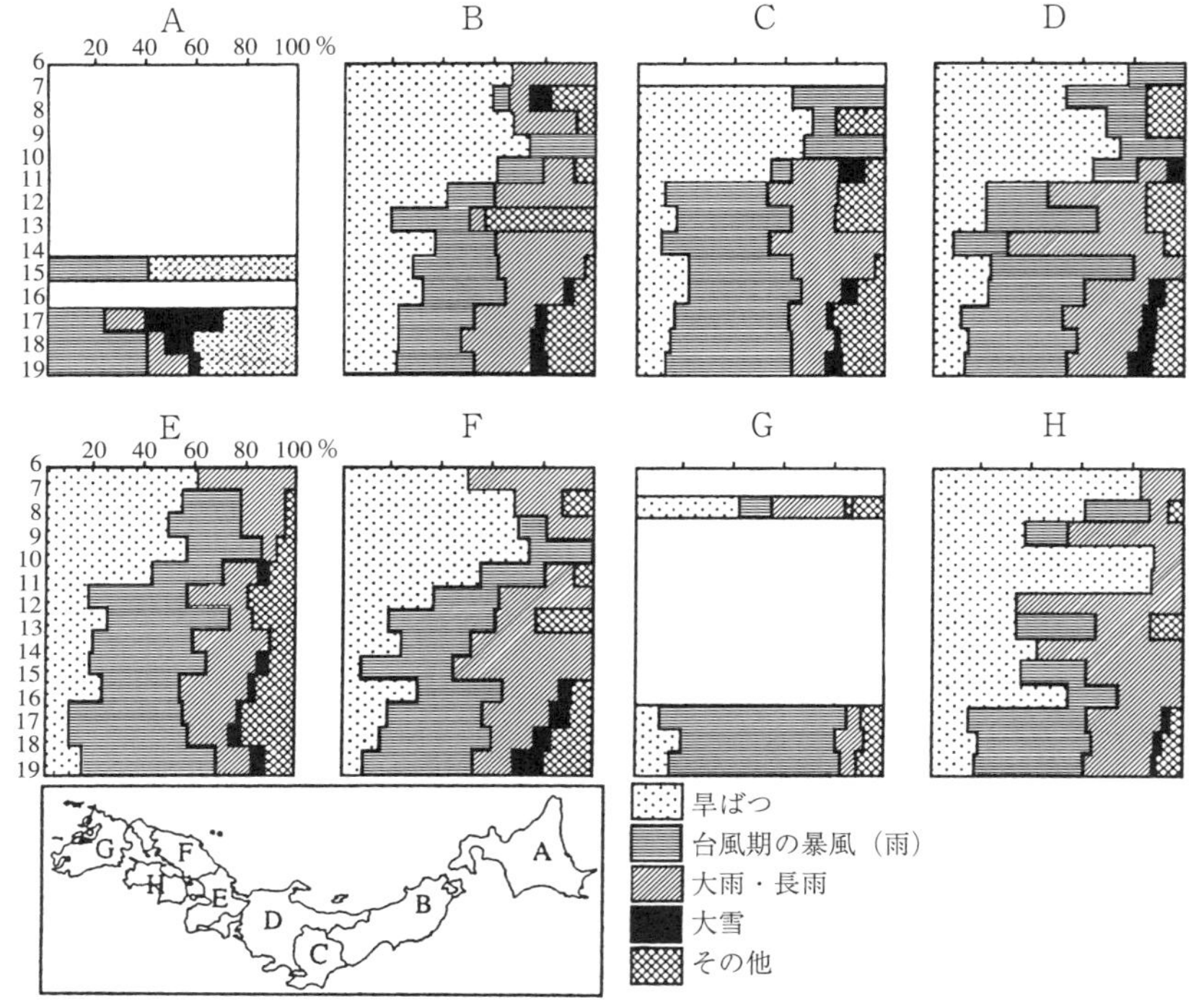

〈出典〉阪口、前掲論文、91 頁

及んだといってもよいのではないかと指摘している。(27)

九世紀ごろの気温の高い時代には、氷の世界グリーンランドにも木や草が生えた（まさに「緑の島」）。ヴァイキングが活躍し、大西洋を渡ってアイスランドやグリーンランド、さらにカナダ東海岸に移住したのはこの時代である。(28)同じくヨーロッパでの「大開墾時代」（一〇五〇〜一三〇〇年）もこの高温期に助けられ、ドイツ人の東方植民が行われた。(29)

第３図の屋久杉の分析によっても、八世紀から一三世紀にかけて高い気温の時代が続き、それは奈良・平安・鎌倉時代をスッポリと包んでいる。阪口氏が「奈良・平安・鎌倉温暖期」と名付けたゆえんである。

第８図を見れば、どの地方も七世紀か

第９図　イングランドにおける平均気温の変動（上）と鴨川における50年間の洪水回数の変動（下）

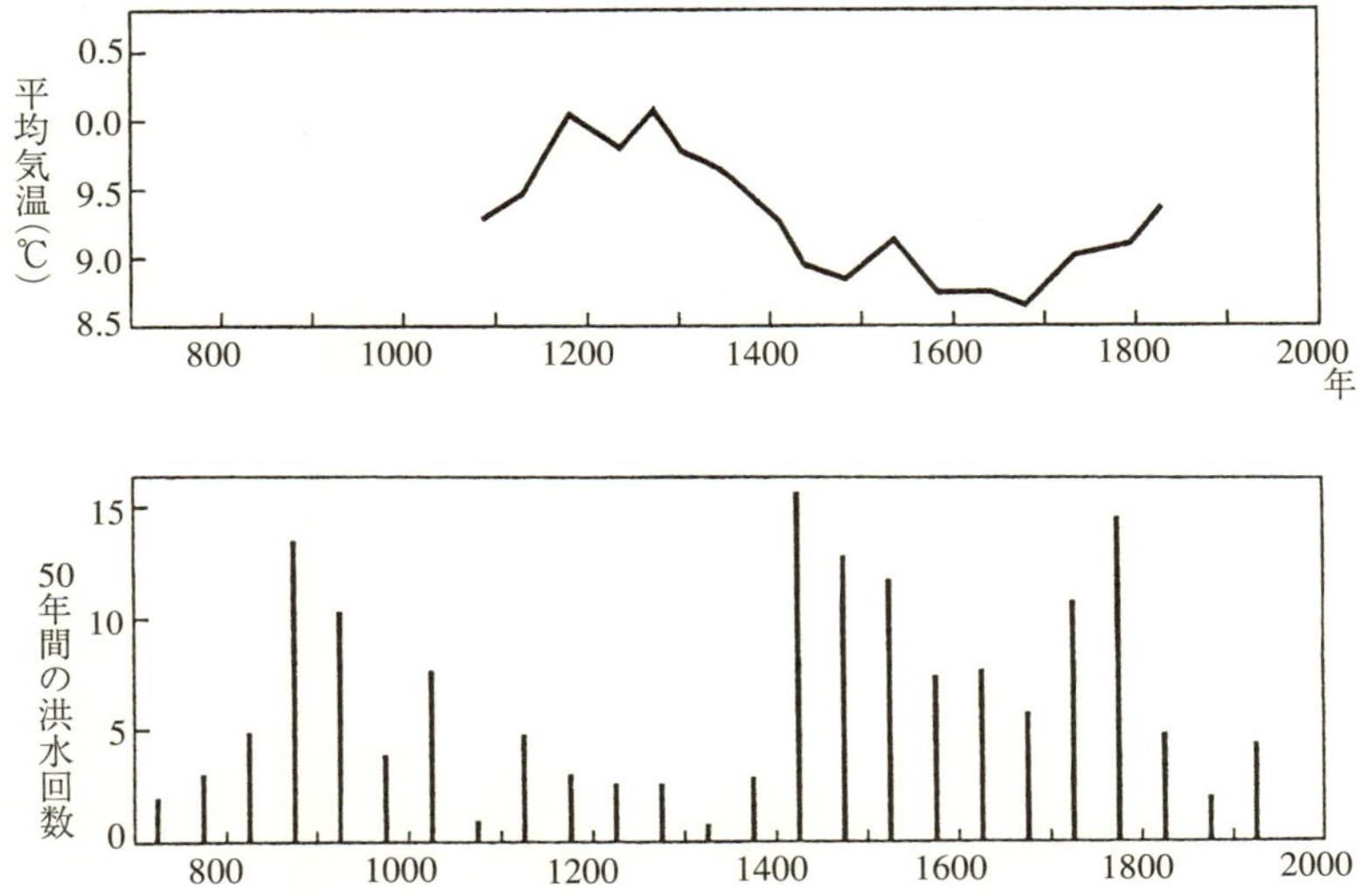

〈出典〉奈良国立文化財研究所編『年輪に歴史を読む』143頁

第10図　古記録による湿潤指数と洪水指数

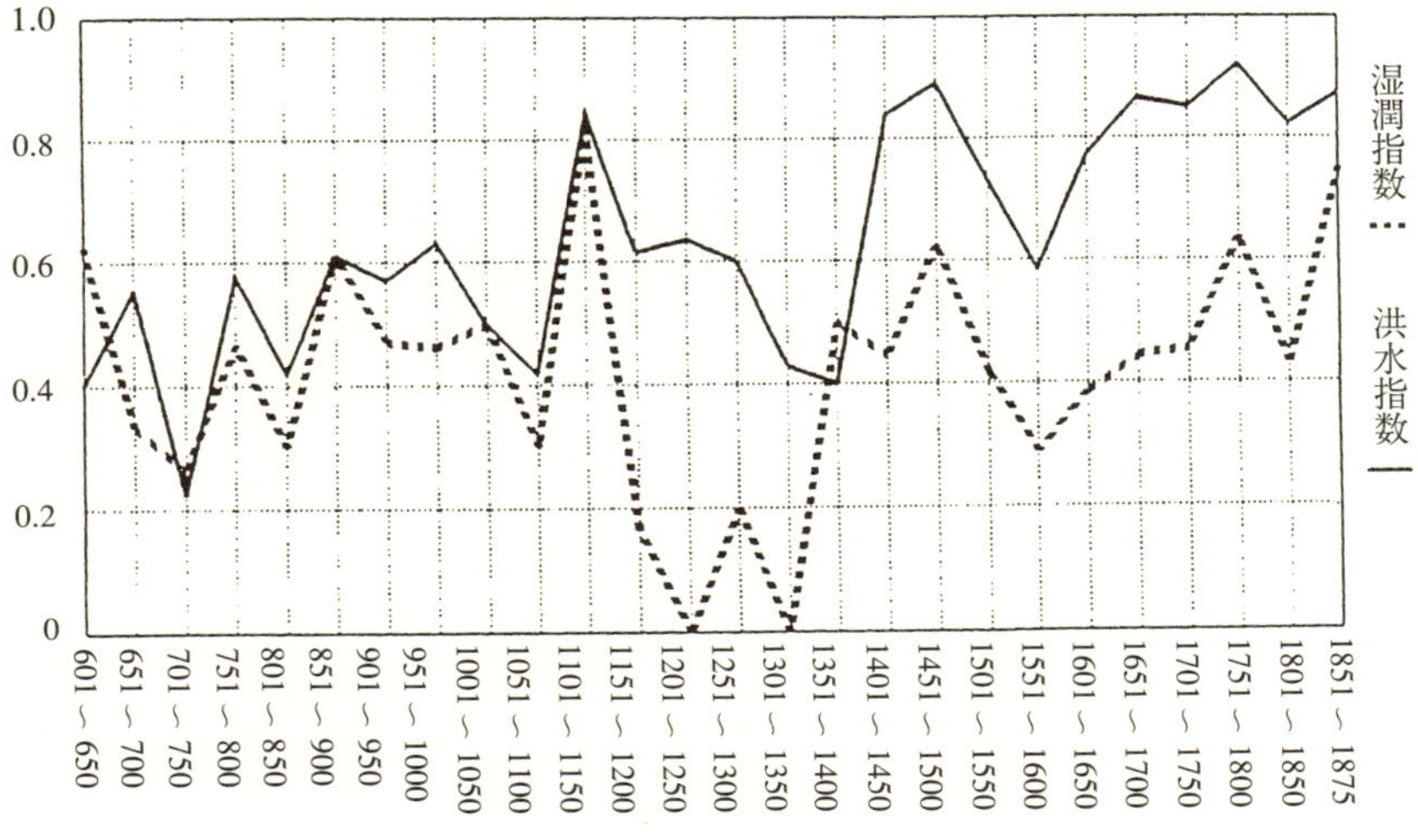

〈出典〉鬼頭宏「日本文明史における環境と人口」『講座　文明と環境』第７巻、274頁

ら一一～一二世紀の間は、旱ばつが大きな割合を占めていて、気候が乾燥していたことが推定される。それは、第9図のイングランドの平均気温と平安京遷都以来の鴨川流域の洪水の回数との比較で、問題の中世温暖期において、両者の間に一八〇度の位相差がみられることによっても、(30)また第10図による湿潤指数をみてもはっきりと証明できるのではないだろうか。それゆえ、奈良・平安・鎌倉時代は全体として温暖小雨の時代であったと言ってよいであろう。(31)

もう少し詳しく各時代についてみてみよう。次頁第11図を見れば、阪口氏の古墳寒冷期に含まれる「万葉寒冷期」を経て、八世紀半ば以降気温が急に上昇する「大仏温暖期」（いずれも安田氏の命名による）を迎える。「万葉寒冷期」という命名は特に面白く感じる。というのも、かつて山本武夫氏がこの時代の気候を知るために、万葉集の中に日付のある桜花季を探し、その満開日が現在に比べて早いか遅いかを検討した研究書を読んだことがあるからである。(32)今回、その箇所を改めて読んでみて、新たな事実を発見したように思う。

第2表　万葉時代の桜花季

年代	満開日の遅速
706 年	遅　　い（＋８日）
747 年	やや遅い（＋２日）
748 年	遅　　い（＋５日）
750 年	やや遅い（＋１日）
755 年	早　　い（－４日）

〈出典〉山本、前掲書、36 頁

第2表には、山本氏が万葉集から五例の無作為抽出をして調査をした結果が示されている。これに対して氏は最後の一例の期待はずれにガッカリしたが、気をとりなおして、四例の花季が現代より遅いということは、ぜんぜん意味のないことではないのでないか。七〇〇年代前半の桜花季が現代より遅かった、したがって、現代より気温が低かった可能性のほうが強いのではないか、と非常に慎重な推測をされたのである。(33)

ところが、私の眼で見れば、第2表は素晴らしい成果に思えるのである。阪口氏の分析からすれば、七三二年以降は温暖期に入るのはすでに見た。第11図は第3図の該当箇所を拡大したものであるが、これを見れば上昇傾向に入る時点は七三〇年ごろで、阪口氏の分析とほぼ一致しているが、目立って高温期に入るのは、八世紀半ば頃といってよいであろう。そのような目でもう一度第2表を見ていただきたい。すると七〇六年はなお寒冷期のただ中で開花が非常に遅いことは素直に理解できる。が、二番目の七四七年以降はすでに温暖期に入っている時期で、むしろ七四八年こそ除きたいような（それでも七〇六年時点に比べれが暖かい）気になるが、八世紀半ばころに気温がグングン暖

第11図　最澄・空海が生きた時代

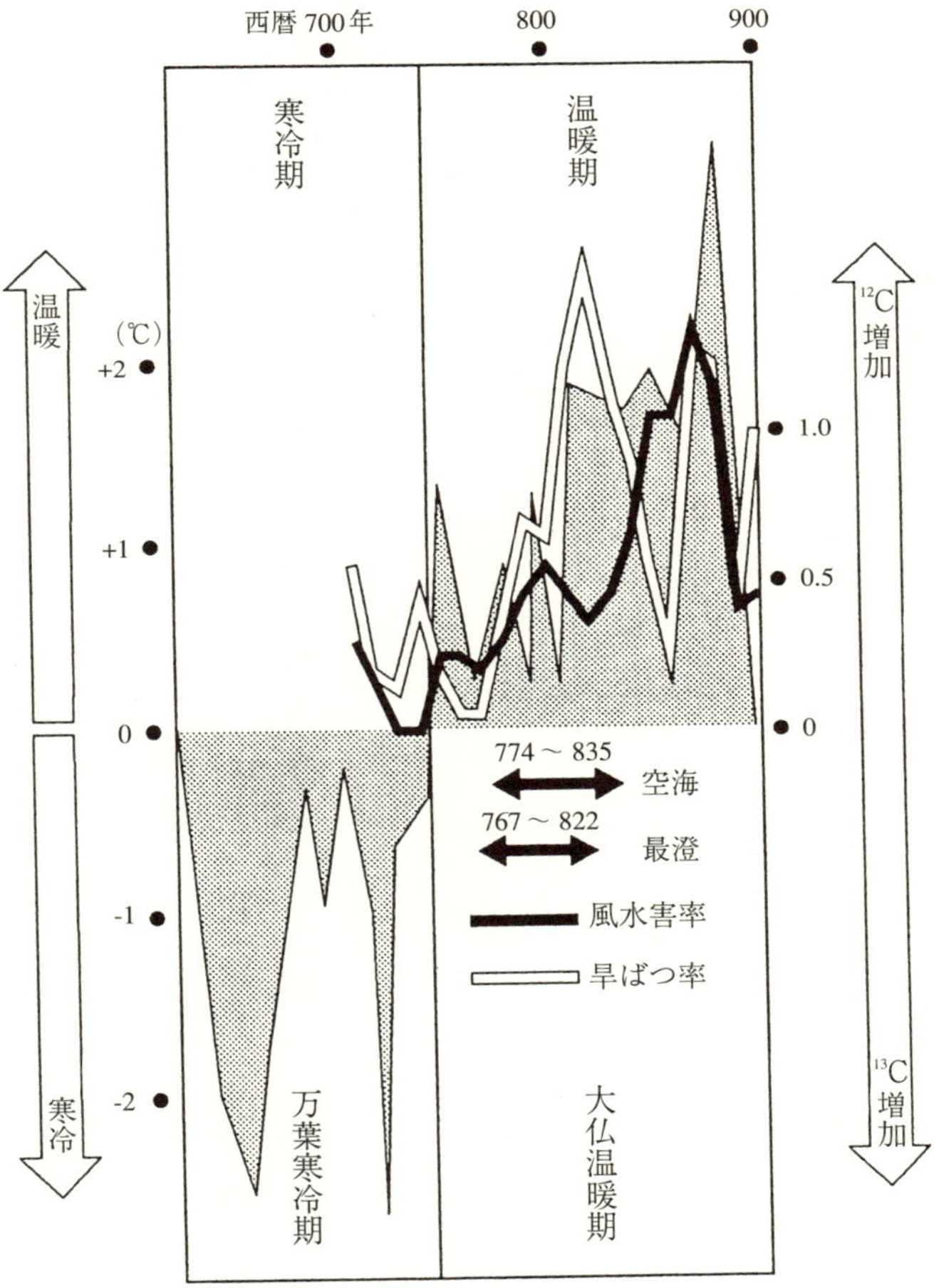

〈出典〉安田『森を守る文明、支配する文明』74頁（少し修正）

かくなることを如実に示していないか。そうして半ばを過ぎた最後の七五五年は、第11図を見ても非常に暖かい時期に入っているので、開花が早くなっているのは当然ではないか。ガックリどころか、その着想と検討結果は見事であったと言いたいのである。

さて、「大仏温暖期」に入ろう。

この温暖化にともなって、稲作前線は北上し、古代東北が開拓されていく。第12図によっても、開拓拠点として、八世紀半ば以降の城が多く見られる。その意味で、この時代は大開墾時代であったとも言い得るのである[34]。

しかし、この暑さは、畿内では台風の襲来や豪雨の回数を増加させ、西日本に旱ばつをもたらした。第11図には温暖期に入って風水害率や旱ばつ率が非常に高くなっているのを見ることができる。

第12図　古代東北の開拓

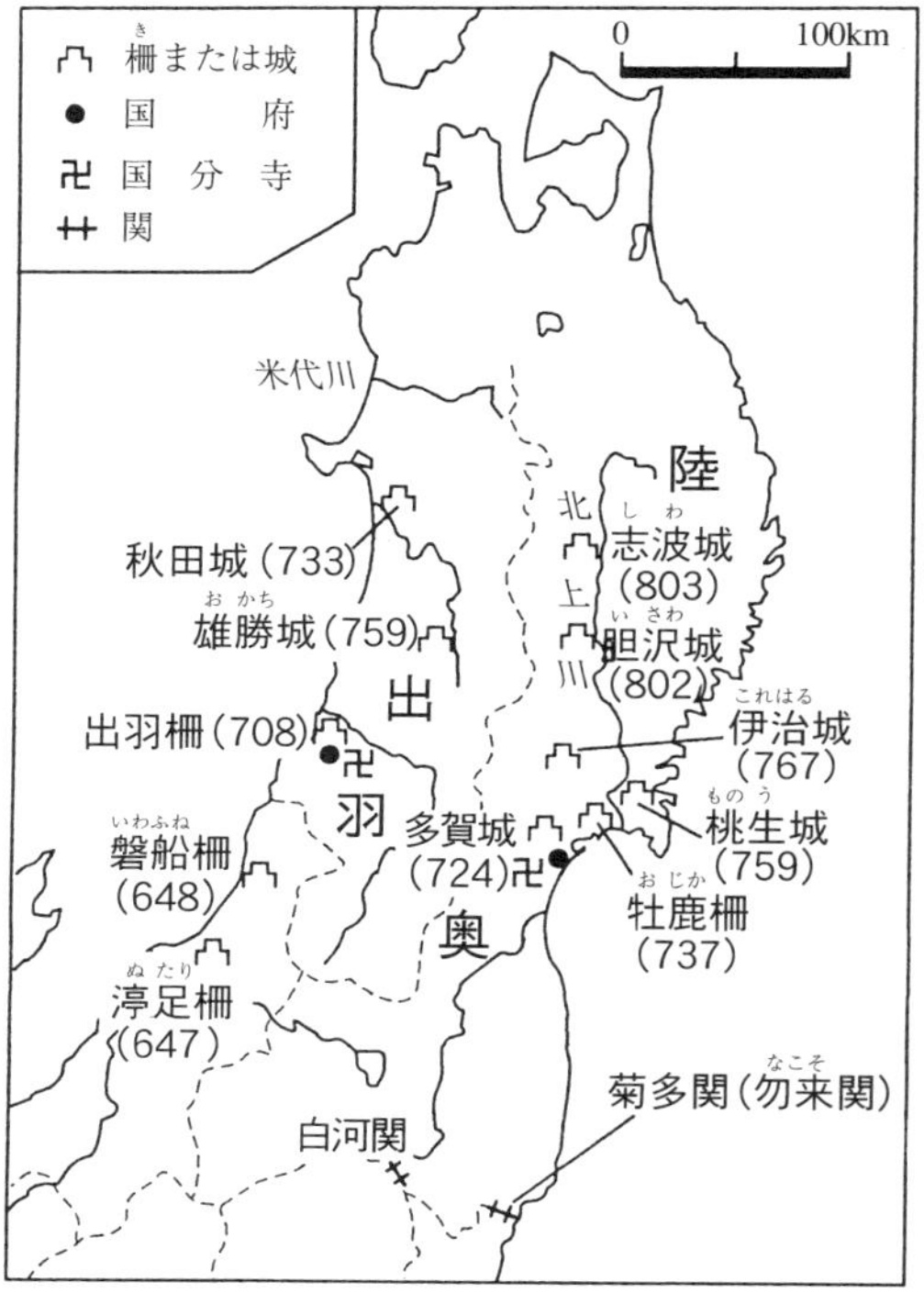

〈出典〉『詳説日本史』山川出版社、1998年、59頁

桓武天皇の生没年は、七三七〜八〇六年（在位七八一〜八〇六年）で、万葉寒冷期〜大仏温暖期にまたがって生きた人として興味深いが、まさに彼が長岡京に都を遷す直前の七八〇年ごろから風水害や旱ばつが急増している。しかも、この長岡京の造営には、藤原種継の暗殺、早良親王廃位事件など

次々と災難が降りかかり、新都の建設は遅々として進まなかった。さらに、天皇の夫人である藤原旅子、生母高野新笠らが次々と病没し、最愛の皇太子、安殿《あて》親王までが病気になった。こうした死亡や病気は、おそらく気温の上昇によって、マラリアや天然痘、赤痢や腸チフスなどの伝染病が流行したためであろう。そのうえ七九三年には史上まれな大水害が長岡京を襲ったため、ついに天皇は長岡京廃都を決意した。桓武天皇は地球温暖化に翻弄されたといえる(35)。

また、空海が大宝年間（七〇一～七〇三）に築かれ、八一八年に大破した讃岐国の満濃池の再興工事を八二一年に督したのも、背景にこの旱ばつがあったからであろう（第11図中の旱ばつ率のピーク時とほぼ一致——本論文での発見）。

七四三年に墾田永世私財法が制定されて以来、地方豪族の私有地は増大し、地球温暖化による稲作前線の北上ともあいまって、地方の人々の生活が次第に豊かになると、地方豪族は土地の豊穣を祈る神道だけでは満足できなくなった。その彼らが新たなヴィジョンとして注目したのが、人間の死や苦悩、あるいは欲望に深い哲学的思索をめぐらす仏教であった。各地で神宮寺の建立が盛んになるのはこの頃で、神仏習合思想の発展をもたらした原因は、地球温暖化だったといっても過言ではないと安田氏は言う(36)。

さらに、一般に温暖期には人間の思想が多元化し、自然中心主義が抬頭し、アニミズム的になるようだが、第11図に見られるように、空海も最澄もまさにこの温暖期に、奥深い森の中で修行した僧侶である。腐敗と堕落の中にあった旧来の南都七大寺に対して、最澄や空海は自然共生型の密教の教えを説いた。奈良仏教から平安仏教への転換は、地球史的に見れば、温暖化の中で引き起こされた人間中心主義の仏教から自然中心主義の仏教への転換だった(37)。このような安田氏の考え方は非常に説得的で興味深く、教わるところが多い。

鎌倉時代に入ると、農業が進歩し、畿内や西日本一帯では麦を裏作とする二毛作の田が増大することは、大体どの教科書にも載せられているが、気候との関わりについて述べているものは皆無である。しかし、もはやいうまでもなく、この農業開発が気候の温暖化に裏打ちされていることは明らかであろう。

ところで、鎌倉時代の犂などの農業上の技術革新にともなって、大量の森林破壊が引き起こされた。第13図の花粉ダイアグラムによっても、そのことははっきり示されている。カシ類やナラ類の広葉樹林が破壊され、ソバやゴマの畑に変わっていく。

同じ中世温暖期は、ヨーロッパでも大開墾の時代であることは先にも触れたが、イギリスとても例外ではない。第二章第10図をみれば、ここでも一二世紀頃に森林破壊が著しい。ただ、日本とイギリスでは決定的に違うところがある。それは再び第13図を見ていただきたいが、日本の場合、森林破壊後にアカマツを中心とする二次林が拡大していったことである。イギリスでは、農耕伝播にともなう人類の森林破壊に際して、家畜による植生破壊が大きなウェイトを占めていたといわれる。したがって、イギリスにおいては、いったん破壊された森林は農耕地が放棄され家畜が姿を消さない限り再生することはなかった。それに対して日本では、森林伐採地が農耕地として利用される程度は、イギリスに比べてはるかに少なく、また家畜が森林を破壊することもなかった。さらにイギリ

第13図　東京都目黒区自然教育園の花粉ダイアグラム

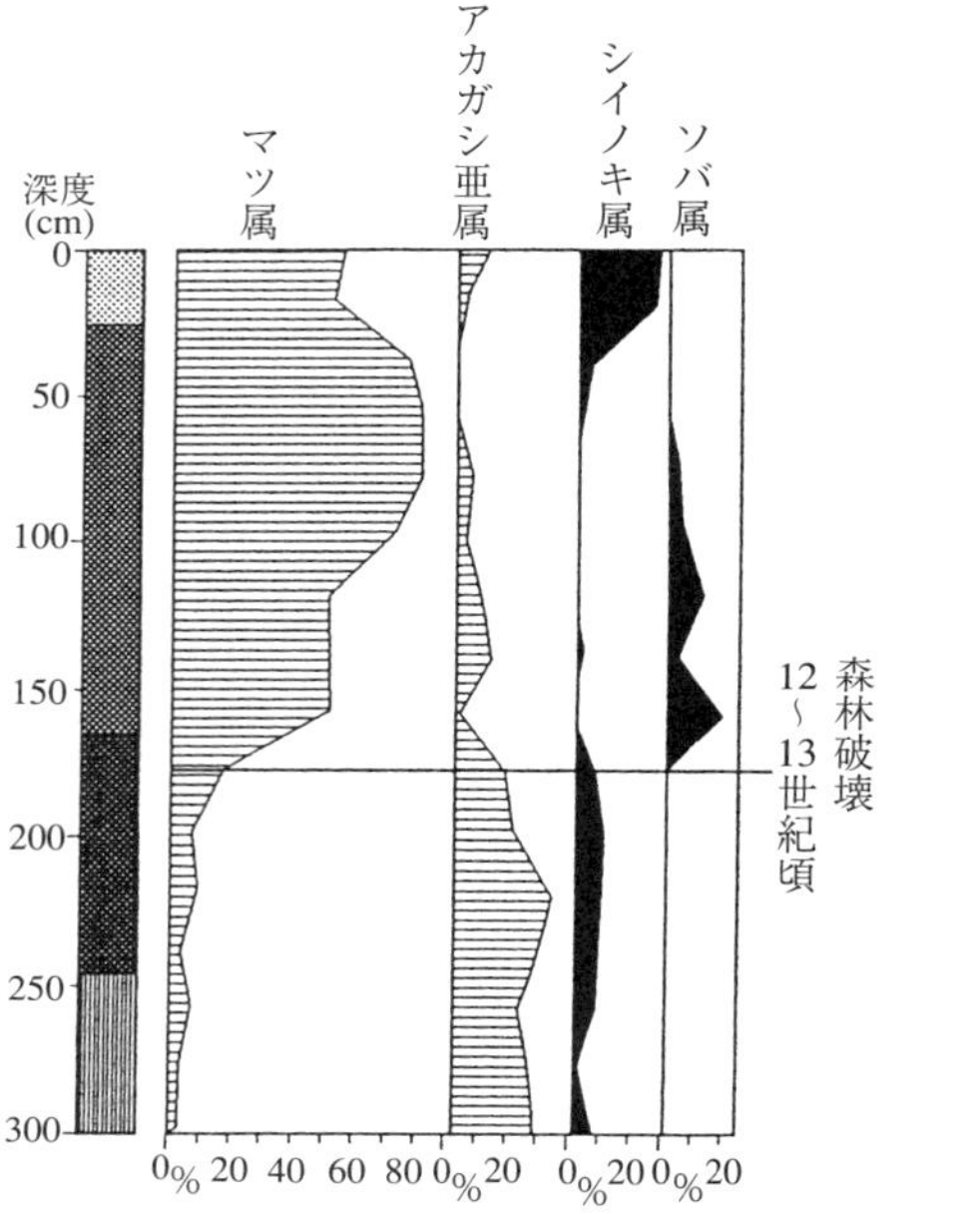

〈出典〉安田『蛇と十字架』133頁

第3表　佐波川埋木の年輪成長と気候の関係

期　間	(A) 1186〜1177年 (n=10)	(B) 1176〜1166年 (n=11)	(C) 1165〜1154年 (n=12)
年輪成長幅	1.03mm／年	1.76mm／年	0.89mm／年
旱ばつ (祈雨を含む)	6	8	3
霖雨 (祈晴を含む)	2	5	3
洪水	2	3	4
飢饉	4	0	2
歴史上の事件	1177年…鹿谷陰謀 1180年…頼朝挙兵 1185年…平家滅亡	1167年…清盛太政大臣 1171年…徳子入内	1156年…保元の乱 1159年…平治の乱

〈出典〉山本、前掲書、193頁

スよりもずっと気候が温暖かつ湿潤であることも、森林の再生をより容易にしたのである。(38) こうして原生林が破壊された後に丘陵や山地に回復してきたアカマツ林や雑木林を里山という。灌漑水を維持するためにも、水田の肥料としての下草や燃料を確保するためにもなくてはならないものであった。しかもこの里山は、狐や狸などの野生動物の生息地となったため、それを核とした日本の農耕社会は動物との共存の世界を実現していたわけである。地球環境の破壊が進むなかで、今こそこの里山の意義を見直さなければならないのではなかろうか。(39)

改めて第3図を見れば、中世は全体として温暖ではあるが、細かく観察すれば上下に大きな変動をくり返していることがわかる。そこでそうした変動の襞に分け入るために、平家滅亡の原因に焦点を当ててみよう。

第3表は、山本氏が山口県佐波川上流に埋没していた木の年輪を分析した結果である。まず興味深いのは、(C)および(A)のような飢饉がいく度も発生している時期に、保元・平治の乱や鹿谷陰謀、頼朝挙兵などの事件が勃発していることであろう。逆に(B)では、充分高温で旱ばつ数も多いが、同時に降水量（霖雨数）も多く、植物生育に最適の状態であり（第14図の異常成長期に当る）、飢饉の記録は一つもない。この(B)の期間こそ、「平氏ニ非ズンバ人ニアラズ」の平家の極盛期を築いた時代で、一一六七年に平清盛が太政大臣に昇り、一一七一年に徳子が後白河法王の猶子として入内し、皇室の外戚の権を振うようになる。確かに平家の隆盛は清盛の才幹と時運によるものであるが、しかし、平家の極盛の一〇年間が、「最適の気候」に支えられていた事実を見逃してはならないであろう。(40)

(A)の期間、日本の気候は高温・乾燥の一つの極点に達したようである。荒川秀俊氏作成による第4表は、治承四年（一一八〇）夏の京都付近の天気日数を示したものであり、(A)期間の半ば頃で、この年の八月に頼朝が伊豆で挙兵した。表によれば、七、八月は全く雨らしい雨が降らず、八月の雨天日数の四日もすべて驟雨で、パラパラと降ってすぐ止んでしまったものばかりである。この治承四年の旱ばつで、平家の勢力範囲であった西日本ではものすごい旱害を受け、ひどい凶作となり、飢饉となってしまったのである。ところが源氏の根拠地たる東国では、「旱ばつに不作なし」で、こうした年こそ豊作となっていた。(41)この治承四年の夏の西日本に起った大旱ばつがきっかけとなって、以後養和元年、寿永元年と足かけ三年にわたって飢饉が続くのである（『方丈記』にも記された養和の飢饉については、教科書で取り

第14図　佐波川上流に埋没している鎌倉時代の木材の年輪

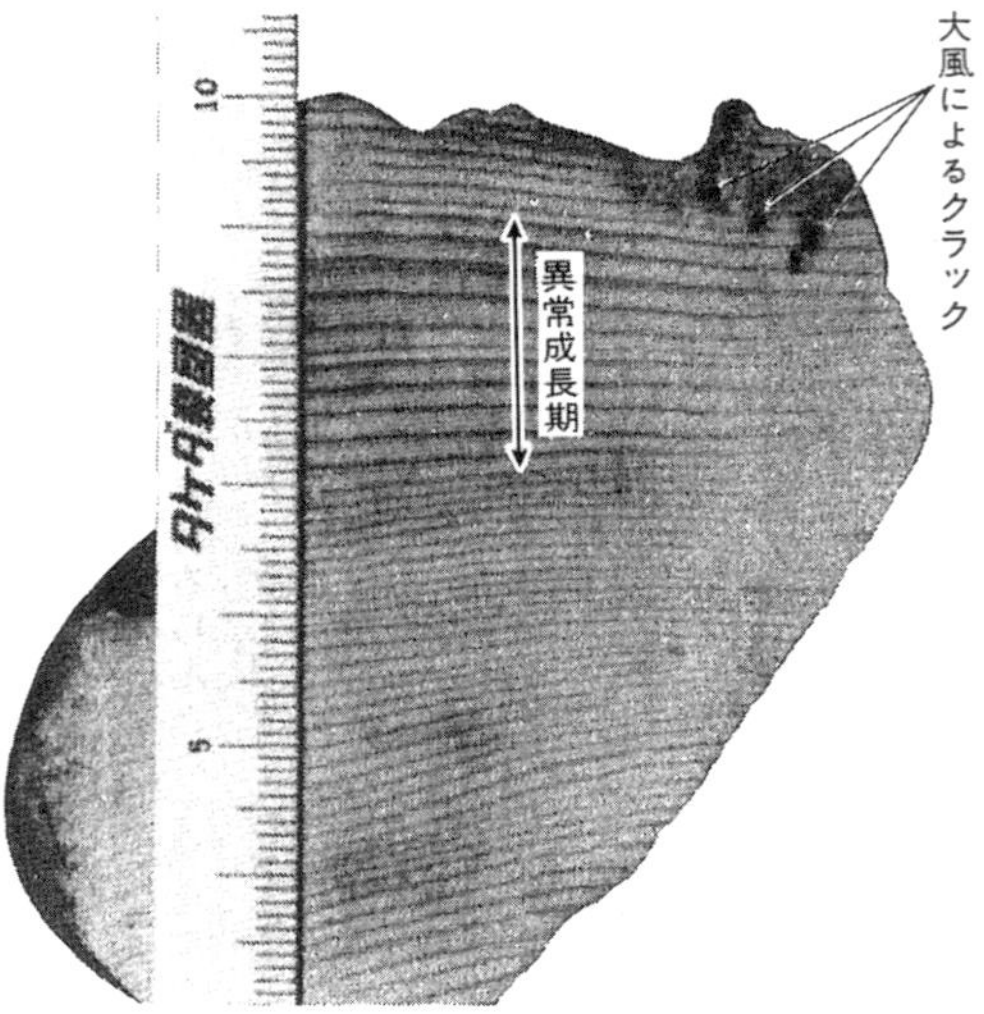

〈出典〉山本、前掲書、192頁

第4表　治承4年（1180）夏の京都付近の天気日数

グレゴリオ暦	雨天日数	晴天日数	天気記事のない日数
5　月	16　日	15　日	—
6　月	14　日	16　日	—
7　月	な　し	24　日	7　日
8　月	4　日（全部驟雨）	27　日	—

〈出典〉荒川秀俊『飢饉』37頁

上げているものがいくつかある）。

源頼朝は、その根拠地東日本の豊作をバックに、凶作になやむ西日本の平家打倒の緒についたわけである。[42] したがって『平家物語』の作者のごとく、平家は治承四年冬一〇月、富士川の対陣に際して、水禽の羽ばたく音を聞いて戦わずして敗走したとその弱腰を笑うべきでなく、[43] そして私自身もかつて高等学校で、平家の貴族化による弱体化などを指摘したが、むしろ、自然が平家方に幸いしなかった治承四年夏の西日本の旱害の痛烈さに思いを致さねばならない。まさに「平氏を走らせたものは水鳥にあらずして、飢餓の大衆であった」と言うべきではないか。[44]

ここでの結論として、平家の急速な衰亡とその原因は、すべてではないにしても、彼等の本拠地西日本が、気候変動の頂点に続発した史上最高級の旱ばつ・飢饉に襲われたことによるものとするのが妥当なところであろう。[45]

(4)　室町・戦国・江戸時代——小氷期の時代——

小氷期の開始をどの時点に取るかは、非常に多くの見解の分れるところである。私自身はヨーロッパにおける「一七世紀の危機」を研究してきた経験から、前にも触れたように、その名に価するのは一七〜一八世紀だと考えている。したがって江戸時代こそがその期間に相当するのではないかと思う。第3図屋久杉の分析からすればそのような見方は許されるであろう。事実、北川氏は一七世紀以降の急激な寒冷化こそ小氷期と捉えているのである。(46) また第9図（上）も私の考えを補強してくれるように思う。しかし他方で鈴木秀夫氏は、早くも一二世紀をリトルオプチマム期↓リトルアイスエイジ期への転換として注目しており、(47) 阪口氏は第1表でその開始を一二九六年とし、さらに山本氏は、一五世紀こそ、日本の歴史時代を通じて、最大の小氷期であったと考えている。(48) 第8図を見れば、一四世紀以降旱ばつが激減し、代わりに台風期の暴風（雨）と大雨・長雨、それに一五〜一六世紀以降に大雪の割合が圧倒的になることは事実である。

そこでここでは、これらの意見をも取り入れながら、ごくルーズな形で、室町以降を小氷期の時代として叙述を進めたいと思う。

第15図　新田義貞軍凍死当時の年輪成長曲線

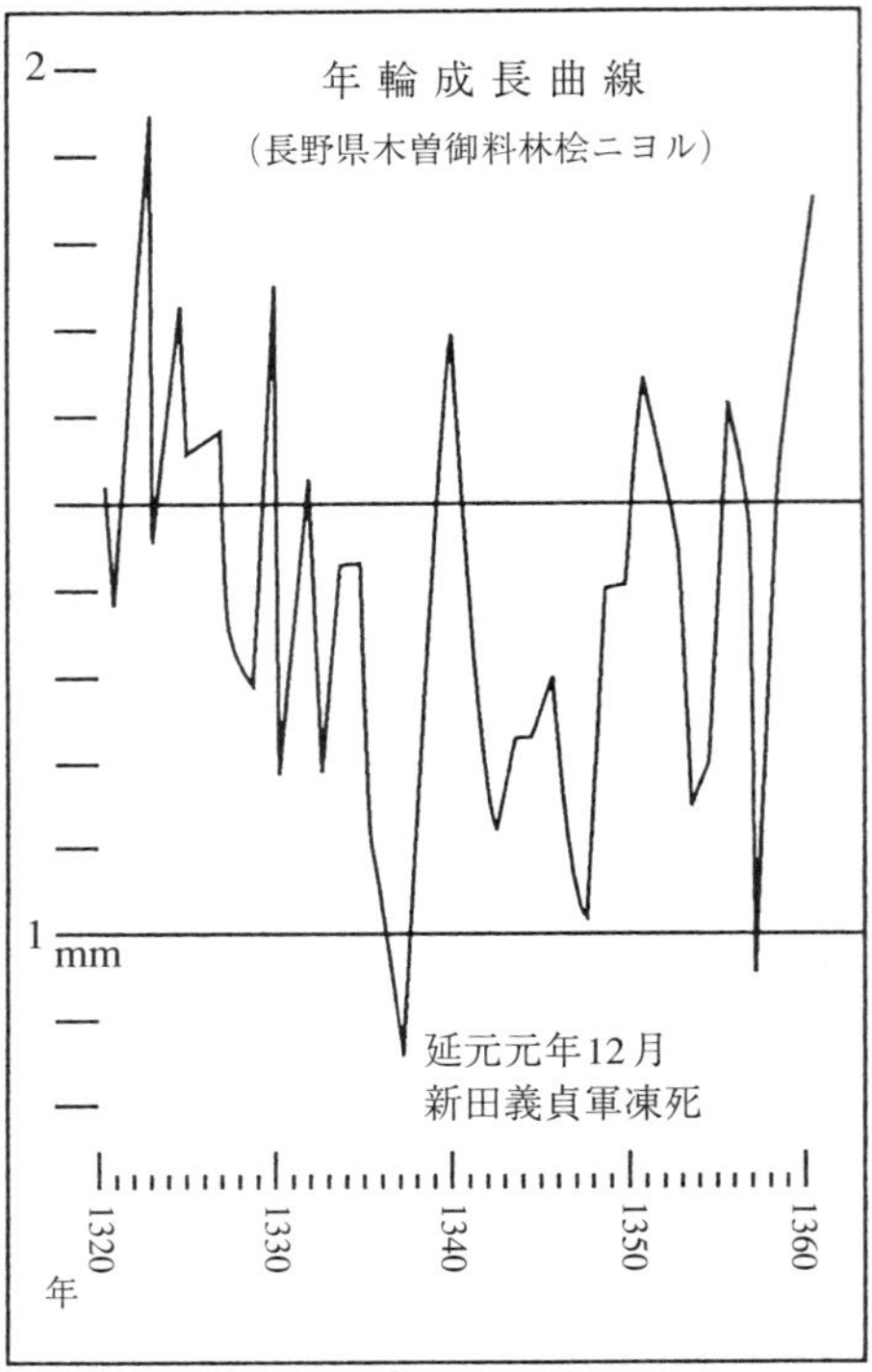

〈出典〉西岡秀雄『気候700年周期説』23頁

まず、『太平記』にある「北國下向勢凍死の事」と題された大遭難事件、すなわち新田義貞の軍が北陸方面へ向かおうとした際、延元元年一二月（一三三七年一月）琵琶湖の北の山中で起こった兵馬凍死は、果たして史実であろうか。

この点について、西岡秀雄氏は、寒い日本海側といえども琵琶湖や敦賀付近の高度はわずか六〇〇メートル以内の山中のことであって、敦賀では一月の平均気温は四℃近くで、琵琶湖側もそれとほとんど変わりがない。このような所で軍馬兵員が多数凍死したとすれば、平常な事ではないという。また、真冬に北国へ途中の戦いを予期しながら行こうというのであるから、稗村ケ崎の潮汐干満を予め調査していた新田義貞たるものが、進路の一通りの地理や気象状況ぐらいを心得ずに、貴重な兵馬を凍死させ、無駄な兵力損耗を招くとは考えられない。もし『太平記』の記事が全くの虚構でないとするならば、予期せぬ天候異変があったと考えなければならない、ともいうのである。[50] 実際、氏は長野県木曽の御料林の檜の年輪により、第15図に明らかなように、一三三七年一月の異常な寒さを実証したのである（そしてこの時の寒さは、第3図屋久杉の年輪にも、はっきりと刻印されている。また第15図一三四七〜四八年の寒さの時、ヨーロッパではペストが発生したし、一三五七〜五八年の寒さは、フランスで五八年におきたジャックリーの乱と関係があるだろう——本論文での発見。さらに中国元朝の崩壊を決定的にした紅巾の乱〈一三五一〜六六年〉も同様であろう）。

さて、次に正長元年（一四二八）九月に起き天下を驚かせた土一揆は、その規模の大きさからいっても、明白に徳政の要求を掲げた点からいっても、土一揆の典型であろう。この正長元年には、七月から八月にかけて全国に洪水が発生しており、気温もおそらく冷涼であったようである。第16図Eによれば一四〇一年から一五〇〇年の一世紀は、最も災害の多かった時期であり、Fの土一揆の回数の多さはまさにその時期と一致している。また第9図もこのような観点から参考になるであろう。確かにこれによれば一五世紀に入ると気温が下がり、逆に洪水回数は急上昇している。さらに第10図にも、湿潤指数が一五世紀に急上昇することがみてとれる。

正長の土一揆はまさしく気候が冷涼になり始める時期に[51]（第16図Aにも、ちょうど正長の土一揆が勃発する時期に、急速に寒くなることが示されている）、その後の多数の一揆の先駆けとして起ったものと理解し得るであろう（同じ時期のヨーロッパでは、一四三一年にウォルムスの農民反乱があり、その後一四六二年にザルツブルク、一四六八年にエルザス、一

第16図　気候変動と社会変動

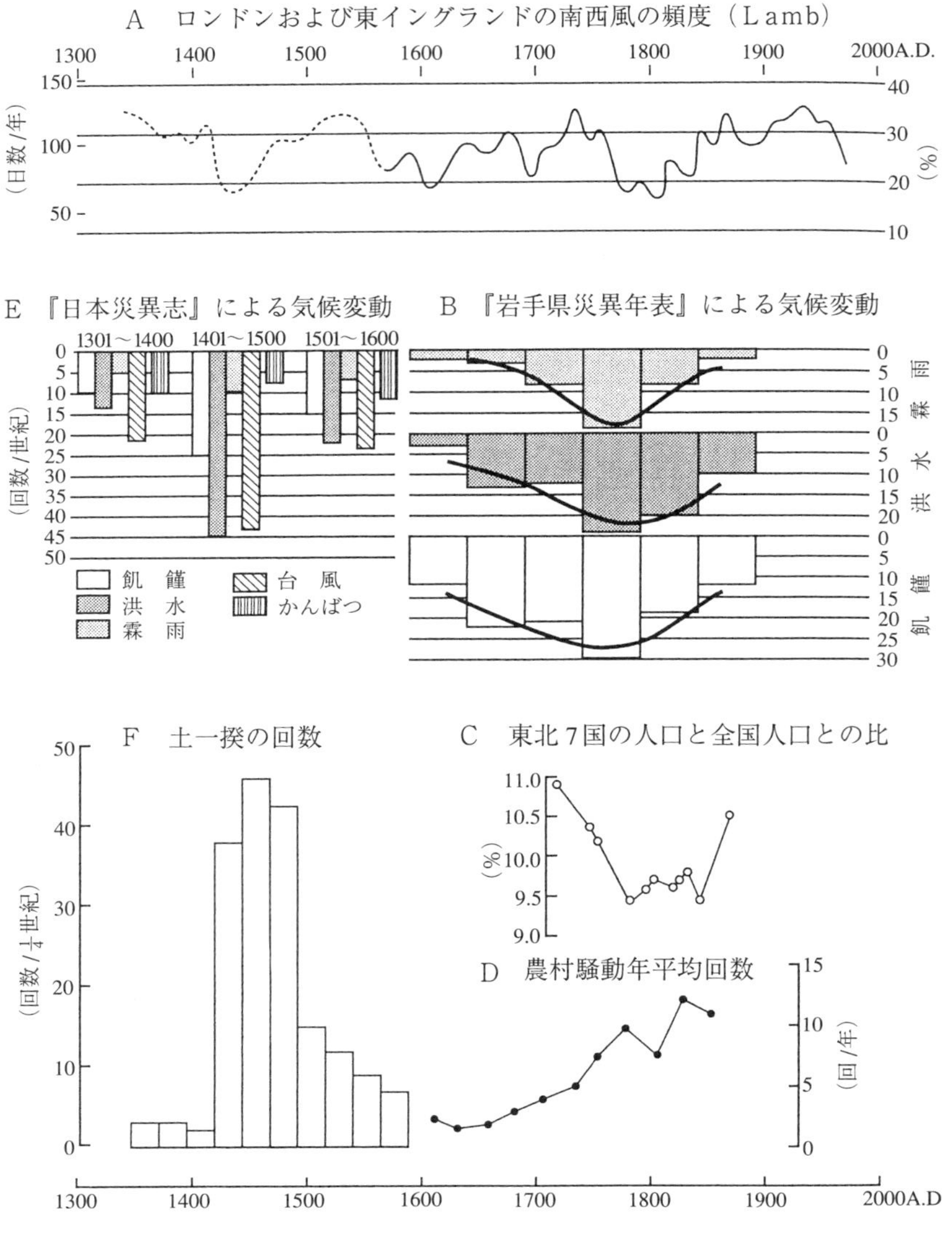

〈出典〉鈴木・山本、前掲『気候と文明・気候と歴史』85頁

第17図　年輪分析から復元した1671年以降の北半球平均気温

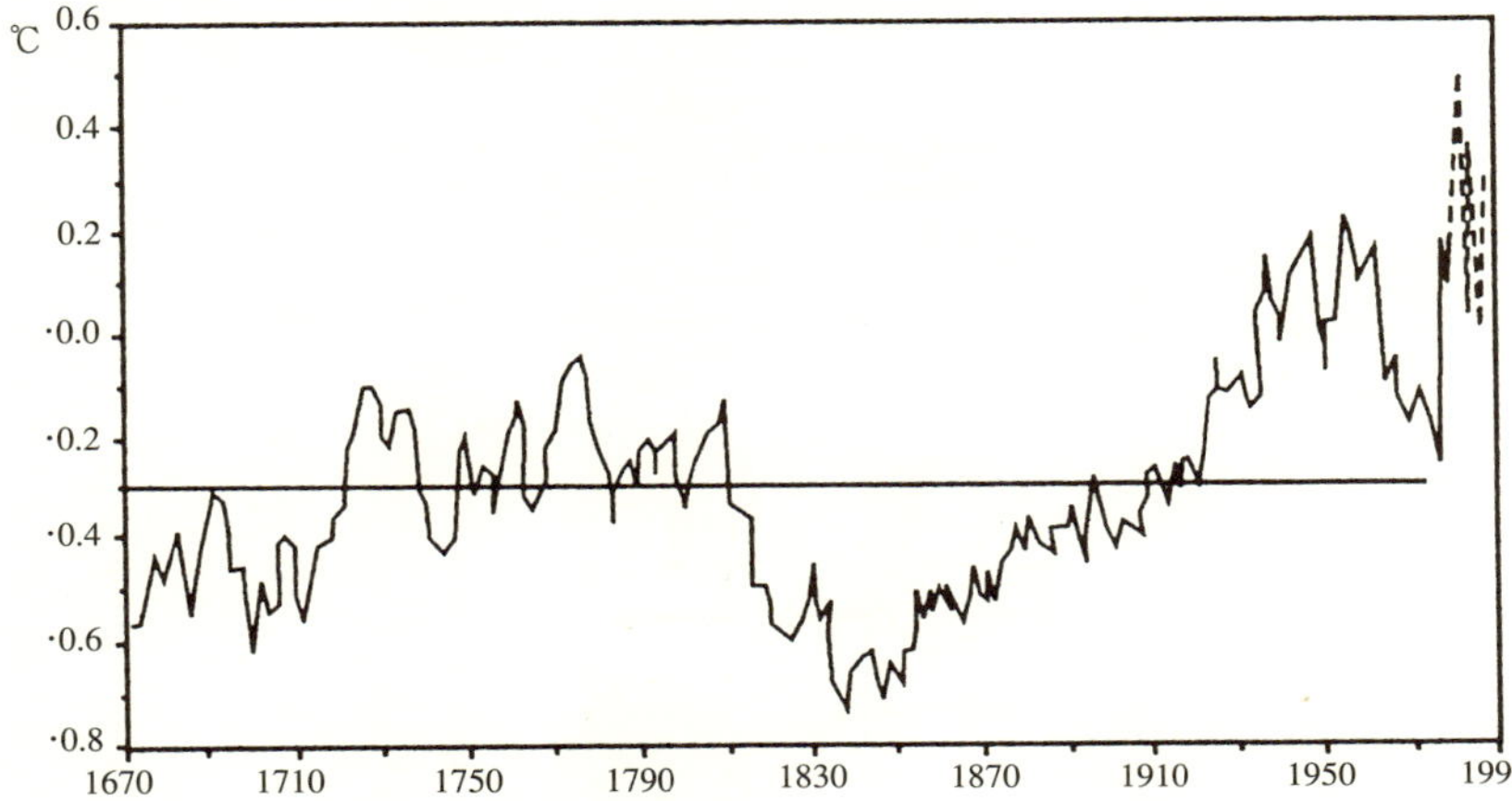

〈出典〉三上「小氷期の気候像」27頁

四七八年にローテンブルク、一四八七年にケルンテン、一四九一年にネーデルランドそして一四九三年に再びエルザスで農民反乱が起きている)。そうして、Eにみられる災害が急速に少なくなるのと軌を一にして、Fの土一揆の回数も急減する。山本氏も言うように、土一揆の発生と終熄に、気候変動の影響が無いとは、どうしても考えられない結果がグラフ上に出ているのである。(52)

戦国時代に入ると、有名な武田信玄の信玄堤（一五六〇年完成）をはじめとして、各地の武将がユニークな治水工事を行っている。第16図Eを見れば、一六世紀全体としては一五世紀ほど災害は多くない。しかし同図Aから推測すれば、一六世紀後半は急速に寒冷化し、一五世紀前半の状況と似たような気象条件になったのではないかと思われる(53)（これまた第9図(上)にもよく示されている)。すなわち多雨期で洪水が多発したのではないだろうか。(54)領地にあばれ川をもった戦国大名は自らの生存基盤を守るために、新しい治水技術を考案し、領地保全につとめたのであろう。(55)

さて、いよいよ江戸時代に入ろう。江戸時代こそ小氷期の名に価すると私が考えていることは何度も述べた。実際『地理』（三七―二、一九九二年）で「小氷期　江戸時代の寒冷化」という特集が組まれたことがあった。そこでは、第17図の北半球平均気温から三上岳彦氏が、第18図各地の寒冷期の比較から松本淳氏が、一七世紀と一九世紀が寒冷であった地域が多く、この時期が「小氷期」にふさわしい時期である可能性が高いとしている(56)。

ところでこの寒冷化の原因は何か。もとより気候変動は内・外の要因が複雑にからまり合って現出するものであろうが、小氷期の寒い気候をつくる大きな外因の一つとして太陽放射熱の変化があることは、誰しも認めるところであろう。一般に、黒点が多い時期はいろいろな意味で太陽の活動が活発であると考えられている。また炭素14は銀河から来る高エネルギー粒子によって作られ、生産量は太陽活動の活発な時に小さくなる。第19図によれば、今問題にしている時期では、一六五〇年ごろから一七一〇年ごろの時

第18図　小氷期における各地の寒冷期の比較

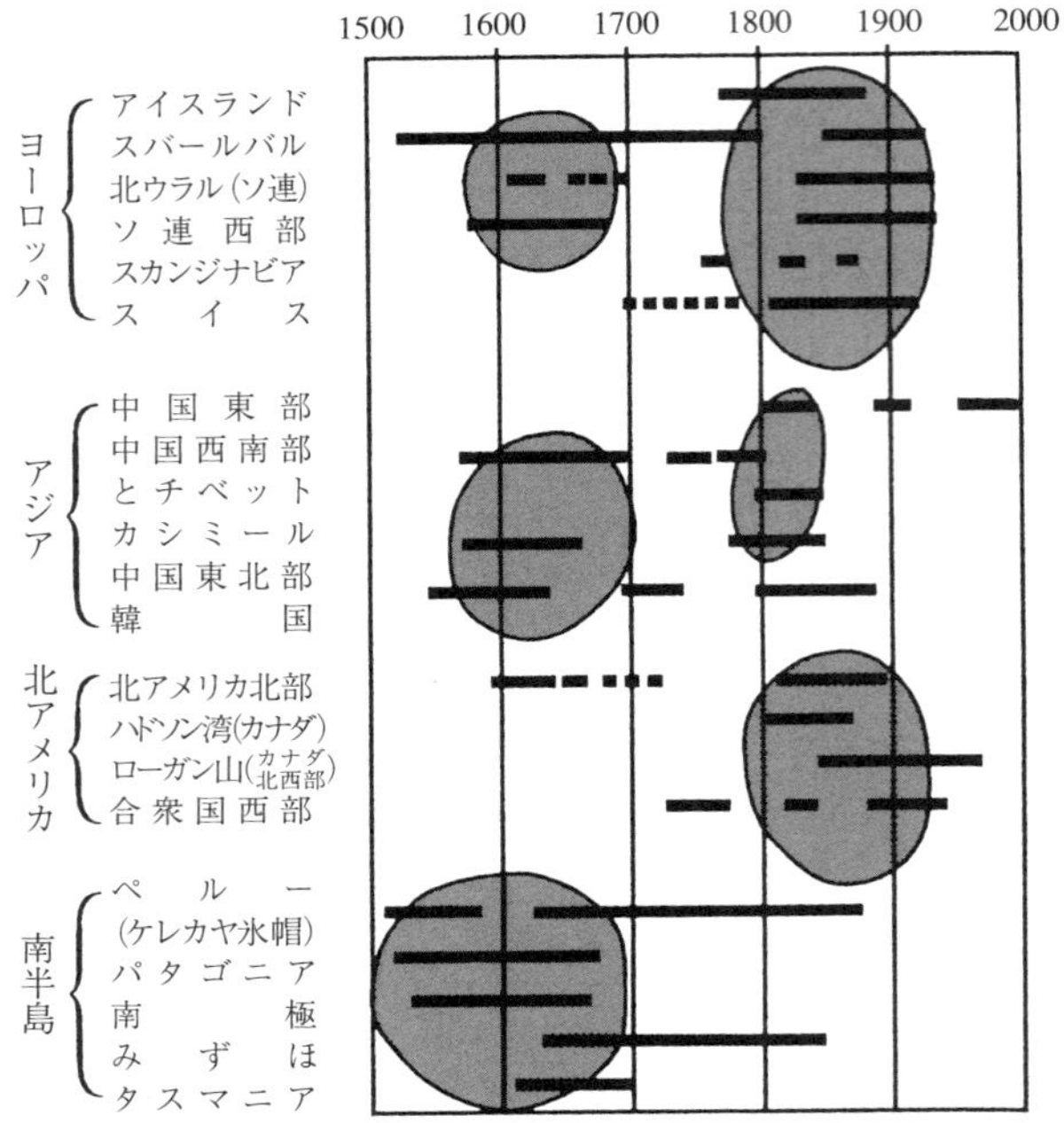

実線部は寒冷期を、点線部は寒冷な年が比較的出現しやすかった時期を、また実線で囲ったアミかけ部分は各地域のの主要な寒冷期を示す

〈出典〉松本「世界各地の小氷期」32頁

第19図　オーロラの観察報告数（上）・太陽黒点数（中）・推定された炭素14生産量の標準値からの偏差（下）（%）

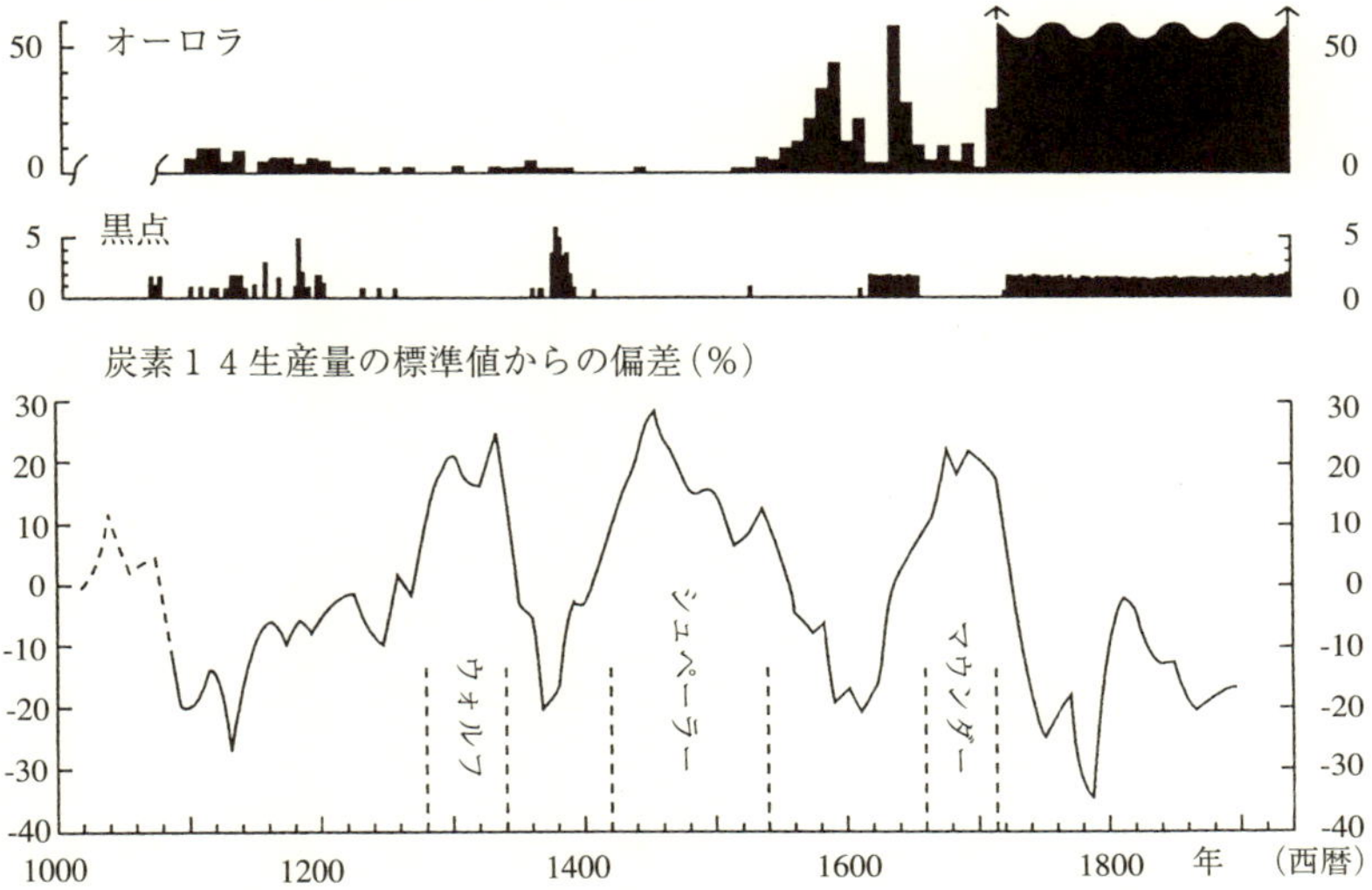

〈出典〉増田耕一「小氷期の原因を考える」59頁

代には、黒点の記録が数えるほどしかなく、「マウンダー極小期」と呼ばれ、太陽活動が弱かったと推定されている。[57] ヨーロッパでは、アルプスの山岳氷河が各地で前進し、イギリスではテムズ河が全面結氷して、氷上の市場が開かれたのもこの時期である。ついでに「中世温暖期」には、確かに黒点数が多く、逆に炭素14の値は少なくなっており、これまでの我々の考察を補強してくれる。

小氷期の気候的特性として、冬は寒く、夏は不安定で大雨が降りやすかった、と指摘されている。[58] したがって基本的には、我々が小氷期とのかかわりで最も関心をもつ、江戸の大飢饉は、こうした条件の下で起ったといえるだろう。

そこで飢饉についてもう少し詳しくみてみたい。

江戸時代における寛永（一六四一～四三）、延宝（一六七四～七七）、元禄（一六九九～一七〇四）、宝暦（一七五三～六四）、天明（一七八二～八七）、天保（一八三三～三六）の六大飢饉のうち、延宝を除き、すべて冷夏に起因する稲など農産物の不作が関与している。[59]

地域的にみた場合、江戸前半、寛永・延宝・元禄の三大飢饉は、全国的災害が引金になったのに対し、後期、宝暦・天明・天保の三大飢饉は、北日本ないし中央日本の災害が深くかかわっていた。さらに後期においては、北冷西暑の傾向が強く、西日本においては長雨・旱ばつが混合して現れやすかった。前期と後期では災害の構造が変化しているのであろう。

しかも興味深いことに、前半の三飢饉は、マウンダー極小期とその直前の太陽活動が弱まっていた時期に、相次いで襲来したことになる。後半の三飢饉は、黒点数が激しく年々変動していた頃にあたるが、飢饉の中心は、黒点数の極小付近にほぼ対応しているという(60)。

さらに興味深いのは、よりグローバルに視野を広げてみると、中国あるいは東南アジア・南アジアにおける自然災害の頻発が、日本の災害発生に先行しているという事実である。例えば、寛永の大飢饉の前、一六四〇年には中国甘粛省で旱ばつが発生、翌年には湖南省で洪水、南京などで疫病が流行した。元禄・宝暦の大飢饉はともに、それに先んじて、朝鮮半島で疫病が蔓延した、など(61)。

次にこの六大飢饉の中でも、史上空前といわれ、被害・社会的影響ともに最も大きいとされる天明の飢饉について、考えてみたい。

この飢饉もそれに先立って、南アジアにおける災害が発生していた。すなわち、一七六九～七〇年にベンガル地方に雨季が訪れず、大旱ばつに見舞われた。人口は三分の二に減少したといわれる。インド・モンスーンの不活発な年は、チベット・ヒマラヤ山塊の積雪が少なくなり、土壌水分も乏しくなる。それに起因して、今度は山塊が熱源としての役割を充分に果たすようになるため、その後十数年間は、北半球における偏西風が大きなゆらぎをみせるなかで、異常気象が頻発し、モンスーンが極端に活発化する年も現れたという。事実、天明の大飢饉の起きた一七八〇年代

は、中国や朝鮮半島でも異常気象が起っているのである。(62)

　このようなアジアにおける異常気象の中で、天明二年（一七八二）から天明七年（一七八七）まで、連年のように作物の出来が悪かった。とりわけ天明三年には真夏まで梅雨のような雨が降りつづき、夏でも袷《あわせ》や綿入れを着ていなければならないほどの寒さであったため、東日本では冷害による大凶作となってしまったのである。第20図でいえば、梅雨型の気流が真夏まで続き、ひえびえとした北東風によって冷夏となり、ともすれば雨になる日が多かったのである。それは、第5表の日光の天気日数にも示されている。これによれば、天明三年には地雨《じあめ》の降った日が五三日に達し、真夏の半ば以上は冷雨が降り続いた。また天明六年も四八日地雨が降り、天明三年に劣らぬほど天気の悪い年であったことがわかる。(63)

　しかもこのような冷害に拍車をかけたのが、周知の天明三年の浅間山の大爆発であった。爆発による降灰は、ちょ

第20図

梅雨型の気流

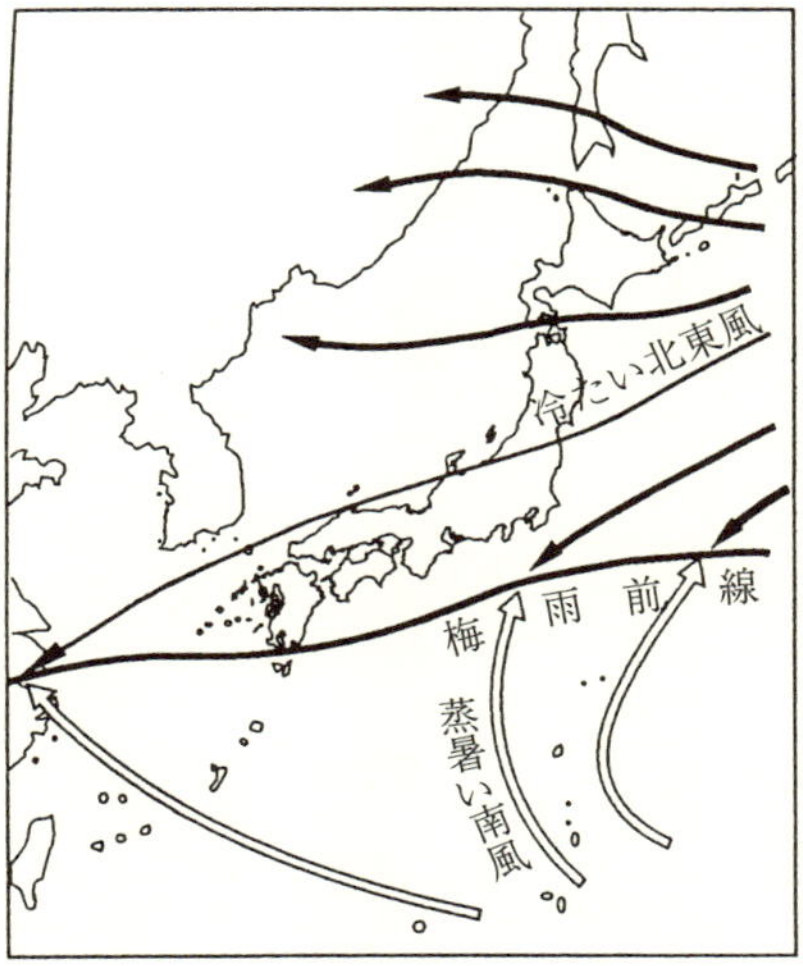

夏型の気流

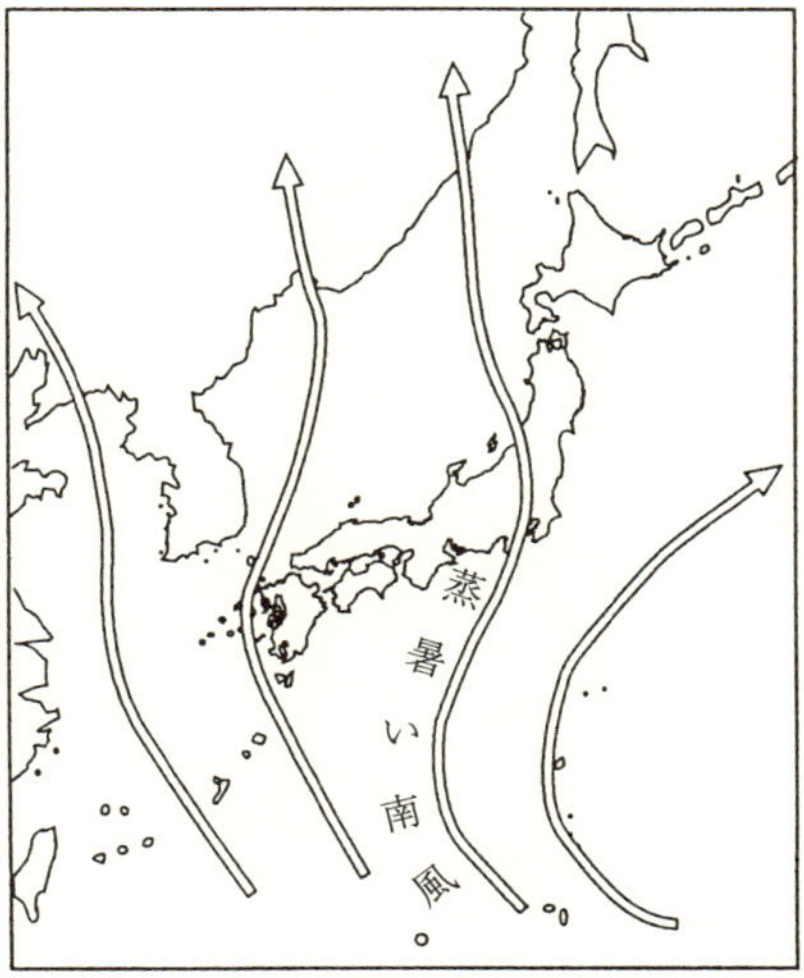

〈出典〉荒川『飢饉』84頁

第5表　天明年間の日光における天気日数

年　次	晴の日数	晴で夕立のあった日数	曇の日数	雨の日数	不明の日数
天明元年	27	12	18	35	なし
天明2年	35	7	13	37	なし
天明3年	19	4	13	53	3
天明4年	28	4	21	36	3
天明5年	43	8	10	27	4
天明6年	25	3	12	48	4

〈出典〉荒川、前掲書、85頁

うど成長期にあった農産物の葉面を覆ってその育成を妨げたのみならず、それは数年間にわたって成層圏に滞留して日光の照射を妨げた。天明の大飢饉の原因を一〇〇パーセントこの空中に滞留した浅間山の火山灰のせいにすることはできないが、その間に強い因果関係をみることはできるだろう。[64]

そして、天明六年（一七八六）の田沼意次の没落は、飢饉を契機に群発した一揆・打ち毀し[65]にその原因があったことはよく知られている。[66]さらにその三年後（一七八九年）に起ったフランス革命も、その数年前から続いた冷温と凶作による社会不安を一つの原因としているので、まさにそれは浅間山の大噴火と関係があるのかもしれない。そうだとすれば「天明三年の浅間山噴火は、田沼意次を失脚させ、マリー・アントワネットをギロチンにかけた」とも言い得るであろう。[67]

ところで、注意せねばならぬのは、天明の飢饉が全体として最も被害が大きかったとしても、それは地域によって差があることである。私の目に止まったデータをいくつか見よう。原図のそれぞれに、天明（A）・天保（B）の飢饉の期間の線を入れてみた。

なるほど第21図の米沢・会津両藩の人口推移では、天明の飢饉の落ち込みがひどい。しかし落ち込みとしては宝暦（一七五〇年代）の方が大きい

第21図　会津藩と米沢藩の人口推移

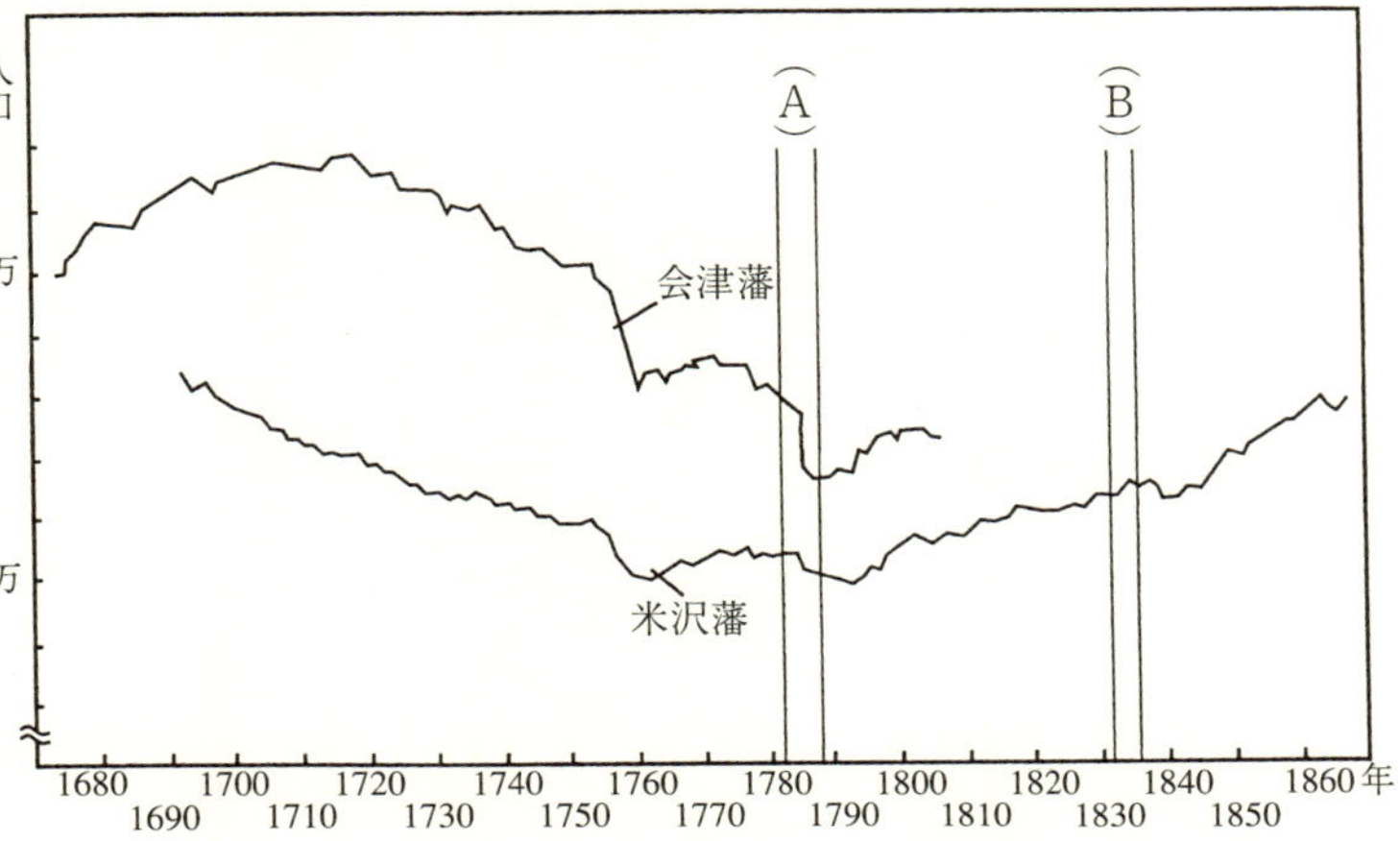

〈出典〉速水編『歴史のなかの江戸時代』66頁

第22図　奥州安積郡下守屋村の人口推移

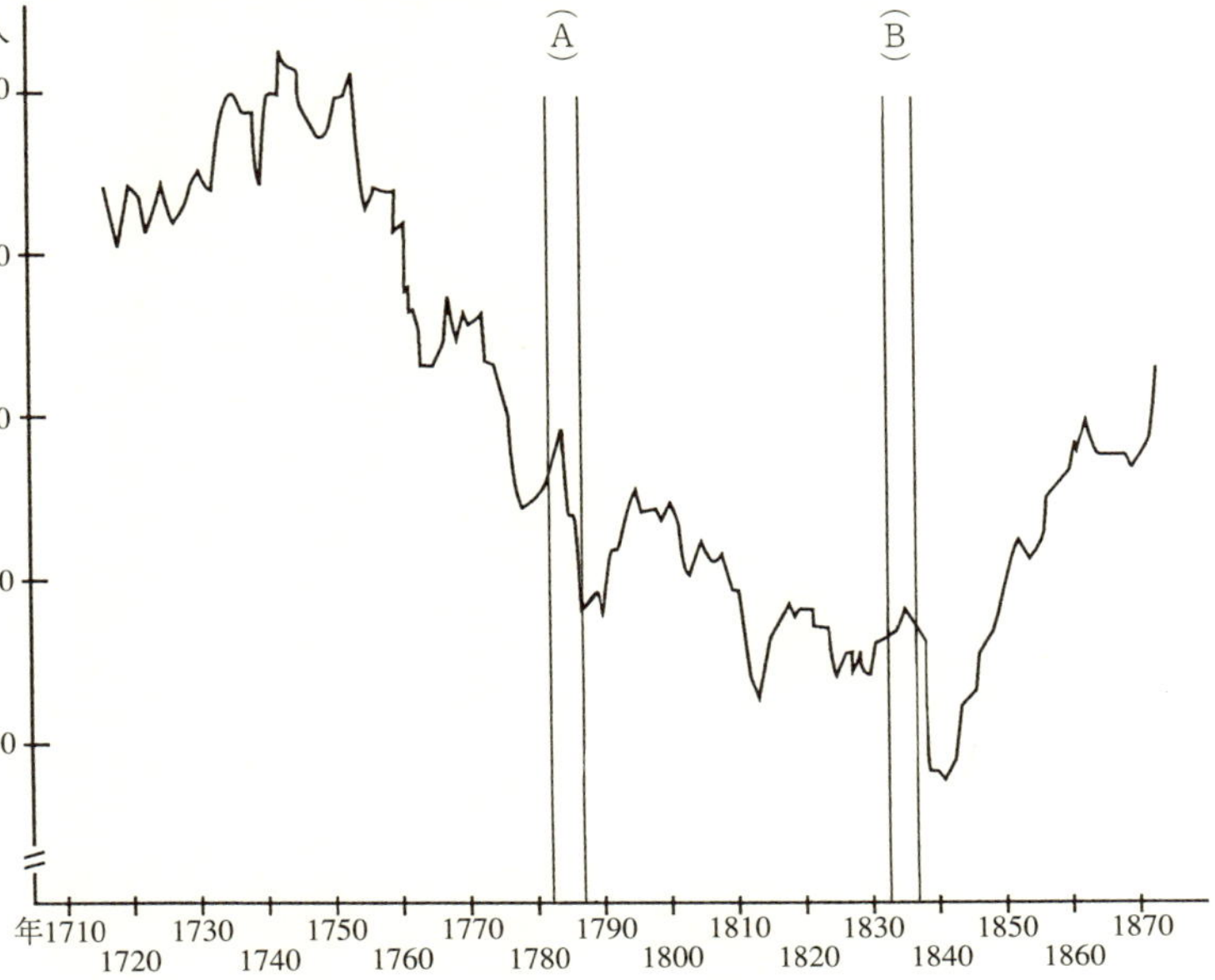

〈出典〉成松『近世東北農村の人びと』46頁

第23図　高山弐之町人口の推移（総人口・出生率・死亡率・人口対前年比）

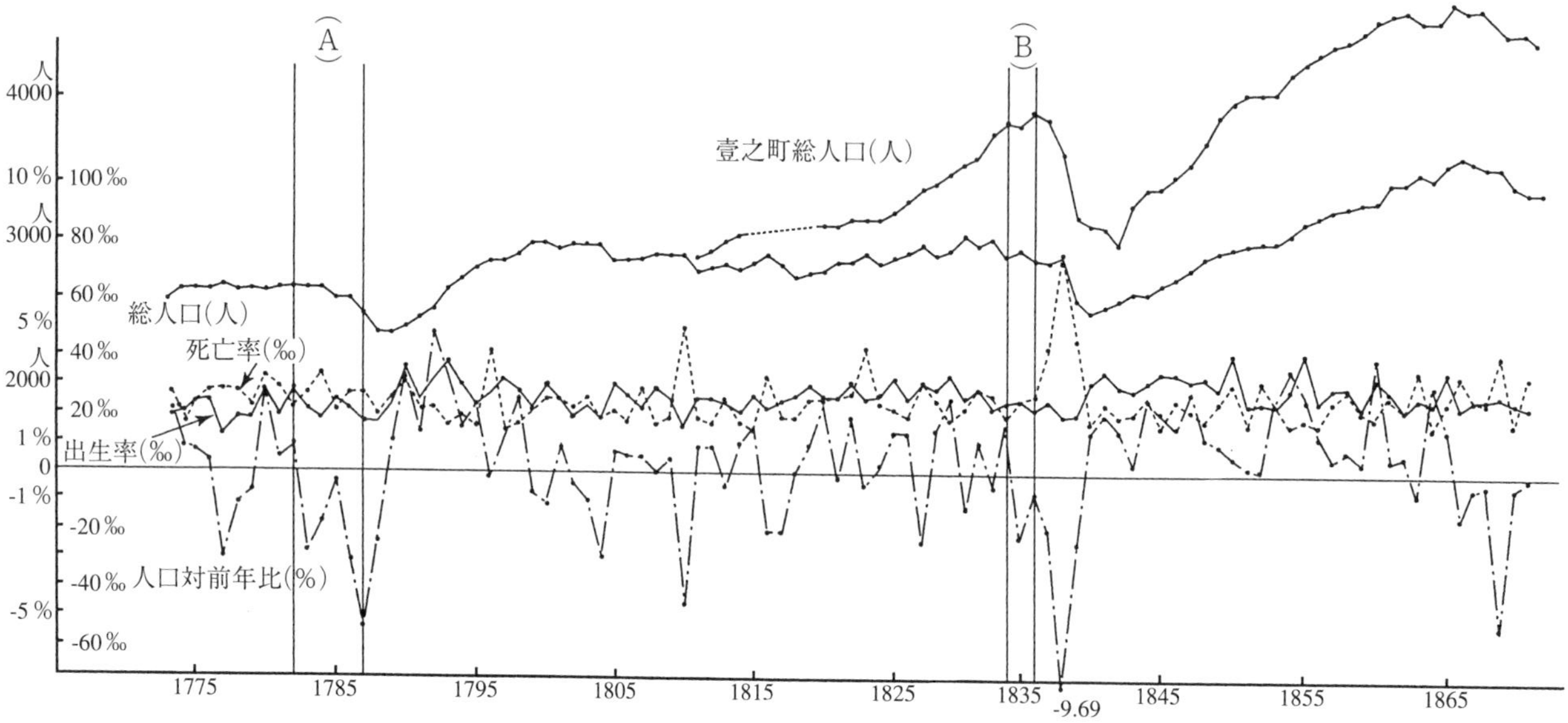

〈出典〉佐々木陽一郎「飛驒高山の人口研究」社会経済史学会編『経済史における人口』慶應通信、1969年、104〜105頁

第 24 図　美濃国安八郡西条村戸口数の推移

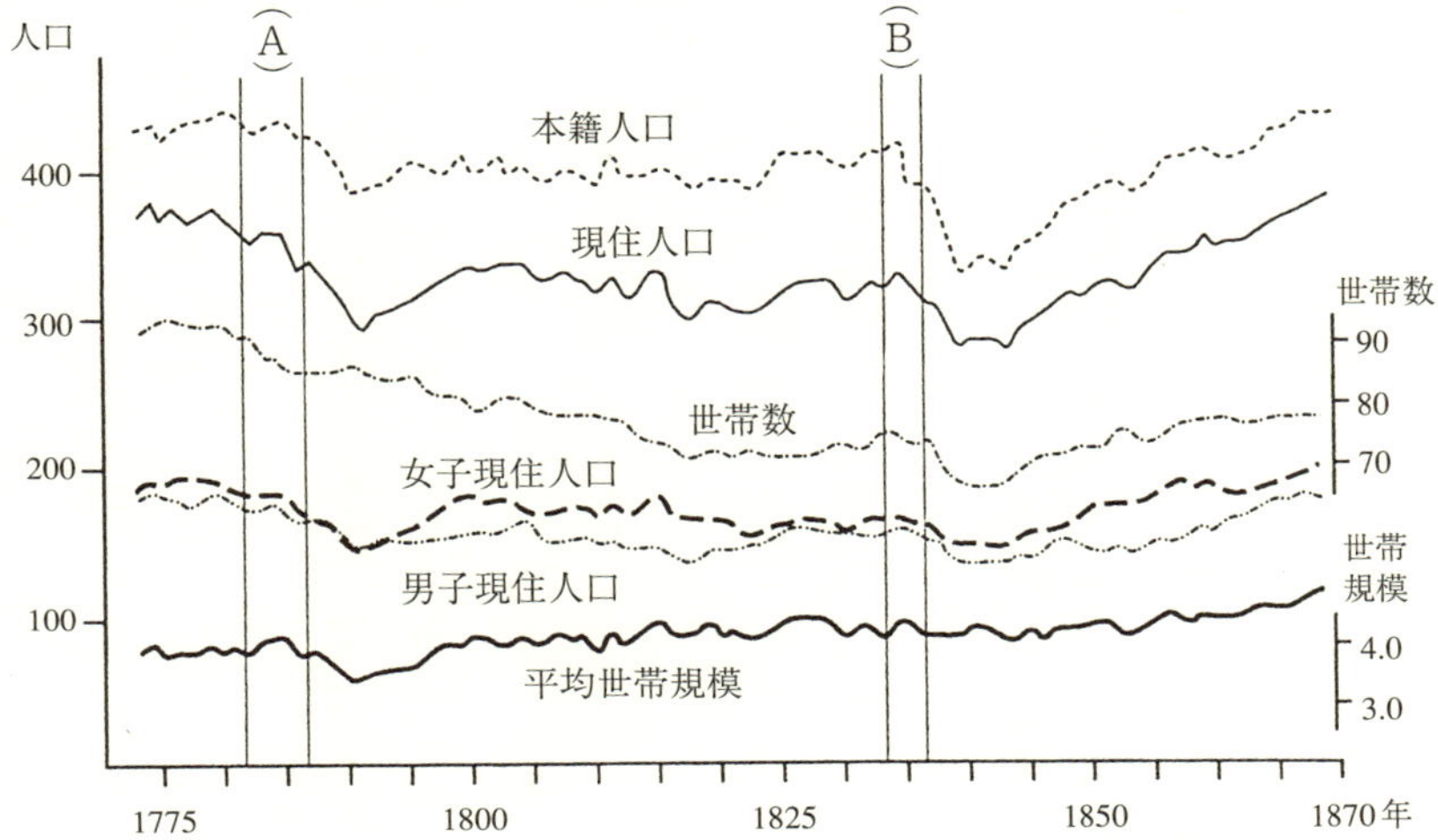

〈出典〉速水『江戸の農民生活史』95 頁

第 25 図　上田藩穀留めの機構図

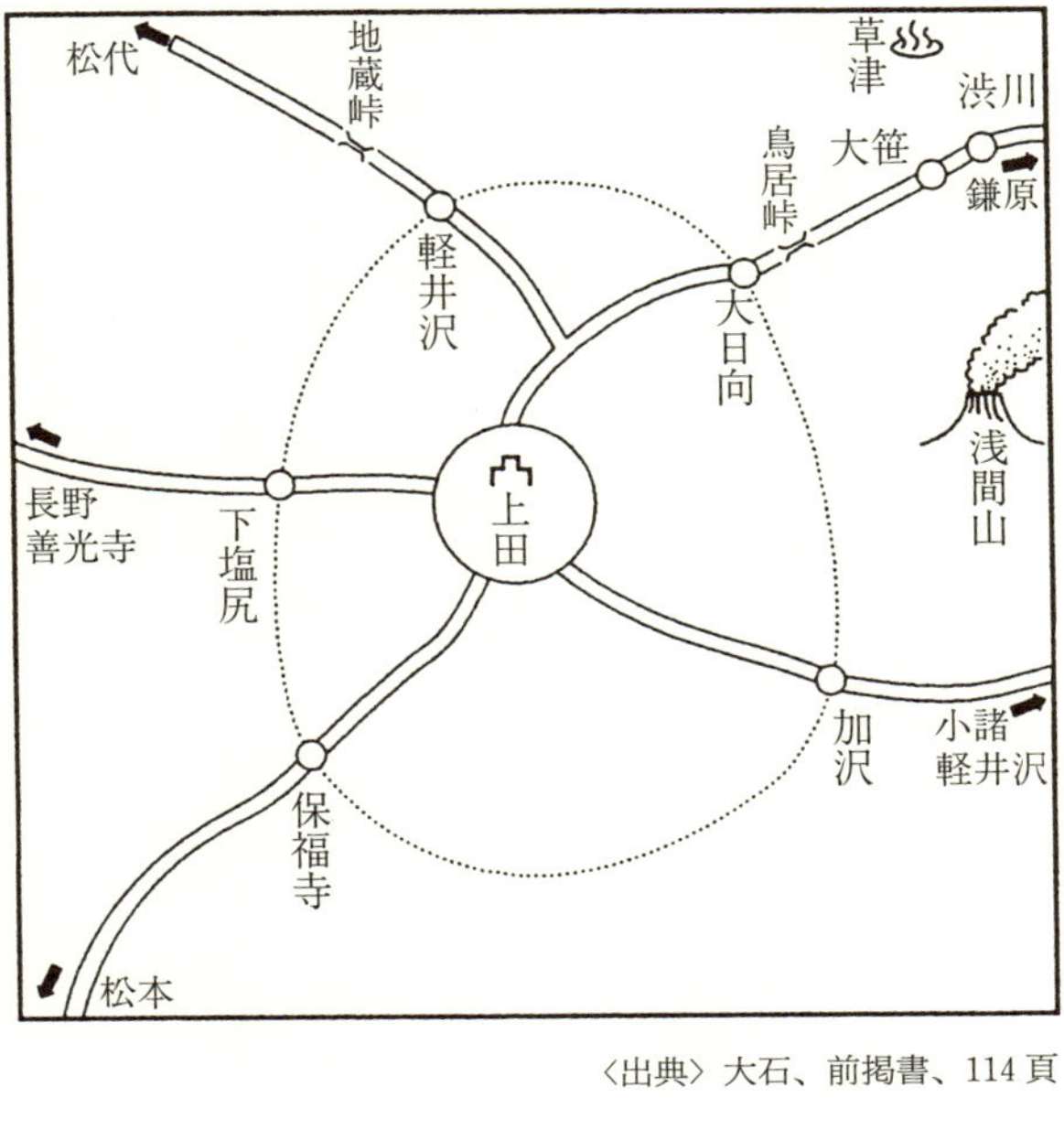

〈出典〉大石、前掲書、114 頁

ことにも注目すべきであろう。(68)

次に第22図は、特に被害が激しかったといわれる東北の一農村の人口推移であるが、予想に反して、天保の被害の方が大きくみえる。しかもここでも、天明年間以前にきわめて大幅な人口減少がみられたことを忘れるべきではないと成松氏はいう。(69)

第23図は高山弐之町の人口推移だが、ここでも、死亡率の落ち込みは天保期の方が大きい。

最後は、第24図美濃国の一農村の推移である。ここでも全体として天保期の方が落ち込んでいる。速水氏も、本籍人口での、天保飢饉の大きな落ち込みが特徴だと指摘している。ただ、天明飢饉期に比して回復が急速なことを考慮すると、凶作そのものよりそれにともなう流行病による死亡者が多かったものとみられる。(70)

飢饉に関してもうひとつ述べておきたいのは、「穀留《こくど》（止）め」という制度で、危急の場合には、各藩とも自衛のために、米や麦を他領に流れぬようにするものであった。この結果、ある藩では大量の餓死者がでるほどなのに、つい数里へだてた他領では、比較的豊かな暮らしをしているという例もまれではなかったようである。例えば、陸奥国相馬中村領では、天明三年秋の大凶作で、わずか一九〇日間に九パーセントもの農民が死に、四パーセントの農民が逃散で行方不明になった。ところが、目と鼻の先にある松平定信の白河領では、天明三年の大凶作に際しても、一人の餓死者も出なかったのである。(71)目と鼻の先に地獄と極楽が共存していたことになる。

第25図は、上田藩における具体的な穀留め機構図で、参考までに掲げた。藩から領外に出る道は五つであるが、その出口に加沢・下塩尻・軽井沢・大日向《おおひなた》という口留番所《くちどめばんしょ》を設けて商品流通のコントロールをしたのである。なお保福寺には松本藩側の口留番所はあるが、上田藩側にはなく、後者にとってあまりたいした流通路ではなかったのであろう。(72)

（1）北川浩之「屋久杉に刻まれた歴史時代の気候変動」梅原猛・伊東俊太郎・安田喜憲編『講座　文明と環境』第六巻（歴史と気候）一九九五年、五一頁。

（2）鈴木秀夫『気候の変化が言葉を変えた』NHKブックス、一九九〇年、二一五頁。傍点は原文。この点は同氏のごく最近の著書『気候変化と人間―一万年の歴史―』（大明堂、二〇〇〇年）にもくり返されている。なお、弥生以降に関する外山秀一氏の論文「弥生時代以降の自然環境の変化と土地の開発」（『条里制研究』第一三号、一九九七年）は、本稿の観点と一部交差しつつ、広い視野を有する示唆深い内容をもっている。

（3）阪口豊「過去八〇〇〇年の気候変化と人間の歴史」『専修人文論集　51』一九九三年、八八頁。

（4）同、九二頁。

（5）小山修三氏は、縄文時代の人口分布を大きく分けると、東日本と西日本に分類できるとしている。中期の関東・中部の本州中央部の人口密度は、一平方キロあたり二〜三人と推定され、狩猟採集社会としては、例外的に過密な分布といわれる。同『縄文時代』中公新書、一九八四年、三三頁。

（6）鈴木秀夫・山本武夫『気候と文明・気候と歴史』朝倉書店、一九七八年、二七〜三三頁。前掲拙稿、三二〜三四頁。

（7）『世界史のなかの縄文文化』二五四頁以下。

（8）同、二五六頁、『日本文化の風土』一七九〜一八一頁。すぐのちに見るように、縄文中期に発展をみせた三内丸山遺跡の中に、小山氏は都市の形成があったと考えている。なお、この中期の寒冷期に入って土偶が爆発的に増加する。気候変化が精神世界の変化にも影響を与えているのではなかろうか。この点については、安田「縄文時代の時代区分と自然環境の変動」伊東俊太郎編『日本人の自然観』河出書房新社、一九九五年、参照。

（9）『日本文化の風土』一八一頁。

（10）小山修三『縄文学への道』NHKブックス、一九九六年、一八頁。私にとってはもう少し貧困のイメージが強い。

（11）森川昌和・橋本澄夫『鳥浜貝塚』読売新聞社、一九九四年。

(12) 梅原猛・安田喜憲編『縄文文明の発見』ＰＨＰ、一九九五年、岡田博康・小山修三編『縄文鼎談　三内丸山の世界』山川出版社、一九九六年、など。

(13) 小山、前掲『縄文学への道』三頁。

(14) 前掲『三内丸山の世界』二七頁。

(15) しかもそこに先の小山氏の文章の中にも出てきた、アニミズムに対する偏見が加わる。すなわちアニミズムは、未開の宗教という偏見である。今日もはやそうした歪んだ見方を取り払う時期に来ている。岩田慶治『アニミズム時代』（法蔵館、一九九三年）をぜひ参照されたい。

(16) 村上陽一郎＋豊田有恒『神の意志の忖度に発す』朝日出版社、一九八五年、五八～五九頁。

(17) 小林達雄『縄文人の世界』朝日選書、一九九六年、九六～九八頁。これまで私自身、縄文のいつまで稲作が遡り得るのかということばかりに関心があった。それが縄文の先進性を示すように考えていた事を、この際反省しておきたい。

(18) 同、一〇一頁。

(19) 小山『縄文学への道』二〇二～二〇五頁。

(20) この点で、日本文化のルーツを照葉樹林文化の中に探

東アジアのナラ林文化圏と照葉樹林文化圏

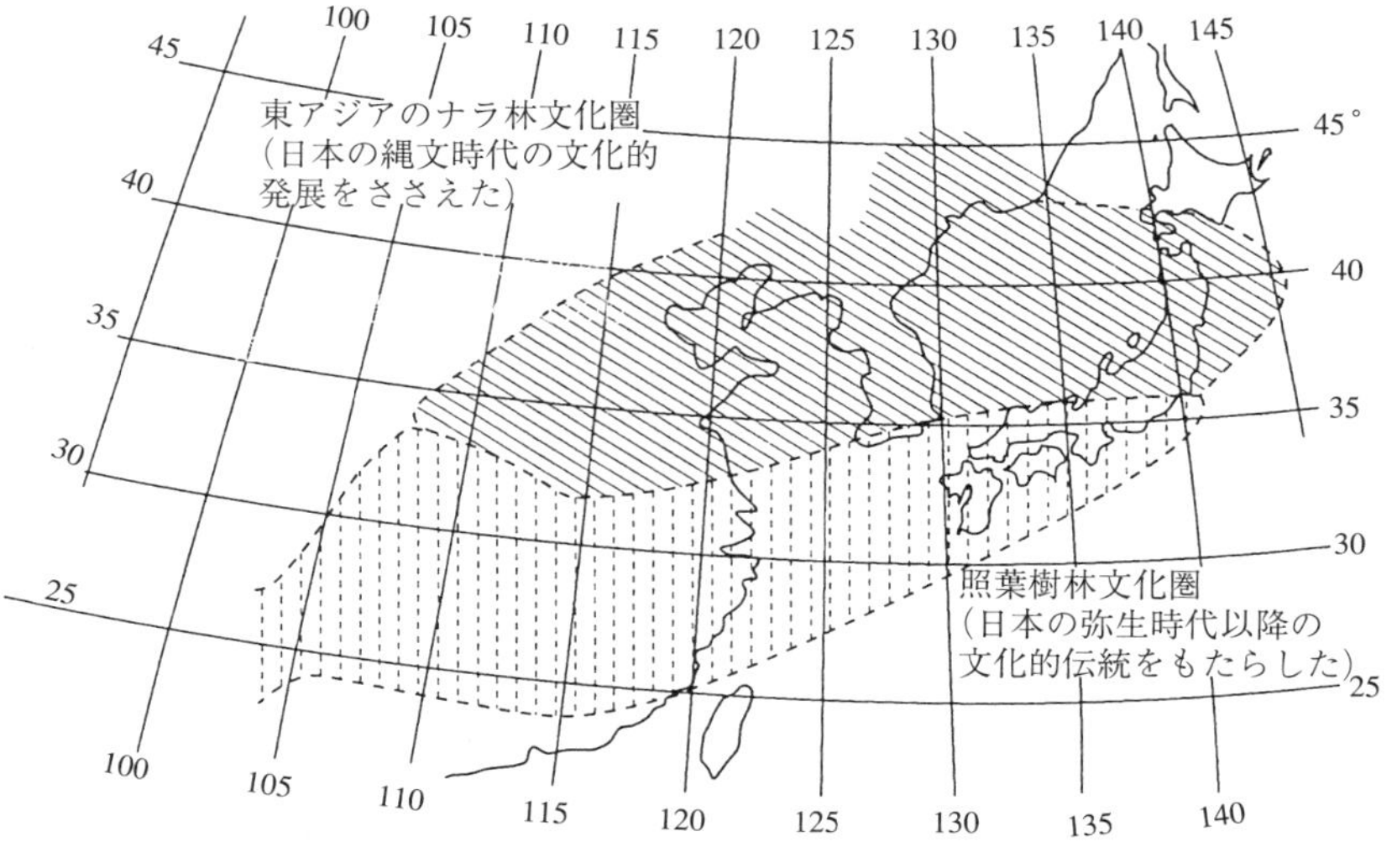

〈出典〉安田『環境考古学事始』167 頁

ろうとする、その発展段階説にも疑問を感ずる。というのは次のような理由による。佐々木高明氏によれば、照葉樹林帯では①プレ農耕段階（照葉樹林採集・半栽培文化）→②雑穀を主とした焼畑段階（照葉樹林焼畑農耕文化）→③稲作ドミナントの段階（水田稲作農耕文化）という発展段階を経るとされる（『照葉樹林文化の道』ＮＨＫブックス、一九八二、三一頁）。まさしく、ここには、①縄文→③弥生が発展として描かれている。しかし、縄文時代中期頃において、東アジアに前頁下図のように北部のナラ林文化圏と南部の照葉樹林文化圏を設定する安田氏は、縄文文化の文化的中心地が照葉樹林にではなく、ナラを中心とする落葉広葉樹林帯にあることを指摘する。それは落葉広葉樹林の森が狩猟採集経済に適していたからで、他方、照葉樹林は縄文人にとって、決して魅力ある森ではなかったのである。なぜなら森の生産力は前者の方がはるかに高かったからである。縄文晩期に西日本の人口増加率が高まった時（第7図）、もはや照葉樹林の生産力では対応しきれず、何らかの新たな生産手段を導入する必要があった。それが稲作農業ではなかったか（安田『環境考古学事始』ＮＨＫブックス、一九八〇年、一六五～一八〇頁）。だとすれば、東日本にのちのちまで稲作が普及しなかった理由もわかるし、西日本の照葉樹林帯のみの経験で、縄文→弥生を発展として描くことも非常におかしなことであることに気づくであろう。東日本の経験からすれば、何もムリに稲作に向かって発展（？）していかなくてもよいのである。

(21)　この気候悪化による中国大陸での民族移動と、社会不安の中で誕生した気候難民、すなわちボート・ピープルが、稲作を日本列島にもたらしたのではないかというのが、安田氏の仮説である。『日本文化の風土』一一一～一一二頁。

(22)　この点について、安田氏は大阪府瓜生堂遺跡を例にとって、興味深く分析している。同『環境考古学事始』一九四頁以下。

(23)　阪口、前掲論文、九一頁。

(24)　同、一〇五頁。

(25)　同、一〇七～一〇八頁。

(26)　森浩一氏は、河内の巨大古墳の被葬者たちが治水王という性格を一面でもっていたとみてよいと指摘しているが（『巨大古墳の世紀』岩波新書、一九八一年、二二一頁)、本稿との関連でみれば実に興味深い。さらにもっと古くなるが、シュメール人が絶えざる洪水の危険を避けるために、そびえたつジグラットを築き、そこに神々を祀りたかったのであろうとするH・ウーリッヒの指摘の中に、古墳の造築と共通のものを私は見たいと思っている。同『シュメール』アリアドネ企画、一九九八年、八八頁以下。

(27) 前掲『気候の変化が言葉をかえた』一五〇頁。

(28) 北川、前掲論文、五二頁、ル・ロワ・ラデュリ(樺山紘一他訳)『新しい歴史』新評論、一九八〇年、一三四頁以下。ヴァイキングが移住したカナダ東海岸はヴィンランドと名づけられた。現在のニューファウンドランド付近と考えられ、そこに葡萄(ヴィン=ワイン)が育ったということは、当時の気温の暖かさを傍証する。

(29) 鈴木、前掲書、一六〇頁、前掲拙稿、四七~四九頁。

(30) 奈良国立文化財研究所編『年輪に歴史を読む』同朋舎、一九九〇年、一四三頁。

(31) 阪口、前掲論文、九二頁。

(32) 山本武夫『気候の語る日本の歴史』そしえて、一九七六年、三一~三七頁。

(33) 同、三六頁。

(34) 安田『森を守る文明　森を支配する文明』PHP、一九九七年、七二頁。

(35) 同、七三~七五頁。長岡廃都にはさまざまな説があるが、本稿の観点からいえば、地球温暖化による洪水説を新たに打ち出しておきたい。

(36) 同、七三頁。

(37) 同、七六~八三頁。

(38) 前掲『環境考古学事始』二三八~二四二頁。

(39) この点については、安田『蛇と十字架』人文書院、一九九四年、一三九~一四六頁。

（40）山本、前掲書、一九六頁。

（41）この日本史上における気象上の東西逆転の事実は、山本氏も非常に重要視するところである。すなわち、日本の気候変動は、南北に長い狭小な国土がもつ風土の宿命によりその根本的性格として、東北日本に有利に働くときは西南日本に不利を与え、東北日本に不利をもたらすときは、西南日本に有利な条件を与えることになった。かくして、源氏が東国に興って平家が西海に亡び、政治の中心が京都から鎌倉の新しい覇府に移ったのは、気候の小高温期である一二世紀のことであったし、東北日本が飢餓のどん底にあえいでいた一八世紀後半から一九世紀前半にかけて、西南雄藩は新田開発や殖産事業の拡大によって積極的安定経済の樹立に成功して、倒幕という次の歴史劇への出番を待っていたのである。前掲『気候と文明・気候と歴史』一一一頁。ただし、荒川氏の見解に対して、治承五年（一一八一年）には西日本のみならず、東日本においても凶作に見舞われており、その結果として戦局が全体的に沈静化していたとする川合康氏の批判がある。同『源平合戦の虚像を剝ぐ』講談社選書メチエ、一九九六年、一一四頁。

（42）荒川秀俊『飢饉』教育社歴史新書、一九七九年、四〇頁。

（43）『平家物語（上）』（新日本古典文学大系44）岩波書店、一九九一年、三〇八～三〇九頁。

（44）荒川秀俊『災害の歴史』至文堂、一九六四年、一三四頁。鬼頭宏氏の言い方に従えば、第10図にみられるように、「平家から源氏への政権交替は、この乾燥化の極の時期のできごとであった」ともいい得るであろう。同「日本文明史における環境と人口」『講座　環境と文明』第七巻、朝倉書店、一九九五年、二七四頁。

（45）山本、前掲書、一九九～二〇〇頁。なお、当時の屋島は、現在のように陸につながっておらず、平家の本営は島である屋島にあり、それを陸側から奇襲したのが屋島合戦であった。現在より高温であったために「海進」があったのである（同、一九〇～一九一頁）。

（46）北川、前掲論文、五二頁。また、第二章一、注（18）をも参照。

（47）『気候の変化が言葉をかえた』一六二頁以下。鈴木氏は一一六〇年に注目し、このころ日本では十二単《ひとえ》がはじまったことを指摘している。

(48) 前掲『気候と文明・気候と歴史』九三頁。なお、次頁下図においてみられるように中国においても、中世の二つの温暖化の後は、急速に寒冷化がもたらされており、一九世紀までそれが続いている。

(49) 『太平記』(二)(日本古典文学大系)岩波書店、一九六一年、二一四〜二一五頁。

(50) 西岡秀雄『気候七〇〇年周期説』好学社、一九七二年、二〇〜二四頁。

(51) 鈴木氏は、この時期を本格的なリトルアイスエイジ期に入る時としている。鈴木、前掲書、一七〇頁。

(52) 山本、前掲書、一五四頁。同様に、第16図C・Dをみれば、一八〇〇年少し過ぎたところで、東北地方の人口が回復し、全国の農村騒動が減っているのも、一八〇一〜二五年の気候回復期と一致しているのである。『気候と文明・気候と歴史』九一〜九二頁。なお、中国においても一四三〇年代から一四四〇年代にかけて、飢饉、蝗害、水災、旱災などが大きな気候変化の結果起きていることについては、濱下武志編『東アジア世界の地域ネットワーク』(山川出版社、一九九九年)一四八頁以下、参照。

(53) F・ブローデルの次のような興味深い指摘に注目。「気候の歴史が北半球の規模では一つであるのは明らかである。地中海のケースがこの北半球における問題全体と関連があることも明らかである(傍点原文)。アラスカの氷河が現在後退していること、……東京の桜の開花に関する正確な日付の記録(これは毎年花見でわかる)、カリフォルニアの樹木の年輪、こうしたすべての「出来事」や他の出来事は気候という単一の歴史によって互いにつながりがある。〈ジェット・ストリーム〉であれ、何であれ、統一性があり、オーケストラの指揮者がいる。一六世紀「前半」はどこでも気候に恵まれていたが、「後半」はどこでも大気の擾乱に苦しめられたのである(傍点引用者)。F・ブローデル(浜名優美訳)『地中海』(I)藤原書店、一九九一年、四五八頁。

(54) ただし、第9図(下)や第10図を見る限り、一六世紀後半は洪水回数や湿潤指数が、その前半よりは低落傾向にあることは事実である。

(55) 阪口、前掲論文、一〇八頁。

(56) 三上岳彦「小氷期の気候像」『地理』三七―二、一九九二年、二九頁、松本淳「世界各地の小氷期」同、三二頁。

(57) 増田耕一「小氷期の原因を考える」前掲『地理』五八〜五九頁。なお、「マウンダー極小期」については、桜井邦朋『太陽黒点が語る文明史』（中公新書、一九八七年）三六頁以下と本書第二章第5図を参照。

(58) 山川修治「小氷期の自然災害」前掲『地理』、四〇頁。

(59) 延宝については、全国的な水害、東北地方の旱ばつが原因であった。同、四一頁。

(60)(61)(62) 同、四四頁。四二〜四三頁の図もじっくり見る必要がある。なお、C・タットマンは、一六三〇年代の終りころには、多くの限界的な土地が新しく開かれて耕作地になり、広い面積の林地が裸にされて、その近くの谷も自然界の気まぐれにさらされるようになった。しかも、東北アジアの気候パターンが悪化したことで日本でも全国的な凶作に見舞われており、その結果があらわれたのが寛永の飢饉とみている。同（熊崎実訳）『日本人はどのように森をつくってきたのか』築地書館、一九九八年、一一〇頁。

(63) 荒川『飢饉』八二〜八六頁。

(64) 大石慎三郎『天明三年浅間大噴火』角川選書、一九八六年、七八

中国の気温変化グラフ

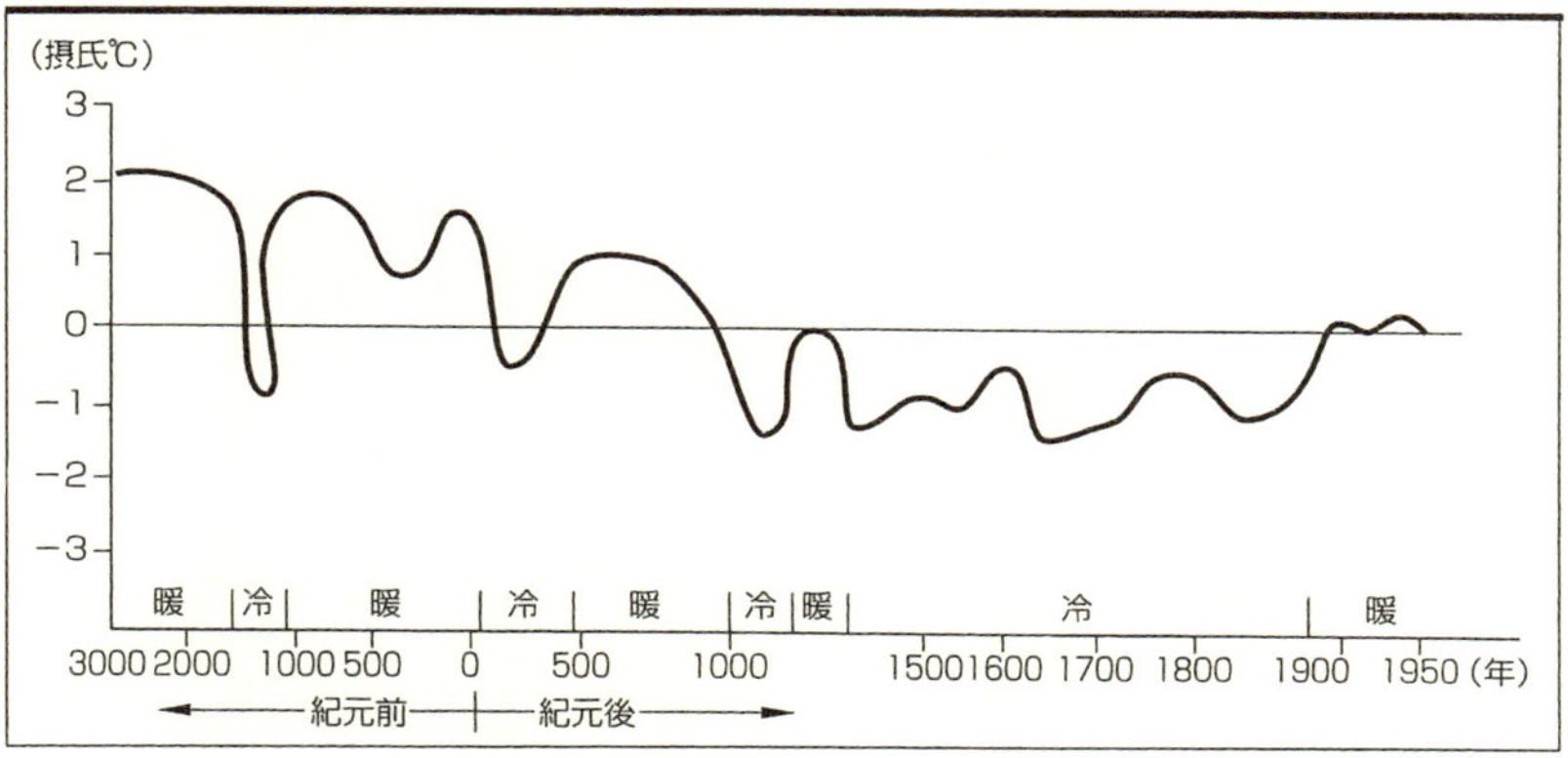

〈出典〉鶴間和幸『秦漢帝国へのアプローチ』山川出版社 1996 年、60 頁

〜七九頁、三上岳彦「飢饉の構造」『地理』二七―一二、一九八二年、五六頁。

(65) いわゆる「天明騒動」については、大石氏の前掲書（九〇頁以下）に具体的で興味深い叙述がある。

(66) 田沼の後、寛政の改革の推進者松平定信に幸いしたのは、天明七年以来、天災が小康をたもって跡をたったことであったことにも注意せねばならない。荒川、前掲書、一五二、一七三頁。

(67) 実際、一九七九年七月にイギリスで開催された「気候と歴史に関する国際会議」で、この議題が出されたという。大石、前掲書、七九頁。また速水融編『歴史のなかの江戸時代』東経選書、一九七七年、II参照。

(68) 速水編、前掲書、六六頁。ただし第七章においてみるように、第21・22図にみられる一八世紀に入っての人口の落ち込みが飢饉のみによるものかどうかは慎重な検討を要するだろう。

(69) 成松佐恵子『近世東北農村の人びと』ミネルヴァ書房、一九八五年、四七頁。なおこのグラフは傾向において第17図に非常によく似ている。

(70) 速水『江戸の農民生活史』NHKブックス、一九八八年、九七頁。天保期の人口危機は凶作だけでなく、何らかの流行病の加わったものであるようで、とくに一八三一〜四〇年にはどの時期よりも痘瘡、麻疹、風疹、流行性感冒、腸チフス様の疫病、赤痢が発生した。鬼頭宏『日本二千年の人口史』PHP、一九八三年、一四一頁。いうまでもなく大塩平八郎の乱・生田万の乱（一八三七年）もこうした天保期の背景の中で勃発したものと理解すべきであろう。

(71) 荒川、前掲書、二九頁。ただしこれにはカラクリがある。定信は田安家から松平家に婿入りした人で、八代将軍吉宗の孫である。白河領が困ったとなると、幕府は惜しまず応援した。そのため、乏しいながら、相当の分量の食糧が移入されてきたのである。同、三〇頁。

(72) 大石、前掲書、一一四〜一一五頁。

おわりに

過去三万年以上にも亘る日本の気候史を、わずかなページ数の中にぶちこんでしまうとは、全く大胆な事をしてしまったと反省する。が、多くの資料やグラフ見ながら私自身にとっても、いくつかの発見があり、論文に仕上げる作業は非常に楽しいものであった。気候と歴史の関係がますます奥深いものであることを感じる。当然のことながら、今後の課題として、もっとデーターを精緻なものにしていかなければならないと思っている。

第六章　江戸と明治

——断絶か連続か——

一、問題提起

ごく一般には、江戸時代の封建制を否定した明治時代から、日本の近代化が始まったと理解されている。現行の『学習指導要領』（以下『要領』と略す）を繙いてみよう。小学校第六学年、内容（1）のコには、「黒船の来航、明治維新、文明開化などについて調べて、明治時代に入り廃藩置県や四民平等などの諸改革が行われ、欧米の文化を取り入れつつ我が国の近代化が進められたことを理解すること」とある。次に中学校「歴史的分野」、内容（7）にはまず「明治維新とそれ以後の近代日本の発展の過程を……理解させる」とあり、アには「明治維新の成立と廃藩置県、身分制度の廃止、学制の発布、徴兵令の発布、地租改正、領土の画定などの諸政策を扱い、近代国家の基礎が整えられていったことを理解させる。また、欧米文化の導入と富国強兵・殖産興業政策を扱い、欧米風の生活様式の広がりや近代産業の育成に着目させる」とある。そしてエには「近代産業の発展と社会や生活の変化」、オでは「近代文化の形成」が謳われている。さらに高等学校日本史Bをみると、内容（5）に「開国、幕府の滅亡と新政府の成立から明治時代の近代日本の歩みについて……理解させる」とあり、アには「開国とその影響、明治政府による諸制度の改革、文明開化と殖産興業、明治初期の外交などに着目して、欧米文化の影響と近代化の推進を理解させる」と述べられている。そしてウでは「近代産業の発展」を、エでは「近代文化の発展」を取り上げている（傍点はいずれも引用者、以下ことわりなき限り同じ）。

以上、学年が進行するにしたがって、内容が高度になっていることは当然であるが、いずれも、幕府崩壊後明治になって、欧米文化を取り入れつつ日本が近代化されたことを指摘している点では同じである。言いかえれば、近代化という観点からみた場合、江戸と明治とは断絶しているということになる。あくまで江戸社会が打ち倒されなければ、近代化は始まらなかったということである。この考え方をいま仮に「断絶説」と呼ぼう。

このような捉え方は、戦前戦後を通じて主流を占めてきたといってよいであろう。たとえば小島慶三氏も指摘しているように、戦前の歴史教育においては、江戸時代は憎悪の対象であり、明治以後の歴史家、知識人たちはいずれの立場に立つ人も、江戸時代の価値を認めなかった。それどころか、これを封建、専制、暗黒の時代、庶民のあらゆる人間的自由と可能性を奪い去った、おそるべき抑圧の時代として、口をきわめて非難したのである。幕府を倒した維新政府にしてみれば、前時代を徹底的におとしめ、自らの新時代の正当性を喧伝しなければ、そのレェゾン・デートル（存在の理由）が疑われるわけで、それにくみする史家の江戸批判は当然であったともいえよう(1)（私はこれを「薩長史観」と名付けている）。

戦後についても、歴史人口学者として著名な速水融氏の言葉を借りれば、「江戸時代は近代以前の社会であり、近代を経験した戦後のわれわれの眼から見れば、古い因習を多く残していた。明治維新以降の近代化の過程は、この江戸時代の因習をいかにして否定するかが、一つの課題でさえあった」というのである(2)。

さて、本稿の課題は、こうした考え方に対抗して、近年のいくつかの研究を基礎にしながら、断絶説に対するいわばアンチ・テーゼとしての「連続説」を主張してみようと思うのである。

二、封建制は近代化と相容れないか

断絶説には当然のこととして、封建制は近代化と矛盾するという大前提がある。封建制を倒さなければ近代化はできない、江戸は封建社会である、近代化のためには江戸社会を打倒しなければならない。明治維新はそれを果たし、近代化を成し遂げることができた、というわけである。もとより一九世紀にも入ると近代化の芽生えがあったことは事実である。たとえば『要領』の日本史B、内容（4）のエにも、「欧米諸国のアジアへの進出、学問・思想の新たな展開と近代化の基盤の形成などに着目して、幕藩体制の動揺と崩壊の過程を理解させる」とある。しかしここに生じた近代化は、あくまで幕藩体制とは相容れないもの、それを動揺させ崩壊させるもの、という理解である。

このような見解に対して、封建制度があったからこそ、日本は急速な工業化を成し遂げることができた、という主張が意外なところから出現した。それは明治維新以降の急速な近代化の成功に着目したアメリカの学者たちで、一般にジャパノロジストといわれる人々である。ライシャワー、ホール、スミス、ジャンセン、ベラーらがその代表である。彼らの活躍は一九六〇年代であり、我が国ではこれらの人々の理論が「近代化理論」と総称されて、必ずしも高い評価は得られなかった。しかし今日改めて読んでみる時、私には非常に新鮮に感じられるのである。とりわけライシャワーの見方は興味深い。彼は、ヨーロッパと日本がなんら互いに影響し合ったわけではないのに、両者にのみ類似した封建制度が存在していたことに注目する。そうだとすれば、封建制度というものは、完全にヨーロッパ中心にものを見たマルクスが考えたような、人類の発展における必然的な段階の一つではなくて、むしろ、いくつかの要因がやや例外的に結びついてできあがった、まれな現象でないか。そしてその封建制の導いた結果にいっそう興味を持つ。なぜなら、近代化にともなって西洋が得た新たな力に対して、一九世紀のほかの非西洋地域が無関心であったり、挫折感に襲われたりしているなかで、ヨーロッパ以外に完全な封建制を経験したもう一つの地域―日本―だけが、すみやかに、しかも比較的容易に西洋のあとに続いて、近代の一大変革を達成したからである。このようにみると、どうも「封建主義的な経験そのものが、近代化を促す要因を生んだのではないか」と結論せざるをえない、とライシャワーは言うのである。

それでは一体その要因とは何か。彼は次の三点をあげる。第一に、封建制度のもとでは法律的な権利と義務が重視されていたので、近代の法的概念に適応するような社会の発達がいくらか助長されたのではないか、第二に、専制的な政権のもとにおけるよりも大幅な活動範囲と保障を得ることのできた商人と製造業者が、先の法的概念とあいまってさらに進んだ経済制度を生み出し、近代的な形の経済機構へ向かって、第一歩を踏み出すことができた、第三に、封建領主以外の階級は、政治権力からはっきりと除外されていたため、身分栄達よりは目標志向をもった。この目標志向的な倫理観と、封建制度によってつちかわれた強い義務感と責任感とがあいまって、進取の気象に富んだ活動力と企業精神を生み出した。以上がヨーロッパと日本の大きな特徴だとみるわけである。(3) ここでは封建制は近代化と相容れないどころか、世界中で二箇所しか見出されない封建制こそが近代を育んだという意味で、強い連続説の主張とみてよいだろう。

他方、ライシャワーがどちらかといえば制度面を重視したのに対して、もう一人のジャパノロジストであるベラーは、精神面すなわち宗教倫理からアプローチした。まず彼は、明治維新の根本的原動力を、マルクス主義的な階級闘争（農村や都市の一揆にあらわれた一般民衆の革命運動）とは見ず、維新を直接にうながしたのは、西欧の外部的な政治的圧迫であって、いかなる内部的脅威でもなかったと考える。それゆえ、「伝統社会が伝統的指導権のもとで急激な改革に着手し、全力をあげて逆行しようにも逆行できない近代化の過程をはじめることができた点」こそ、非西欧諸国の中で日本近代史のみの顕著な事実だと見、したがって、日本の「近代化の過程は、……伝統社会自体の構造によって明らかにしなければならない」と主張する。[4]その上で、他の非西欧的な伝統社会に比して、日本社会の合理的側面がひどくきわ立っていることに注目し、マックス・ヴェーバーが西欧近代社会に適応した方法を、日本近代社会にあてはめようとするのである。すなわち、「日本の宗教のうちで、何がプロテスタントの倫理と機能的に類似しているか」という大胆な問題提起である。[5]こうしてベラーは、儒教が徳川の武士倫理に深い影響を及ぼして、その理想の一つである禁欲主義（倹約および利益嫌悪）が、広く民衆全体にまで行き渡ったことや、石田梅岩の心学運動すなわち一八世紀および一九世紀の商人階級の宗教的倫理的運動が、都市階級の間に世俗の仕事に対する訓練された、実際的、持続的態度の成長に寄与したこと、を詳細に分析したのであった。

このベラーの研究方法は、その後、江戸後期の梅岩のみならず、前期の禅宗の鈴木正三《せいさん》をも「日本をつくった二人の思想家」として扱った山本七平氏や、[6]同じ教典から出発しながらも中国とは異なった日本の儒教が、日本的国民気質をして、ヨーロッパと同様の資本主義的経営法に適合せしめたと説く森嶋通夫氏の研究に受け継がれていく。[7]それはさらに、日本のみならず、韓国・台湾・香港・シンガポールというＮＩＥＳの目ざましい工業発展が、いずれも儒教文明圏であることに着目した諸外国の研究者たちによって、[8]アジア地域にまで開かれた研究方向にも連なっているといえよう。

私は一九世紀ヨーロッパにおいて確立した進歩史観や階級闘争史観から脱却する必要を痛感している一人として、[9]そのような視点を離れてみた時、ジャパノロジストは重要な課題を提起していると思えてならないのである。

ところで、ここでどうしても言及しなければならないのは、ジャパノロジストの活躍以前に、西ヨーロッパと日本のみに封建制が存在したことの重大性を明快に指摘した、梅棹忠夫氏の「文明の生態史観」(10)である。このきわめて有名な理論をここで詳論する余裕はないので、要点のみを記そう。ユーラシア大陸の西の端（西ヨーロッパ）と東の端（日本）を第一地域、それ以外の巨大な乾燥地帯を中央部にもつ地域を第二地域と名付ける。古代文明は第二地域に出現するが、その後乾燥地帯から出現する暴力（遊牧民、匈奴、モンゴル、ツングース、イスラム）に常に脅かされた。第二地域の歴史は破壊と征服の歴史であって、そこではおびただしい生産力の浪費がなされたため、社会の発展が妨げられた。他方第一地域は、中緯度温帯、適度の雨量、高い土地の生産力を持ち、さらに森林におおわれ(11)、位置的にもはしっこであったため、中央アジア的暴力がここまでおよぶことはまずなかった。この条件のよいところでは、封建制→革命→高度資本主義と脱皮をして、今日にいたった(12)。このように、西ヨーロッパと日本とは条件が大変よく似ていたために、一種の平行進化を辿ったとみるのである(13)。条件の違いに応じて第一地域と第二地域では社会の構造が違っており、前者の封建制こそがブルジョワを養成し近代社会への道を開いた。その意味でこの梅棹理論も私のいう連続説とみなしてよいだろう。ジャパノロジストも梅棹氏も、グローバルな視野で世界史を眺めた時、封建制の特殊性に気づき、新しい歴史理論への展望をひらくことができたといえよう。

三、江戸時代は封建社会か

しかし、そもそもこれまで大前提としてきた江戸時代＝封建社会は、正しい捉え方であろうか。これまでそのように考えさせてしまってきた大きな理由に、周知のマルクスの『資本論』での指摘があったことは事実である。すなわち「日本は、その土地所有の純封建的な組織とその発達した小農民経営とをもって、たいていはブルジョア的偏見にとらわれているわれわれすべての歴史書よりもはるかに忠実なヨーロッパ中世の姿を示している」(14)という文章である。実際かつて多くの歴史家がこのマルクスの言葉に依拠して、江戸時代にヨーロッパ中世の封建制を見ようとしたのである。しかし、マルクスはこの注について典拠を全く示しておらず、また日本に関する文献の乏しかった一八六〇年代に、どこまでマルクスが日本の事情を正確に捉え得ていたかは疑わしいのである。

速水融、宮本又郎両氏は、分権的社会であったこと、人口が適当に変化し、経済に刺激を与えたこと、農業生産の単位が小農家族だったこと等、日本がヨーロッパに類似していることを掲げ、この類似こそが、旧世界のなかで、工業化を市場経済の原理に乗って比較的スムーズに達成しえた両者の共通点だったことを認める。が、日本史上で、ヨーロッパ封建制に近似するのは戦国時代であって、厳密には、ヨーロッパ封建制はヨーロッパ固有のものであり、世界史の一段階とは考えられないという見方をとる。とりわけ石高制は、徳川日本における領土制のあり方を、ヨーロッパ封建制から区別する決定的な鍵であって、これによって、大名や家臣の領地は、石高という「量」で表現可能な領域となり、不変で特定の領地ではなくなった。だからこそ、維新に際して、領主権は公債という形に、比較的抵抗なく替り得たのであり、このこと一つとっても、徳川日本は、ヨーロッパ封建社会とは決定的に異なる性格のものであった、という。この石高制に規定されて、江戸時代においては、領主と領地との結びつきが弱く、原理上、幕府の政策によっていつでも移封させられ、ヨーロッパ中世の荘園領主のように、直営地経営など考えられもしなかった。家臣も兵農分離によって都市に集住し、農村にはごく僅かの武士しか住んでいないという状況であった。つまり大名も家臣も、特定の土地に対して根深い領主権を持つ存在ではなかったのである。(15)

早くから大谷瑞郎氏は、日本資本主義の発達を論点の中心にすえながら、この点を重視してきた。すなわち、家臣団が領主的性格を失い、実質的には官僚に近づいており、また大名の領域支配についてもそれを封建支配とは言い切れない段階において、封建制よりはむしろ近代性の芽ばえを積極的に認めたほうがいいのではないか、と。言いかえれば、徳川期を近代初期と理解し幕藩体制を資本主義のよりいっそうの発展に対応する高度の統一国家の形成にいたるまでの過渡的な政治形態と捉えるのである。(16) これまでこのような思考法が妨げられていたのは、「西欧化」をもって日本における近代化と同一視する思考のわくだという、鋭い指摘をしている。最初に示した『要領』は全くその典型であって、明治維新以降、西欧の文化を取り入れて日本が近代化されたという考え方一辺倒である。大谷氏はいう。なるほど、「西欧化」を「近代化」と同一視すれば、鎖国政策がとられていた徳川期に関しては、当然資本主義の発達が否定されてしまうだろう。逆に、維新以後には西洋諸国を手本とする諸改革が社会の各方面にわたって展開されたから、「西欧化」の面から歴史を見れば、維新をなかにはさんだ前後の時期における断絶はきわめて大きく映じるにちがいない。しかし、そうした西洋に範をとった改革がかなりの成果をあげて資本主義が比較的早く確立しえたのは、徳川期に資本の本源的蓄積過程がかなりの程度進んでいたからであろう。したがって氏は、日本の近代化を、徳川期における近代化という台木のうえに、欧米を範とする「近代化」が接木されたものとみるのである。(17) ここにも強い連続説の主張がある。しかも徳川期を封建社会でなく、はっきり近代と考えているのである。これは江戸期を「産業ルネッサンス」と捉え、「近代化のための物的、知的、倫理的、社会的な条件、あるいは主体的な条件はすでに充足されていたと考える方が、本当でないか。……近代化すべくして近代化したといえるのではないか。それでテーク・オフのスピードが早かったといえるのではないか―その意味では、従来の〝江戸時代は駄目だった〟というのではなくて、ポジとネガの入れ替えが必要になるのではないか」[18]、こう主張する小島氏の考えに通ずるものである。また日本史を江戸時代以前の社会とそれ以降の社会との二つに分け、江戸時代に現代日本の原型を見る大石慎三郎氏の見解にも結びつくであろう。[19]大谷氏の研究はもっともっと見直されてよいと思う。

四、生活革命があったか

ところで最後に、近年内外から封建制うんぬんといった研究方法とはおよそ異なったアプローチが、登場してきたことに触れなければならない。それは江戸時代を生活文化のあり方から問い直そうとするものである。何よりもハンレーの研究が興味深い。[20]それは、一七世紀初めの徳川幕府成立から二〇世紀初めの近代化・工業化の初期段階に至る日本人の生活のあり方を、個々の人間のレベルから研究することを意図している。結論を要約すれば、一八世紀初頭以降、農民や町人の実質収入は上がっていた。そして一八五〇年の日本人は、住宅といったような資本のストックを物差しとするなら、早くに工業化した国々にくらべて、高い水準にあったわけではない。しかし、生活の質──健康、福祉、寿命──を判断の基準とするなら、生活水準は決して劣ってはいなかった。もしも工業化前夜の時点でイギリスとくらべるなら、日本は相対的な生活水準ではイギリスよりも高かったとまでいう。公衆衛生面でも一九世紀の第三四半世紀までは、日本の方が西洋よりも良好であったとも述べられている。したがって、一九世紀の日本人が、平均して、同時代の西洋諸国にくらべて劣ったライフ・スタイルで暮らしていたと論じるのはむずかしい。だから明治維新の時点で日本人が「遅れていた」とはもはや考えるべきではない。日本に唯一欠けていたのは工業技術であって、明治の指導者たちは即座にこの欠落の修正に着手できた。

それゆえ、経済や物質文化の水準が、これまで考えられてきた以上に高かったとすると、明治以降の日本の工業化という「経済的奇跡」は、従来考えられてきたような近代の奇跡といったものでは決してない、ということにもなる。ここには新たな形での平行進化説があり、連続説がある。

さらに江戸時代の家族パターン（直系家族）が、近代以前の西ヨーロッパにみられたものと似ているという指摘[21]や、これまで明治に入ると急速にライフ・スタイルが西洋化されると考えられていたのとは逆に、本当にそうなるのは二〇世紀に入ってからである（新しいライフ・スタイルの推進力は日露戦争に始まる軍隊生活）という、きわめて興味深い見解がみられる。それまでは消費者が昔ながらの製品を好んだため、国も工業化の初期段階で消費財を買うために貴重な外貨を使わずに済んだし、西洋諸国よりもかなり少ない一人当りの国民所得で工業化を開始し得たのである。これはイギリスより一世紀遅れて工業化に乗り出した日本にとって、とくに重要であった。こうハンレーは主張する。私自身この新しい視点による研究から教わること多大であって、江戸の庶民生活を見る眼が確実に変化した。今後さらに推し進められるべき領域である。

もう一つは、鎖国に対するきわめてユニークで新鮮な捉え方を示した川勝平太氏の理論である。[22]氏の関心は同時代における相互関係のダイナミズムであり、同時代の中での横の連関である。その観点から近世の西洋と日本を眺めてみると、全く対照的な動きをみせていることがわかる。なぜなら西洋はコロンブスのアメリカ大陸到達以降、大西洋をまたにかけたウォーラーステインのいう「近代世界システム」＝開放経済体制を取るのに対して、日本は「鎖国」＝封鎖経済体制を取るからである。しかしこの二つの一見正反対にもみえる体制が、実は対等の意義を持つ二つの相異なった形であるという。どういうことか。ここで川勝氏は、「物産複合」という考え方を示す。これは、従来近代社会の成立を考察するに際して、社会の生活様式を構成する「物への問い」がないがしろにされてきたことへの反省として提起された概念で、ある地域の社会生活を構成する物の集合を指す。

さて、「一四世紀半ばの危機」（ヨーロッパ・中東のペスト、元の崩壊を決定的にした紅巾の乱、日本の南北朝内乱）に端を発する東西両世界の海外進出（ヨーロッパは東インド、日本は天竺、南蛮）は、両社会の「物産複合」に大転換をもたらした。[23]なかでも、〈木綿、砂糖、生糸、茶〉の四品目は、両者が「アジア貿易圏から輸入したもののうち、共通して重要な部分を構成していた。これらを購入するため両者とも大量の貴金属をあてた（ヨーロッパはラテン・アメリカから掠奪した金・銀、日本は戦国時代の鉱山開発による金・銀・銅による）。だがユーラシア大陸の両端からアジア中枢部に貴金属が流出し続けるこのシステムは、とうてい長続きし得ず、何らかの流通・生産構造の再編成をせざるを得なくなったのである。こうして、ヨーロッパはアジア物産の輸入代替化のために大西洋にまたがる「近代世界システム」によって、日本は、それらの物産を国内の土壌に移植する風土的特性に恵まれたために「鎖国」によって、それぞれ問題を解決できたのである。両者とも形は違うが、既存の生産要素の条件のもとでの合理的な選択であり、いずれもアジア文明からの脱却の表現なのである。ここには「鎖国」にまつわる暗いイメージ[24]などみじんもない。こうして、その後のヨーロッパは資本集約型の「産業革命 industrial revolution」を経験し、日本は労働集約型の「勤勉革命 industrious revolution」を経験して工業化に邁進した、というのが速水氏の見方である。[25]

以上みてきたように、近年の研究は連続説に有利な展開をみせているようである。が、『要領』にもみられるように、依然として断絶説は根強く残っている。『要領』や教科書記述の修正、現場の授業改革を通じて、着実に変化させていく以外に道はないであろう。

（1）小島慶三『江戸の産業ルネッサンス』中公新書、一九八九年、ii〜v頁。

（2）速水融『江戸の農民生活史』NHKブックス、一九八八年、一二頁。

（3）E・O・ライシャワー『日本近代の新しい見方』講談社現代新書、一九六五年、六〜三二頁。同時期、中山伊知郎氏も一元的に西欧的基準で測ることができない日本の伝統文化と工業の結合のあり方を第三の型として捉え、日本の工業化の成功は、江戸時代に養われた特質（たとえば「士魂商才」ということばで表されるような）の利用の上に達成されたと論じている。同『日本の近代化』講談社現代新書、一九六五年、一一八〜一四九頁。ここでもいったんマル経の眼を離れてみると、近経の研究者の問題提起の方がはるかに重要なものと思われてならない。

（4）R・N・ベラー（堀一郎・池田昭訳）『日本近代化と宗教倫理』未来社、一九六六年、二〜五頁。傍点は原文。

（5）同、二九頁。

（6）山本七平『日本資本主義の精神』光文社、一九七九年。

（7）森嶋通夫『なぜ日本は「成功」したか？』TBSブリタニカ、一九八四年。

（8）金日坤『儒教文化圏の秩序と経済』名古屋大学出版会、一九八六年／レジ・リトル、ウォーレン・リード（池田俊一訳）『儒教ルネッサンス』サイマル出版社、一九八九年／涂照彦『東洋資本主義』講談社現代新書、一九九〇年。なおこの関連ですでに古典となっている、一九四七年出版の島恭彦『東洋社会と西欧思想』筑摩叢書、一九八九年、はぜひとも参照されるべきである。

（9）　拙著『社会科教育の国際化課題』国書刊行会、一九九五年、参照。

（10）　一九五七年に執筆された。梅棹忠夫『文明の生態史観』中公叢書、一九六七年、に収められている。

（11）　上山春平氏は、乾燥地域型の国家が、中央集権的な広義の官僚制の形をとるのにたいして、森林地域型の国家は、地方分権的な封建制の形をとるのではないかと述べている。同『受容と創造の軌跡』角川書店、一九九〇年、一三四〜一三五頁。

（12）　安田喜憲氏は、ユーラシア大陸の東端と西端の最も農耕が伝播する点において遅れた辺境の地に、工業技術文明が繁栄した背景に、森林帯に適応した農耕技術の革新（鉄器や有輪犂など）が、深くかかわっているのでないかというきわめて興味深い指摘をしている。同『森林の荒廃と文明の盛衰』思索社、一九八八年、三七〜三八頁。

（13）　古賀勝次郎氏は、日本思想の思考パターンとイギリス経験論のそれとが、「自然―生成―作為」という形で類似していたところに、日本の近代化が成功し得た一つのしかも最も大きな原因を見ている。これも思想の平行進化とみてよいだろう。同『東西思想の比較』成文堂、一九八九年。なお、このような平行進化こそ、日本の歴史家にマルクス主義的発展段階論を受け入れやすくさせた最大の下地であろう。

（14）　K・マルクス『資本論』（大月書店、一九六八年）第一巻第二四章注一九二、九三八頁。

（15）　速水融・宮本又郎編集『日本経済史Ｉ』岩波書店、一九八八年、二五〜三七頁。

（16）　大谷瑞郎『幕藩体制と明治維新』亜紀書房、一九七三年、五八〜五九、一二九頁。

（17）　氏の考えは次の一文に要約されるであろう。「日本資本主義なりの本源的蓄積過程がすでに数百年にわたって進んでいたからこそ、西洋の資本主義諸国から強いインパクトを受けるとたちまちブルジョワ革命がひきおこされ、しかもその後には強行的に産業革命の舞台装置がととのえられ、開国後わずか約三分の一世紀で資本主義のいちおうの確立を見るにいたったのである」。同、一一八頁。最近では網野善彦氏が、「田中先生は江戸時代は資本主義だとおっしゃっていますが、僕は一四、一五世紀から資本主義を考えないと筋が通らないだろうと思っています」と主張している。網野善彦・田中圭一「〔対談〕日本の歴史を見なおす」『刀水』一九九九年、No.1、一五頁以下。

(18) 小島、前掲書、二頁。

(19) 大石慎三郎、中根千枝他『江戸時代と近代化』筑摩書房、一九八六年、七〜一五頁。さらに世界的建築家であり、四〇年も前から「共生」を提唱している黒川紀章氏も、その独自の建築学的見地から、江戸時代はこれまで考えられていた以上に日本独自の近代化が進んでいた時代であり、それゆえに明治以後の急速な西欧化が可能になったとみている。また、現在でも西欧建築に関する博識は尊敬され、日本の伝統を語ることは忌諱されるという不可解な状況があるが、これも圧倒的な西欧崇拝のなかで形成されたコンプレックス以外のなにものでもないと指摘する。同『新・共生の思想』徳間書店、一九九六年、七一、一七三頁以下。

(20) スーザン・B・ハンレー『江戸時代の遺産』中公叢書、一九九〇年。

(21) 同様の指摘は次の書物にもなされていて興味深い。E・トッド（石崎晴己訳）『新ヨーロッパ大全Ⅰ』藤原書店、一九九二年、四頁。

(22) 川勝平太『日本文明と近代西洋』NHKブックス、一九九一年、なお、この理論をめぐる様々な意見は、同編『新しいアジアのドラマ』筑摩書房、一九九四年、九三〜一三九頁を参照。

(23) 角山榮氏はこれを「生活革命」とよび、これを背景として、日本では徳川による独自の文化が成立したと考えている。同『アジアルネサンス』PHP、一九九五年、五二〜七五頁。

(24) 山川出版『新詳説　日本史』（一九九二年）には、次の記述がある。「鎖国によって日本人の海外発展の道はとざされ、産業や文化の近代化がおくれることになった」（一七九頁）。川勝理論は鎖国＝マイナス・イメージを克服するうえで重要であろう。前掲拙著、九八〜一〇〇頁をも参照。

(25) 速水融他編『徳川社会からの展望』同文舘、一九八九年、二〇〜三二頁。

第七章　江戸時代のイメージ転換

はじめに

先に私は、近代化の観点から見た場合、江戸と明治は従来しばしば考えられてきたような断絶ではなく、むしろ連続として捉えるべきことを主張した。(1)「暗い江戸」というイメージは今や払拭されなければならない。本稿ではいくつかの論点を再検討することを通して、そうしたいわば負のイメージを取り去ることに努めたいと思う。

一、農民は本当に貧しかったか

江戸時代のマイナスイメージに最も貢献しているのが、農民が極度に貧しかった（いわゆる「貧農史観」）というものであろう。

(一) 農民は何を食べていたか

仮説実験授業で著名な板倉聖宣氏は、江戸時代の農民の食生活の側面からこの課題に迫っている。すなわち氏はまず、「江戸時代の農民のおもなエネルギー源(カロリー源)となっていたのは、次のうち何が一番多かったと思いますか」という問いを立て、答えの予想として四つ掲げる。すなわち、ア、米。イ、麦――大麦・裸麦・小麦の合計(うどんやまんじゅうの主原料は小麦です)。ウ、雑穀――あわ・ひえ・そば・もろこし・豆類など、米と麦以外の穀物類の総計。エ、いも・大根、その他の野菜・山菜・木の実など。

板倉氏がいろんな場面で答えてもらったところ、「ウ、雑穀――あわ・ひえ・そばなど」がどこでも一番多く、四〜七割に達したそうである。(2) これはとりもなおさず、貧しい農民が米や麦など食べられるはずがないという思い込みがあるからであろう。実際、私の勤める大学の国史学科三年生の「授業構成法」の講義で、過去一〇年来この問題を出しているが、ほとんど九〇パーセント以上、時には一〇〇パーセントの学生が「ウ」ないし「エ」と答えてしまって、あまりの割合の高さに私自身が驚きととまどいを隠せないのである。国史学科といえば日本史が好きで好きでたまらない学生達ばかりであるから、細かな事まで本当によく知っているのであるが、その学生達にも貧農史観はかくまでも染み着いてしまっているのである。

板倉氏は、江戸時代の全主食物の生産量が米に換算して三〇〇〇万石だとして、その五割が実際に年貢としてとられたとすると、一五〇〇万石が武士の手に渡ることになる。が、人口のわずか五〜六パーセントを占めるだけの武士で、日本全国の主食物生産全体の五割も食べられるはずがないし、その米を買って消費する江戸・大坂・京都といった都会に集まっている町人を含めても人口は一〇パーセント程度である。やはり一〇パーセントの人間で全国で生産される主食物の五〇パーセントは食べられない。一〇パーセントの人なら一〇パーセントほどしか食べられず、酒や菓子にする米を含めたとしてもせいぜい一五パーセントでないか。すると結局、年貢米としてとりたてられた主食物五〇パーセントのうち一〇〜一五パーセントだけが消費されて、その残り三五〜四〇パーセントは、輸出されたり海に捨てられたりしない限り、論理的には農民に食べられていたということになる。[3] すなわち「江戸時代の農民がもっとも多く食べていたのは米」ということになるのである。[4]

なるほど論理的にはわかる。が、感覚的にいまひとつ納得できないのはなぜか。それは、これまでの情緒主義的な歴史教育や文学的な読物で、「江戸時代の農民は自分たちの作った米を食べることができないで、あわやひえばかり食べていた」というイメージを強く育てられてきたからであり、それによって「江戸時代の農民の生活のみじめさ」を感動的にうけとめてきたからだと板倉氏は言う。[5]

(二)　五公五民は本当か

ところで、板倉氏が仮に五割とした年貢率、すなわち「五公五民」は果たして実際の農民負担率であったのだろうか。

年貢率は「村高」に対する領主取分の百分率で算出される。この「村高」は検地によって決められるのではあるが、そもそも検地の時点において、正確にそのムラの土地面積と土地生産性を把握できたのであろうか。しかも、幕藩領主の検地は原則として一七世紀までに終了しているので、一八、九世紀においては制度上で「村高」は一定になってしまうのである。さらに重要なことは、検地以降の土地生産性の上昇、収益性の高い商品作物の導入、農産加工業の進展、農民の賃金収入などといった経済条件が、この「村高」には反映されないのである。以上のような問題意識をもつ佐藤常雄氏が(6)、まず幕府の享保元年(一七一六)から天保一二年(一八四一)までの年貢率を計算すると、幕領四〇〇万石のうち年貢米が一五〇万石前後で、年貢率は三〇〜四〇パーセントとなり、一〇カ年平均の推移では三三パーセント前後で、最も高い時期でさえも宝暦年間(一七五一〜六四)の三七パーセント程度であり、幕府の年貢率は、四公六民ないし三公七民となる。ところがこの分配率さえも、幕藩領主とムラの見かけ上の年貢負担にすぎないのであって、江戸時代のムラと農民が実質的に賦課された年貢率ではないというのである(7)。それでは先の経済条件を入れたうえでの実質的な年貢率は、どれほどであったのか。

信濃国更級郡中永鉋《なかひがの》村の形式上の年貢率は、寛永五年(一六二八)から明治三年(一八七〇)にかけての最高が五六パーセント、最低が二九パーセントで、享保期(一七一六〜三六)以降は定免法が施行されたために四四パーセントの定率となっている。ところが、中永鉋村の属する川中島平での明治初年の実質的な農民負担を検討すると、途中の諸条件の操作は省かせていただいて結論だけ述べれば、現実には一〇パーセント未満の税率になってしまうのである(8)。ここからは重税にあえぐ農民の姿は、決して出てこないであろう。

(三) 百姓＝農民、水呑＝貧農か

もう一つ、江戸の農民像を歪んだものにしてきたのは、「百姓＝農民、水呑＝貧農」という常識だと主張するのが網野善彦氏である。

江戸時代には、兵農分離、商農分離を経て、士農工商の身分が厳しく分離されていたと考えられがちであるが、実態は武士身分と百姓身分の分離、町に住む人びと（町人身分）と村に住む人びと（百姓身分）の分離である。そして村とされた行政単位に住んでいる人の多くは百姓であるが、そのなかには商業を営んでいる人や職人、廻船人《かいせんにん》、漁民なども含まれており、年貢を納めてはいるものの、農業は副業にすぎないと見るべき人たちも数多くいたのである。百姓＝農民と考えてしまっては、百姓の中のこうした非農業民を見逃してしまう。実際、かつて豪農の家と考えられてきた奥能登の時国家が、三〇〇石の石高に相当する田畑を持った百姓でありながら、他方で、蝦夷地の松前や佐渡、あるいは京や大坂と大規模な廻船交易を行い、製塩、製炭、山林の経営にも携わり、鉱山や金融業も営んでいたことが明らかになってきたのである。[9] それとともに水呑といえば、土地を持たない貧しい農民だと思い込んできたのであるが、時国家の親戚でもあり、廻船業を営んでいた柴草屋《しばくさや》が身分上は頭振（加賀藩では水呑百姓をこう呼んでいた）であった。しかし実態は土地など持つ必要のない大商人であったのである。

輪島の人口構成を見ると、頭振が七一パーセント、残りの二九パーセントの百姓の平均持ち高は四石あまりで、これまでの常識で見れば、輪島は非常に貧しい村ということになってしまう。しかしその頭振の中に柴草屋のような大商人も入っていることを考えると、これまでのイメージは相当に変わってくるであろう。[10]

(四)　間引きは貧困の結果か

さて、このようにこれまでの江戸時代の農民に抱いていたわれわれのイメージが変化してくると、貧しいがゆえに口べらしのために行われていたと考えられてきた、いわゆる間引きや堕胎に関しても、見方を変えなければならなくなるのではないであろうか。

　これについては、近年の江戸時代に関する経済成長や人口動態の研究が、そうした通説に対して異なった見解を提示している。たとえばS・B・ハンレーとK・ヤマムラは、徳川時代後半の緩慢な人口成長が、繰り返し広範囲にわたって起こった飢饉、およびその結果としての絶望と貧困に苦しむ農民による堕胎、間引きの慣行によって説明されてきたことに異議を唱える。というのはこの時期に、いたるところで生活水準の改善がみられるのであって、生活に苦しむ人々の絶望的な行為の結果であったと説明することはできないからであるという(11)。ならばその緩慢な人口成長は何に由来するのか。それはおそらく一八世紀になって、農民が子供の数が多いことを経済的な負担とみなしはじめ、その後まもなく結婚と出生率に対する社会的制限が強化され、加えて、個々人が自分たち自身の出産率を制限しはじめたためであろう。言いかえれば、人々が追加的な子供と財およびサービス、あるいは、生活水準や農村社会における彼らの地位の改善、維持に必要な富の蓄積との「選択《トレード・オフ》」をはじめたためではないか、と仮定する(12)。通常は子供の数を制限し、時には望ましい数に引き上げるべくその規模を意識的に規制していた。そのためのとられた方法が、養子や十分な所得が得られる時のみに結婚を許可すること、とくに女子について初婚年齢を規制すること、そして堕胎と間引きであった(13)。

　鬼頭宏氏もこうした見方を受け入れつつ、人口制限は真の困窮の結果ではなく、むしろ人口と資源の不均衡がもたらす破局を事前に避けて、一定の生活水準を維持する行動であったと理解する。だとすれば、堕胎も間引きも幼い命の犠牲の上に、すでに生きている人々を守ろうとする予防的制限であったということになる。こうした出生制限の幅広い実践が、結果的には前近代経済成長を助け、一人当りの所得を引きあげることに成功し、一九世紀後半の工業化への離陸の際に、日本と中国の歴史的運命を決定する重要な要因になるのである(14)。

二、環境問題から江戸社会を見ると

(一)　限りある鎖国世界としての地球

K・E・ボールディングが、「宇宙船地球号」Spaceship the Earth と言ったのが一九六六年、国連人間環境会議がそのスローガンとして、「かけがえのない地球」Only One Earth を打ち出したのが一九七二年のことであり、すでに四半世紀以上が過ぎている。その間地球環境は悪化の一途をたどり、今日その危機的状況の中で、改めて「閉じられた系としての地球」の認識の重要性が叫ばれている。

今や地球は小さく限りある世界だという認識のもとに世界観を構築すべき時であろう。言いかえれば「限りある鎖国世界としての地球」という捉え方をしようとした時、江戸社会がひとつのモデルになるのではないか、と主張するのが川勝平太氏である。氏は、核の脅威、南北格差、環境破壊、難民、人種差別、民族紛争などの深刻な問題が、例外なく近代西洋文明の落とし子であって、しかもそれらの問題解決のために、自分の遺産をほぼ使い果たしてしまったとみる(15)。

一方、日本は自国の遺産を正確に把握しているのであろうか。世界の諸問題解決に貢献するためには、江戸社会をグローバルな視点で見直すことに、鍵があるのではないか。川勝氏の主要な論点は、一四五〇〜一六四〇年という時期において、ヨーロッパではウォーラーステインのいう「近代世界システム」が、日本では近世江戸社会が同時並行的に成立したが、その後の歴史の歩みは正反対になったということにある。その内容は多岐にわたるが、今環境問題に重点を絞ってまとめさせていただけば、ヨーロッパの場合、購買力の供給地がアメリカ大陸にあり、その広大な土地を不可欠の構成要素としたために、人口は相対的に稀少となった。そのため資本集約的方法をとって労働の生産性をあげた。また、フロンティアの存在が自明のものとされ、資源が稀少であるという認識はなく、近代世界システムはその本質として資源浪費型の経済システムであったといえる。その象徴である産業革命は資本集約型であり、大量の石炭を使うエネルギー資源浪費型の生産革命であった。

それに対して近世江戸社会はどうであったか。土地が狭く、人口が多かった日本では、徹底的に資本の節約がはかられ、労働を多投した。それを「勤勉革命」（速水融）というならば、それはまた資源を節約することに工夫をこらした生産革命でもある。江戸のごみは川や堀を使って江戸湾まで運ばれたが、途中で肥料、金物、燃料としてリサイクルできるものは選別され、それぞれ農家、鍛冶屋、風呂屋に運搬された。そこには物を粗末にしない思想と行動がある。

これまではもっぱら「近代世界システム」の文明的達成が世界大に拡散したが、ついに行き詰まってしまった。今や近世江戸社会のあり方こそ見直されるべき時が来た。[16]

川勝氏によってグローバルに見る眼が与えられたが、もう少し江戸社会の内部事情に立ち入ってみたい。その際に豊富な題材を提供してくれているのが石川英輔氏である。[17]

(二)　江戸の汚水は貴重な商品

汚水処理について考えてみよう。有名なパリの大環状下水道が完成したのは一七四〇年であり、一八二二年にはその総延長が三七キロになっていたという話を聞かされると、フランスは何と素晴らしい文明国かと感動する人が多い。しかし、その汚水はそのままセーヌ川に放流されており、しかもまだきちっとした上水道がなかったため、人間の排泄物を含んだ生の下水がどんどん放流されるすぐそばで、セーヌの水を汲み上げて飲料水にしていたのである。

江戸はどうか、ここでは屎尿が川にたれ流されることは決してなかった。なぜならそれは優れた肥料であったからだ。石川氏は一〇〇万人といわれた大江戸市民たちは、化学肥料に換算して年間ざっと五万トン近い肥料を生産していたと計算している[18]。しかもこの肥料は農民に金を取って売り渡しをする立派な商品であった。S・B・ハンレーは、西洋と日本の大きな相違は、日本では人間の排泄物が西洋に比べてはるかに価値のある商品であったことであるとし、それが肥料として注意深く回収されたので、上水道はその水源から都市内のパイプに至るまで汚染から守られたという[19]。言い方をかえれば、西洋では下水に流すべきものが、日本では農業の再生産の道具、すなわち肥《こや》しとなって都市近郊の農村に還流したために、「流す設備」は必要なかったわけである[20]。

(三)　江戸時代のエネルギー消費

それでは次に、江戸時代の生活と現代の生活を、エネルギー消費の点からみてみよう。

世界の工業先進国という晴れがましい地位に立った日本で、現在の快適な生活を送るためにいったいどれほどのエネルギーを消費しているのであろうか。これまた石川氏の計算によれば、石油に換算して、日本人一人当り、お年寄りと赤ん坊も含めて、毎日一〇リットル使っていることになる。夫婦に子供二人の標準的な家庭では、毎分小さじ一杯分程度の石油が必要なのである。(21)

それでは江戸時代のような生活ではどうだろうか。結論だけ言えば、一人当り現代の一〇〇分の一にすぎないのだ。燃料の薪や木炭も、江戸時代のような使い方をしている限りでは、太陽エネルギーを使っているのと同じだという。同じように木を燃料にするといっても、植物を根こそぎ取って大地を砂漠化させてしまう現在と違って、森林資源にとってほとんど影響がない。石川氏の巧みな表現を使わせてもらえば、江戸社会は「どんどん増える豊富な貯金をちびちび使っていたようなもの」であったのが、現在は、「親の残した財産を派手に喰いつぶしながら贅沢な生活をしているドラ息子のような状態」である。人間の幸福が、本当に便利さの程度に比例している証拠はないし、便利な生活が本当に幸福で、不便な生活(ただし江戸の人々が自分たちの生活を不便だと思っていたわけではない)が本当に不幸なのか、まだ結論は出ていない。ひょっとして、人類は本来こういう便利な生活、エネルギー的な借金生活に耐えられない生物ではないか。

明治維新以降の日本人は、欧米をお手本とし、必至になって後を追いかけてきた。しかし、弱い武力しか持たなかった民族を大砲や銃によって服従させることによって得た富の上に成り立つ文明が、本当にそれほど立派なお手本になり得るのだろうか。自然環境に対しても、ヨーロッパは江戸時代までの日本人とは反対に、かなり敵対的で破壊的な態度を取り続けてきた。ところが、明治以後の日本人は、そんな部分までヒューマニズムやデモクラシーの一部だと勘違いして、せっせと取り込んでしまった。人類が行き詰まるとすれば、それはこの欧米式合理主義が行き場を失った時であって、その時こそ、江戸をモデルとして、貯金の範囲内で生きるという生活態度を地球規模に拡大すべきでないか[22]。

石川氏の見解を要約的に示してきたが、今後の地球環境問題を考えるに際して、川勝氏とならんで、きわめて貴重な提言を多く含んでいるのではないかと思う。

(四)　鎖国は森を守った

最後に、江戸の森林政策を高く評価する安田喜憲氏に耳を傾けてみよう。

戦国～江戸時代前期から始まった大規模な新田開発は、一七世紀後半にはその過剰開発によって、重要な肥料供給源であった採草地を失い、また材木の伐出が山林の保水能力を弱め、水源涵養林としての役割を果たせなくなるなど、種々の弊害が続出するようになった。こうした問題に対処すべく、幕府は寛文六年（一六六六）に『山川掟三ヵ条』を発布し、河川上流部の山々に植樹を行なったり、山間部での焼畑を禁止するなど、不用意な開発をいましめている[23]。

さらに、塩田や窯業の盛んだった瀬戸内海沿岸では、森林資源の枯渇が深刻な問題となったため、藩は御《お》建山《たてやま》、御《お》留山《とめやま》などを設けて森林資源の厳重な管理、統制を行なうようになった。広島藩では、宝暦六年（一七五六）に御建山の木を無断で切った久左衛門が、打ち首になっている。安田氏は、こうした〝木一本が首一つ、枝一本が腕一つ〟といわれた厳しい統制について、もとより現代の日本人の価値観においても、国際的にも通用するものではないと断わりつつも、「そこまでして森を守ろうとした姿勢の中には、現代人が忘れている何かが、とりわけ自然と人間との関わり方における反省すべき問題の本質に鋭く迫っている何かがあるように思える」という[24]。

また、鎖国はいわゆる「地理上の発見」を契機とした、緑を徹底的に破壊するヨーロッパ文明の嵐のような攻撃から、日本の森を守る役割も果たした。ヨーロッパ文明とりわけキリスト教は、それまでアジアやアフリカで温存されてきたアニミズムの文明を、邪悪な教え、人間軽視の文明として蔑視し、それらを徹底的に破壊した。日本は鎖国のためにヨーロッパ文明の破壊を受けることからまぬがれたわけであるが、これまでの日本の教育は、そのために人間性の解放が遅れたこと、木の命一つと人間の命一つとを等価値にみる行為を野蛮で未開、封建的とみなすことに重点を置いてきた。しかし、人間性を解放し、人間らしく生きるためには森を守ることが必要なんだということが、多くの地球人によってはっきりと意識され始めた現代においては、木一本が首一つといって森を守ってくれた江戸の先人たちの行為を、全く野蛮な行為とはきめつけられないのでないか。[25] このような安田氏の主張を、今や我々も真剣に考えるべき時に来ているのではないだろうか。

これまで二つの観点、すなわち「貧農史観」からの脱却と地球環境問題から、最近の研究を整理しつつ、私なりに論を組み立ててみた。紙幅の関係で言い残したことも多いが、本稿の内容からだけでも、これまでとは違った江戸時代のイメージが得られるものと確信している。

（1）拙稿「江戸と明治―断絶か連続か」『近現代史の授業改革5』一九九六年九月、明治図書、所収（本書第六章）。
（2）板倉聖宣『歴史の見方考え方』仮説社、一九八六年、二一～二三頁。
（3）もちろん、これは農民が買いもどすか、金銭で年貢を払っていたという想定である。同、四四頁。
（4）同、四〇～四二頁。板倉氏は表などを使いながら、さらに詳しく説明している。
（5）同、四四～四五頁。傍点は原文。

（6）（7）佐藤常雄＋大石慎三郎『貧農史観を見直す』講談社現代新書、一九九五年、一一四〜一一五頁。

（8）同、一一六〜一一七頁。さらに西山松之助他監修『江戸時代の常識・非常識』ＰＨＰ文庫、一九九五年、一八八〜一九〇頁、をも参照。そこでは近江国膳所《ぜぜ》藩栗太郡里村その他の例があげられ、実質二〇〜十数パーセントという数値が示されている。

（9）網野善彦「百姓の実像を探っていくと、江戸の身分制度をめぐる常識のウソがわかる」『逆転の日本史』〔江戸時代編〕洋泉社、一九九六年、所収、七九〜八一頁。

（10）同、八五〜八八頁。輪島は実際には中世から都市であったのに、江戸に入って制度上は村扱いされてしまって、実態が隠されてしまっている、こうした都市が多かったというのが網野氏のもうひとつの主張である（同、八一〜八三頁）。

（11）（12）Ｓ・Ｂ・ハンレー＆Ｋ・ヤマムラ（速水融・穐本洋哉訳）『前工業化期の日本の経済と人口』ミネルヴァ書房、一九八二年、二〇三頁。なお、本書にも、徳川時代の極端に暗いイメージを相殺し、バランスのとれたものにしようという意図がある（同、ｉ頁）。

（13）同、二三八頁。

（14）鬼頭宏『日本二千年の人口史』ＰＨＰ研究所、一九八三年、一七三〜一七四頁。

（15）川勝平太「江戸社会を世界大の視点で見直すとき」『すべては江戸時代に花咲いた』農文協、一九九六年、所収、九、一四頁。

（16）同、一〇〜一四頁。

（17）石川英輔『大江戸えねるぎー事情』講談社、一九九〇年。

（18）同、二四三頁。なお、大石慎三郎氏は、江戸一〇〇万人が年間に排泄する屎尿の量を、四三万八〇〇〇キロリットルと計算している。まさに江戸は日本第一の下肥《しもごえ》製造工場であった。同『江戸時代』中公新書、一九七七年、一三三〜一三五頁。

(19) S・B・ハンレー『江戸時代の遺産』中公叢書、一九九〇年、一一〇～一一八頁。さらにハンレーは、一七世紀中頃から一九世紀中頃にかけて、首都の公衆衛生は、給水の量についても、ゴミ処理についても、日本の方が西洋より上だったという（同、一一七頁）。

(20) 前掲『江戸時代の常識・非常識』一二頁。屎尿処理についてさらに詳しくは、石川英輔『大江戸リサイクル事情』講談社文庫、一九九七年、一五四～一七六頁、淡野史良『人間らしく生きるなら江戸庶民の知恵に学べ』河出書房新社、二〇〇〇年、一九八～二〇七頁、参照。後者には、屎尿代の大根三〇〇本にこだわった滝沢馬琴の姿が描かれている。

(21) 石川『大江戸えねるぎー事情』、二六一頁。

(22) 同、二六二～二六七頁。

(23) 佐藤＋大石、前掲書、三八～三九頁。

(24) 安田喜憲『文明は緑を食べる』読売新聞社、一九八九年、二一七～二一八頁。傍点は引用者。

(25) 同、二一八～二二〇頁。

第八章　江戸時代教育の問題点と展望

はじめに

最近、小・中・高校の教科書の江戸時代の箇所を通覧する機会があったが、確かに以前に比べて改善されている面もあるとはいえ、新しい研究成果に照らし合わせた時、きわめて歪んだ見方で叙述されている部分も非常に多いと感じた。とりわけ農民や女性に対する偏見は著しく、また鎖国に対してもその評価や当時の情報のあり方について、あやまった見方がなされている場合が多い。そこで今回は特にこの二点にしぼってこれまでの問題点を整理するとともに、児童生徒が学ぶべき新たな江戸時代像を提示してみたい。すでに私自身、同様の問題について三篇の拙文を公にしているが、(1)ここでそれらを総合しつつ、さらに新たな内容を付け加えることができたらと思っている。

一、江戸時代は女性にとって「暗黒」か

まず江戸時代の女性がどのように扱われているかを見てみよう。ある中学校の教科書のコラムには次のように書かれている。

江戸時代の中ごろから、女性の最高の心得書として『女大学』が広く読まれました。この本には、結婚した女性は「夫を主人と思い、うやまい、よくつかえること」、「夫が死んだら子に従う」などとしるされ、夫に忍従する妻がよい妻とされました。また家をつぐことが重視され、子供が生めない時は離縁されることもありました。離縁は夫側から行われ、離縁の確認と再婚も許す意味で離縁状（三くだり半と俗称される）もだされました（傍点は引用者、以下同じ）。

やや引用が長くなったが、どの教科書も大なり小なりほぼ同様の叙述がなされている。しかし、こうした江戸時代＝女性蔑視ともいえる捉え方は正しいのであろうか。これを離婚問題から考えてみたい。つとに石井良助氏のすぐれた書物があるが[2]、今回は高木侃氏のものを参照する[3]。

これまで江戸時代の女性の地位の低さを象徴するものが、「三くだり半」と考えられてきた。すなわち先の教科書にもあるように、夫が自分の意のままに一方的に妻を離縁できたのに対して（「追い出し離婚《専権離婚》」）、妻はそのたたきつけられた離縁状を持って泣く泣く実家に帰った、哀れな女というイメージである。ところが高木氏が多くの「三くだり半」を分析した結果、従来の観念とはおよそ異なったものが見えてきたのである。結論からいえば、江戸時代の離婚は夫専権離婚《おっとせんけんりこん》ではなく、むしろ妻の「飛び出し離婚」がかなりあったから離婚が多かったのである。そして多くは夫婦（夫婦をとりまく両家）間の協議をともなう「熟談離婚《じゅくだんりこん》」であったと高木氏は考えている。

実際、江戸時代にあっては庶民の女性は生き生きとしていた。とりわけ農民の家族では、妻も夫とともに働かざるをえなかったから、女性の地位はその労働力の故に、必ずしも低くなく、ときにきらいな夫のもとを飛び出して実家に戻っても、さほど抵抗なしに受け入れられたようである。しかも離婚後もその労働力が期待され、再婚の申込みがあちこちからあったと想像され、離婚して実家に帰った「出戻り」は、一度結婚したことがいろいろの経験を積んだものと評価されこそすれ、必ずしも「きず物」扱いをうけることはなかった。つまり離婚はタブー視されず、また離婚にマイナス・イメージはなかったのである。

それでは江戸時代の女性に対する歪んだイメージはいつ形成されたのか。高木氏は明治中期だという。江戸時代はタテマエにしかすぎなかった男尊女卑が、明治民法によって法的に（ホンネとして）強制された結果である。それが根づくと、明治がそうならその前の江戸時代はもっと女は男に隷属していただろうと思うようになることは必然である。しかも時あたかも、良妻賢母主義の教育政策とのかかわりから、「貞女《ていじょ》二《に》夫《ふ》にまみえず」の思想を説く貝原益軒の『女大学』が、より積極的かつ現実的なものとして読まれるようになった。それにともなって、離婚はタブー視され、当然にマイナス・イメージとして理解されていくのである。

最後に、「三年子無きは去れ」という俚諺があるように、子供を生めなかったことが離婚の原因になったのであろうか。速水氏による濃尾の一農村西条村の分析によれば、天明元年（一七八一）から四〇年間の離婚は二〇件で、同じ時期の結婚件数一〇六件の実に一九パーセントに達し、夫婦五組に一組は離婚したことになる。その後の五〇年では激減し、結婚一二三件に対して六件と五パーセントになった。が、全期間を通じてみるならば、離婚数は結婚数の一一パーセント弱、九組に一組の割合で、これは想像していたよりも高い。しかも、離婚件数二六のうち、一四の例には子供がいるから、妻が子供を生まなかったことが、離婚の強い理由であったとは考えられないという。逆に子供を生まなくても、結婚が長期にわたって続く場合も少なからずあった。(4)

以上のような考察ののちに、改めて先の教科書の叙述を眺めれば、もはや全面的に書き改められなければならない感を強くするのは、私一人だけではないであろう。

二、農民は飢えと貧困から間引きをし、一揆を引き起こしたのか

今日、江戸時代の農民が極端に貧しかった（いわゆる「貧農史観」）という観念は、ほとんどすべての日本人が持ち合わせているものではないだろうか。当然小・中・高の教科書のすべてが、ニュアンスの違いはあれ、農民の重い年貢負担（「百姓共は死なぬ様生きぬ様に」）、その結果としての農民の極度の貧困、間引き、一揆、厳しい身分統制、「慶安の触書」による日常生活の規制などについて論述している。教科書によっては、厳しい労働のなかにあって、正月や盆、秋の鎮守の祭りには、村じゅうの農民が仕事を休んで楽しいひとときをすごしたという記述もあるが、全体としては非常にグルーミーな印象を受ける。しかし私は、このような農民の捉え方に対しても、全面的に再検討する必要があると考える。

何よりも「五公五民」は果たして実際の農民負担率であったのだろうか。収穫の五割も租税として取り上げられたとすれば、農民は完全に再生産機能を喪失してしまうであろうし、農村人口も激減したはずである。こうした疑問に佐藤常雄氏が見事に答えてくれる。(5)

年貢率は「村高」に対する領主取分の百分率で算出される。そしてこの「村高」は検地で決定されるわけだが、その時点で土地生産性や土地面積を正確に把握できたかどうかも疑わしい上に、検地は原則として一七世紀までに終了しており、一八、九世紀には制度上「村高」は一定になってしまうのである。その結果、検地以降の土地生産性の上昇、収益性の高い商品作物の導入、農産加工業の進展、農民の賃銀収入などといった経済条件が、この「村高」には

反映されていないのであって、形式と実質では大きな差が出てくることになる。そのため例えば信濃国更級郡中氷鉋《なかひがの》村の形式上の年貢率は、一六二八年から一八七〇年にかけての最高が五六、最低が二九パーセントであり、定免法が施行された享保期（一七一六〜三六）以降は四四パーセントとなっているが、中氷鉋《なかひがの》村の属する川中島平での明治初年の実質的農民負担を検討すると、意外にも一〇パーセント未満の税率になってしまうのである。同様に近江国の膳《ぜ》所《ぜ》藩領の村々でも十数〜二〇パーセントの水準になる。ここからは決して年貢の過重負担という歴史的事実を導き出すことはできないであろう。

　佐藤氏はさらに、一八世紀後半以降になると、年中行事の内容が変化して、祭礼日・農休みという性格よりも、娯楽性の強い遊び日として意識されるようになったことを指摘し、地域差はあるが、年間三、四〇日台から場所によっては六〇日以上、最大八〇日までも増加したムラもあったとされる。農民は決して働くだけしか能のない存在であったのではなく、農繁期には老若男女を問わず昼夜をおかずよく働いたが、農休みには村民こぞって骨休みをかねてよく遊ぶという勤労観と余暇観をもっており、四季の移り変わりという自然のリズムに対応した労働と遊びを共に行なっていたのである。幕藩領主がこうした農休みの過度な遊興化の禁止などのために出した倹約令も、農民生活の悲惨さを意味しているのではなく、逆に農民の豊かな暮らしぶりの一端を示しているのである。これまで農民は貧困ゆえにアワやヒエしか食べられなかったというイメージが強いが、米をよく食べていたからこそ「慶安の触書」で「米を多く喰いつぶし候ハぬ様に」と警告しなければならなかったと、これもまた逆に真理を読み取るべきだと私は考えている。(6)

　このように予想以上に農民の豊かさが浮彫りになってくると、これまで貧しいがゆえに口べらしのために行われてきたと考えられてきた間引きや堕胎についても、見方の変更を迫られることになる。すなわちこれまで、徳川時代後半の緩慢な人口成長は、繰り返し広範囲にわたって起こった飢饉、およびその結果としての絶望と貧困に苦しむ農民による堕胎、間引きの慣行によって説明されてきた。だが、近年の江戸時代に関する経済成長や人口動態の研究は、こうした通説に対して異議を唱えるのである。なぜなら同じ時期に、いたるところで生活水準の改善が、言いかえればすでに触れた農民の豊かさの向上がみられるからである。それならば緩慢な人口成長は何に由来するのか。S・B・ハンレーとK・ヤマムラは、ある時点で（おそらく一八世紀）、農民は子供の数が多いことを経済的な負担とみなしはじめ、その後まもなく結婚と出産率に対する社会的制限が強化され、加えて、個々人が自分たち自身の出産率を制限しはじめたからではないかと考えている。こうした行動をとった主たる理由は、人々が追加的な子供と財およびサービス、あるいは、生活水準や農村社会内における彼らの地位の改善、維持に必要な富の蓄積との「選択《トレード・オフ》」をはじめたためと仮定するのである。通常は子供の数を制限し、時には、それを望ましい数に引き上げるべくその規模を意識的に強制していた。その制限するためにとられた方法の一つが堕胎であり間引きであった。[7]

それでは百姓一揆はどうなるのか。これまで見てきたような、農民の生活上のゆとりからみて、抑圧や収奪に抵抗して、支配層に対して「全面的対決・闘争」を挑んだり、絶望に駆られた百姓が死に物狂いで、「体制打倒、世直しのために果敢な階級闘争に訴える決意をした」という、いわゆるマルクス主義的な階級闘争史観で一揆を見ることは私にはどうしてもできない。この点で、水谷三公氏の書物は問題解決の方向を示しているのではないか。[8]氏も従来の一揆研究の中にあるような、一揆を起こす民衆は常に正しく、かつ歴史の進歩を体現する、他方これを「弾圧する封建的領主階級」は、歴史の大勢に逆らう反動といった単純な解釈に懐疑的である。そうでなく、江戸時代後半だけでも何千件とあった一揆の大多数は、主に経済・財政的な目的を獲得するため、かなりよく計算され、統制された政治的集団圧力行動、あるいは権力ゲームとしての側面が顕著な運動だったのではないか。あえて言えば、江戸時代後半の一揆はしばしば農民の賃上げ・減税要求闘争、あるいは地方別春闘と考えた方がわかりやすいのではないか。氏はこう主張しながら、大筋のところ、一揆を春闘類似の、制度化の進んだ政治ゲームと考えた方が実りは多いという。長い間新しい説明を探してきた私にとっては、氏の解釈の方がはるかに説得的のように思えるのである。

三、鎖国のマイナスイメージをどう払拭するか

まず日本語の語感から検討しなければならない。なぜなら「鎖す《クローズ》」は「開く《オープン》」に対して負のイメージがあり、「江戸＝鎖国＝封建制の完成」VS「明治＝開国＝近代化の進展」という図式ができあがると、前者は後者に比べて価値が劣るという評価を受けることになってしまうからである。実際かつて和辻哲郎氏は鎖国を「日本の悲劇」と呼んだ[9]。ところで現行の教科書ではどうなっているのだろうか。鎖国によって「日本人の海外への道が閉ざされ、ヨーロッパ諸国にくらべて政治、経済、文化の発展にたちおくれることになった」とか「日本人の海外へ進出する活力はおさえられ、とくに大名や商人らの活動は規制された。……世界との交流がじゅうぶんにおこなわれなかったことは、さまざまな影響を与えた」といった、マイナスの評価をしているものが高校の教科書にみられる。が、小・中の教科書の大多数は、鎖国が幕府の貿易と情報の独占であるといういわば客観的叙述にとどまり、さすがに「さまざまの美しいものや優れたもの、再びすることのできない個性的なものをわれわれに伝えた。……しかしそれらのものの代償としてわれわれがいかに多くを失ったか」という和辻流の得失論は影をひそめたように思われる。ただ問題は教える側

の意識改革で、こうした改善についていけているかどうかであろう。もとより幕府による情報の独占を文字通りに取ってはならない。「オランダ風説書」は幕閣上層のみが知り得たという記述がしばしばあるが、決してそうとはいえない。関係者の間から思いのほか早くその情報が洩れて、流布活用されていたようである。たとえば、杉田玄白は、寛政九年六月二八日付の「風説書」の内容を、同閏七月一二日の日記に認めているのである。[10] 詳しく分析できないのが残念だが、情報という観点からみた場合、鎖国のなかでコミュニケーションに関わるインフラストラクチャー（社会基盤）が徐々に形成され（書籍や瓦板などの印刷メディア、梅岩の系譜をひく世間の情報を折り込んだ心学道話、各地の藩校や寺子屋などによるリテラシーや計算能力を高める教育）、近代化への準備が整いつつあったのであって、その意味で江戸時代は緩やかではあったが、一つの情報革命の時代であった。[11]

他方、国家政策という立場からは、また異なった見方が可能である。これまで鎖国を退嬰的、逃避的手段とみなしてこなかったであろうか。小堀桂一郎氏は、国家の自立、国民の結束ということを大事に考える限り、鉄のカーテンとか竹のカーテンとか呼ばれるものは、他国民がそれについて何を言おうと、当事国自身にとっては立派に根拠のある「国際紛争回避の手段」だったのではないか、鎖国もまたしかりだという。[12] しかも海禁という意味では、西欧のインパクトに対して東アジア諸国で共通して取られた政策でもあった。[13] 少なくとも鎖国は二五〇年にもおよぶ長い平和をもたらしたのであって、一七世紀末に戦塵さめやらぬヨーロッパから来て、日本の平和的な生活を高く誉めたたえたケンペルが、今や内外で再評価され始めていることも見逃せない。[14]

さらにノエル・ペリンは、戦国期に至るまでに、日本人が刀から鉄砲へいったん進み、そのあと鎖国時代に入ると鉄砲から刀へと後戻りしたことに、世界史上きわめて重要な意義を見出している。核兵器の廃棄に、この日本の経験が大きな示唆を与えるのではないかというのである。[15] 細かな実証部分には問題があるにしても、全体として知的好奇心をくすぐられる着想である。

さて、鎖国評価のもう一つの方法がある。それが川勝平太氏の提唱する「海洋史観」である。[16] これによれば、世界史的にみた場合、近世社会の成立には二つの道があったという。しかもそれは、両方とも海洋アジアのインパクトに対するレスポンスとして生まれた。日本とヨーロッパである。すなわち大航海時代に、前者は国内の鉱山開発から得た金・銀・銅により、後者は中南米で獲得した貴金属によって、海洋アジアから東洋の物産をあまた輸入していた。その結果、日本でもヨーロッパでも生活様式は根本的な変化を遂げた。ところが不思議なことに、その後の歴史の歩みは正反対で、日本人は活動の舞台を国内に閉じ、ヨーロッパはそれを世界大にひろげた。なぜか。それはアジア物産（木綿・砂糖・生糸・茶が重要部分を構成）に対する両者の赤字解消の方法が異なったからである。つまり、ヨーロッパはアフリカ・アメリカを三角貿易で結ぶ大西洋経済圏を背景にした、資本集約・労働節約型の産業革命によって、日本は、先の品物を自国内に移植・生産しうる見通しの上に、資本節約・労働集約型の勤勉革命（速水融）によって、それぞれ課題を果たすことができたといえよう。これによって両者とも旧アジア文明圏に物産の供給をあおぐ依存状態から脱して、政治・経済・文化の面でアジア文明圏から離脱し、自立することができた。したがって形は違えど、脱亜文明という意味で、両者は対等の意義をもつのである。

おわりに

限られた紙幅で舌足らずな点も多いが、それでもこれまでとは異なった江戸時代像を提起できたのではないかと思う。予想としては、従来のイメージを逆転させれば、かなり真理に近づくのではないだろうか。

（1）拙稿「江戸と明治―断絶か連続か」『近現代史の授業改革5』明治図書、一九九六年（本書第六章）、「江戸時代のイメージ転換」『同9』一九九八年（本書第七章）、「江戸時代像―教科書記述の見直し点」『社会科教育』№四六〇、明治図書、一九九八年（本書補論三）。
（2）石井良助『江戸の離婚』日経新書、一九六五年。
（3）高木侃『三くだり半と縁切寺』講談社現代新書、一九九二年。
（4）速水融『江戸の農民生活史』NHKブックス、一九八八年。
（5）佐藤常雄＋大石慎三郎『貧農史観を見直す』講談社現代新書、一九九五年。
（6）なお、田中圭一氏の研究によれば、この「慶安御触書」は、慶安二年に出されたものではなく、一八、一九世紀のいずれかの時代に『御触書集成』の法編纂のときにくみこまれたものであって、百姓を蔑視したその内容からして、実際にそのまま村方にまでいきわたっていたとは、とうてい考えられないという。同『日本の江戸時代』刀水書房、一九九九年。さらに同氏の『百姓の江戸時代』（ちくま新書、二〇〇〇年）も、従来の農民像を大きく変える好著である。
（7）ハンレー他『前工業化期日本の経済と人口』ミネルヴァ、一九八二年。
（8）水谷三公『江戸は夢か』ちくまライブラリー、一九九二年。

（9）和辻哲郎『鎖国―日本の悲劇』（上・下）岩波文庫、一九八二年。
（10）片桐一男『開かれた鎖国』講談社現代新書、一九九七年。
（11）市村佑一＋大石慎三郎『ゆるやかな情報革命』講談社現代新書、一九九五年。
（12）小堀桂一郎『鎖国の思想』中公新書、一九七四年。
（13）山本博文『鎖国と海禁の時代』校倉書房、一九九五年。
（14）ヨーゼフ・クライナー編『ケンペルの見た日本』ＮＨＫブックス、一九九六年。
（15）ノエル・ペリン『鉄砲を捨てた日本人』中公文庫、一九九一年。
（16）川勝平太『文明の海洋史観』中央公論社、一九九七年。

補論三　「江戸時代像」教科書記述の見直し点

私はこれまでに、江戸時代を見直すために、二篇の論文を著したが、[1] その結果として、従来の江戸時代像は全面的に改められなければならないという感を強くしている。ここでは特に重要な三点にしぼって、考えてみたい。

㈠ 江戸時代＝封建社会は正しいか

江戸時代が封建社会であるという捉え方は、現行の『学習指導要領』をはじめとして、すべての教科書がその大前提としているものであるが、そこには、「近代」とはすなわち「西洋化」された時代＝明治以降という暗黙の理解があるのではないか。言いかえれば、日本史上、近世＝江戸と近代＝明治との間に区切り（断絶）を入れるべきか否かという、時代区分にかかわる大問題である。この点で尾藤正英氏は、織田・豊臣政権の時代を経て、徳川幕府のもとで完成された国家体制は、日本史の上では古代国家と並ぶ第二の統一国家であり、その成立は、日本の歴史をその前と後とに二分するほどの画期的な出来事であったと捉え、近世は明治維新以後の「西洋化」された近代と合わせて、広い意味での「近代」とみなすのが妥当でないかと主張している[2]。これは江戸と明治を連続の相のもとに把握すべきだという、私の考え方にも符合する。

これを資本主義発達の観点からみればどうであろうか。ここでもこれまでは明治期の殖産興業のもとで近代工業の育成がはかられたことになっている。しかし西洋に範をとった改革がかなりの成果をあげて資本主義が比較的早く確立しえたのは、徳川期に資本の本源的蓄積がかなりの程度進んでいたからではなかろうか。このような視点から大谷瑞郎氏は、日本の近代化を、徳川期における近代化という台木のうえに、欧米を範とする「近代化」が接木されたものとみなす。そして徳川期を近代初期と理解し、幕藩体制を資本主義のよりいっそうの発展に対応する高度の統一国家の形成にいたるまでの過渡的な政治形態と捉えるのである[3]。

他方、水谷三公氏は、封建制から脱皮する時期の早さや徹底性の点で、日本はイギリスやヨーロッパよりも「進んでいた」という、従来とはおよそ異なった見方を提起していて興味深い。すなわち、封建制を、土地とりわけ農地保有に公権力支配の基礎を置く統治制度と考えてみた場合、戦国時代後期から進んだ兵農分離と武士の城下町集住政策の結果として、彼らが土地を所有することによって支配階級になるという道は最初から閉ざされていた（ヨーロッパでは土地所有が、貴族すなわち領主への道を開いた事実と対照的）。その意味で、遅くとも江戸時代初期、一七世紀半ばまでには、日本の脱封建は一応完成したとみなせるというのである[4]。

これらの見解はいずれも江戸社会を封建制と理解し、近代は明治からという従来の枠組を大きく修正するものとして、注目に値するものばかりである。

(二)　鎖国は日本にとってマイナスか

日本の鎖国を評価しようとする場合、東アジアと世界大の両方の視点を必要とすると私は考えているが、残念ながら鎖国を東アジアの中に位置付けて理解しようとするものすらほとんどない。私の見た限り、わずかに高校の一冊の教科書にのみ、日本の鎖国が中国の海禁政策と共通のものと記述されているにすぎない。が、このような見方は大変重要で、実際日本の鎖国にみられる諸現象は、必ずしも徳川政権の独創によるものではなく、対外関係の国家独占という意味では、まさしく明や朝鮮の「海禁」に等しいのである。またキリスト教弾圧も、なんらかの意味でキリスト教が国家秩序を乱す「邪教」と判断されて、日本、中国、朝鮮、ヴェトナム、カンボジア、タイにおいて共通してとられた対応であったという点は、おさえておくべきであろう[5]。

ところで、小・中学校の教科書では、幕府による貿易と情報の独占が鎖国であるという記述が圧倒的に多いが、高校の教科書には、鎖国によって「日本人の海外への道が閉ざされ、ヨーロッパ諸国にくらべて政治、経済、文化の発展にたちおくれることになった」というマイナスの評価を下しているものがある。しかし先の東アジアの視点をふまえれば、「一七世紀の前半の時点で日本が鎖国を行ってキリスト教を禁圧し、中心的な文明として朱子学を主軸とする中国文明を選択したのは、むしろ当然であり、和辻哲郎の『日本の悲劇』という評価は鎖国のマイナス面を過大にとりすぎている」という上垣外憲一氏の指摘は、(6)おおむね妥当であろうと思う。ただ私の場合、氏よりはもう少し積極的にプラス面から考える必要を感じている。それが視野を世界大に広げた時に見えてくる側面である。

この点で川勝平太氏の理論が、有力な手がかりを与えてくれるであろう。すなわち、ユーラシア大陸温帯の大部分を襲った「一四世紀半ばの危機」（ヨーロッパ・中東のペスト、元の崩壊を決定的にした紅巾の乱、日本の南北朝内乱）に端を発する東西両世界の海外進出（ヨーロッパは東インド、日本は天竺、南蛮）は、両社会の物産複合（ある地域の社会生活を構成する物の集合）に大転換をもたらした。なかでも、両者がその「アジア貿易圏」から輸入したうちの木綿・砂糖・生糸・茶の四品目は共通して重要部分を構成していた。これらを購入するために両者とも大量の貴金属をあてた（ヨーロッパはラテン・アメリカから掠奪した金・銀、日本は戦国時代の鉱山開発による金・銀・銅）。が、ユーラシア大陸の両端からアジア中枢部に貴金属が流出しつづけるこのシステムはとうてい長続きし得なかった。こうして、両者とも何らかの流通・生産構造の再編成をせざるを得なくなった。ヨーロッパの場合は、アジア物産の輸入代替化は大西洋をまたにかけた開放経済体制＝「近代世界システム」（ウォーラーステイン）を取り、日本は、それらの物産を国内の土壌に移植できる風土的特性に恵まれたために封鎖経済体制＝「鎖国」を取ることで解決ができた。「開放」と「封鎖」という一見正反対にみえる両体制は、ともにアジア物産から経済的に自立しうる見通しがたったことの体制表現で、両者は対等の歴史的意義を有するのである。(7)

以上のように、東アジアの視点による鎖国と海禁を共通に見る眼と、他方世界大の視点によって、ヨーロッパと意義を共有するが、中国、朝鮮にはみられない日本の特殊性を見る眼の接点に、なぜ日本が東アジアの中で「最初の工業国家」となり得たかの理由の一端が浮かび上がってくるのではないだろうか。

(三)　農民は貧困で苦しんでいたか

江戸時代の農民の境遇については、小・中・高ほとんどすべての教科書が、その貧しさ（アワやヒエしか食べられなかったというイメージ）、重い年貢（四公六民、五公五民）、生活全般に亘る厳しい規制について触れている。だが、このような農民生活の捉え方（いわゆる「貧農史観」）についても、今日大きな見直しが始まっている。

佐藤常雄氏は、形式的な「村高」と、実質的な農民負担を検討することで、これまでの数値を大きく修正している。まず年貢率をみれば、それは村高に対する領主取分の百分率で算出される。その村高は検地によって割り出されるが、そもそも検地が施行された時点で、正確にそのムラの土地面積と土地生産性を把握できたのであろうかという疑問がある上に、幕藩領主の検地は原則として一七世紀までに完了しており、一八、九世紀における土地生産性の上昇、収益性の高い商品作物の導入、農産加工業の進展、農民の賃銀収入などといった経済条件が村高には反映されていないのである。したがって、以上を勘案して実質的な年貢率を出すと、信濃国更級郡川中島平の農民負担は、現実には一〇パーセント未満になり、近江国の膳所《ぜぜ》藩領の村々でも十数パーセントから二〇パーセントという水準になってしまうのである。(8) ここからは貧困にあえぐ農村の姿は、決して出てこないであろう。

だとすれば、従来の百姓一揆観もまた、改められなくてはならない。どの教科書も、農民への重税や彼らの生活苦の結果として一揆が引き起こされたと記述しているからである。これについては、先の水谷氏が注目すべき見解を出している。結論から示せば、江戸後半だけでも何千件という一揆があったが、その大多数のものは、主に経済、財政的な目的を獲得するため、かなりよく計算され、統制された政治的集団圧力行動、あるいは権力ゲームとしての側面が顕著な運動であって、春闘類似の、制度化の進んだ政治ゲームと理解した方が実りは多い。それゆえ、越訴を含めた訴訟全体を、抑圧や収奪に抵抗して、支配層に対する「全面的対決・闘争」を挑んだなどとするのは誤解であるというのである。また、民間には槍や刀、鉄砲などかなり多量の武器在庫があったにもかかわらず、実際の使用は控えたようで、もし「絶望に駆られた」百姓が死に物狂いの抵抗を決意したり、「体制打倒、世直しのために果敢な階級闘争に訴える決意をした」とするなら、それらの武器の自制は理解しにくいのではなかろうか。

さらに「苛酷」だとされる一揆首謀者の処分も、現代国家以前の世界では、治安や社会秩序維持がどれほど困難な課題であったかに思いをめぐらせ、放火や殺人はもとより一〇両を越せば単なる強盗、窃盗でも死刑を以って対応せざるをえなかった「旧体制」の文脈の中で、相対評価する必要がある。(9)

今や江戸時代の一揆の中に、あまりにマルクス主義的な階級闘争を読み込むことは、厳に戒めるべきであろう。

(1) 拙稿「江戸と明治―断絶か連続か」『近現代史の授業改革5』明治図書、一九九六年（本書第六章）、「江戸時代のイメージ転換」『同9』一九九八年（本書第七章）。
(2) 尾藤正英『江戸時代とはなにか』岩波書店、一九九二年、IX頁。
(3) 大谷瑞郎『幕藩体制と明治維新』亜紀書房、一九七三年、一一九、一二八頁。
(4) 水谷三公『江戸は夢か』ちくまライブラリー、一九九二年、六九～七六頁。
(5) 荒野泰典『近世日本と東アジア』東大出版会、一九八八年、序を参照。

(6) 上垣外憲一『「鎖国」の比較文明論』講談社、一九九四年、二四七頁。
(7) 川勝平太『日本文明と近代西洋』ＮＨＫブックス、一九九一年、第一部4参照。
(8) 佐藤常雄＋大石慎三郎『貧農史観を見直す』講談社現代新書、一九九五年、九一頁以下。
(9) 水谷、前掲書、第五章参照。

第九章　『坂の上の雲』もう一つの読み方

――「タテの異文化」理解の観点から――

一、「タテの異文化」とは何か

長い間私は、「一九世紀ヨーロッパ歴史像」を批判する方法を模索してきた。その一九世紀歴史像によれば、古代オリエント→ギリシア、ローマ→アルプス以北のヨーロッパ→ネーデルランド、イングランドという諸文明の時系列上の流れこそが世界史の根幹を形作り、しかもそれらはその流れとともに絶えざる進歩を成し遂げてきたというのである。私は前者の歴史の流れについては、世界の各地域で展開された歴史をそれぞれ対等のものと捉えなおす、「グローバルな見方」によって相対化すべきことを提唱した。(1) 後者のいわゆる進歩史観については、これこそが本稿の核心に触れることになるので、少し詳しく説明する必要がある。

さて、もしも世界史が現代に向けて進歩＝発展を遂げてきたのならば、必然的にすべての過去は現代にくらべて劣っているということになる。小谷汪之氏のたくみな比喩を使わせてもらえば、過去は現代の「未熟児」ないし「胎児」ということになってしまう。(2) しかしこのような捉え方は、近代人の盲目的なおごりでないか、それよりむしろ過去を独自な個性をもった「異文化」として見た方がよいのではないかと小谷氏はいう。また小林道憲氏は、進歩史観はいわば昔は悪かったと思うことによって、現在の自分の幸福に満足するような見方であるが、過去の事実は、そう簡単にひとつの図式で大づかみにすることはできない一種の「尊厳性」をもっていると主張する。(3)

私自身はどうかといえば、すでに一四年以上も前になるが、当時高等学校で「現代社会」の実践のために文化人類学を勉強していた。そしてその本質である、各文化それぞれがかけがえのない価値をもつという「文化相対主義」の重要性に気づかされていたのである。そのような折に、先の小谷氏の歴史＝異文化という発想に非常な啓発をうけ、それならば、現在地球上に存在するさまざまな同時併存的＝共時的文化を「ヨコの異文化」、歴史的＝通時的に存在する文化を「タテの異文化」と構想できるのではないか、そして前者によって現在の日本文化を相対化できるように、後者によって現代そのものを相対化できるのではないかと考えたのである。(4)

　現在では、進歩史観を克服しようと努力している真摯な歴史家の間で、いま述べてきたような観点は共通のものとなりつつある。たとえば近藤和彦氏は次のように述べている。

「歴史学は、過去に生きたさまざまな人間、さまざまな社会のありかた、またその変化を対象としている。一〇〇年前、千年前にも人はそれぞれに生き、喜び、悲しみ、愛し、執着し、争い、協力していた。現在のわたしたちの世界とはちがうかもしれないが、それぞれの意味とまとまりのある世界に人々は生きていた。歴史学とは、そうした過去という異文化を考察し、甦《よみがえ》らせる営みである。いわば精巧なタイム・マシーンをつくる営みともいえる。そうすることによって姿見《すがたみ》にうつしだすように、いまの時代を相対化し、省《かえり》みることができる」(5)。私が論じてきたことの見事なまとめをここに見ることができる。もう一人、井野瀬久美恵氏の考えを聞いてみたい。「今とまったく違っていることへの驚き――それは異国を旅して感じるカルチャー・ショックに似ている。歴史のおもしろさは、このショックから、彼らの時代、彼らの生活には、二〇世紀末のわれわれとはまったく異なる『彼らなりの常識や世界観』があったことを知ることにあるような気がする」(6)。こうして氏は「カルチャー・ショックとしての歴史」を主張するのである。両者とも歴史は「異文化」であるという観点から、「それぞれの意味とまとまりのある世界」や「彼らなりの常識や世界観」を理解しようとする。言いかえてしまえば、時代時代における差異の感覚を楽しむことでもあろう。

私はこれまで「タテの異文化」理解の構想のために、科学史、歴史人口学、社会史、心性史などの領域から多くを学んできたが、[7]ここでは特に心性史に注目してみたい。これについてはフィリップ・アリエスが多くのことを教えてくれる。このアリエスこそ最も早くから「諸時代の差異」に着目し、それこそが歴史の本質的属性であり、その探究が「本物の歴史学」であって、人は自分を移動させることで他者がなにであるか発見するためにも、「異国体験」dépaysement《デペイズマン》が必要であると説いてきた。[8]彼は、ある事柄がある時代のある文化では理解可能で受容されていたのに、他の時代、他の文化ではそうでなくなった時、そこに心性の変化が入り込んだという。[9]「心性」mentalité《マンタリテ》とは集合的無意識あるいは集合的非意識といったもので、集合的とは、ある特定の時期の社会全体にとって共通なものの謂であり、非意識とは、その時代の人々によって、ほとんどあるいは全く知覚されないことである。[10]歴史家の一つの使命は、現在の心性とは異なった過去のそれを明らかにし、またその変化の要因を探ることにある。

以上、「タテの異文化」についていろいろ述べてきたのはほかでもなく、司馬遼太郎氏が『坂の上の雲』の中で、われわれときわめて類似するやり方でもって、日露戦争当時の日本社会を描こうとしているからである。

二、もう一つの司馬史観

そこで、いよいよ司馬氏の方法論を、正面から論じてみようと思う。

「『坂の上の雲』を書き終えて」には、司馬氏がこの作品を執筆するにあたって、留意した点がいくつか述べられている。私なりに整理してみると次の三点である。第一に、ドグマに頼って書いていないということである。次のように言っている。「もともと私は他人のドグマを信じたり、自分のドグマに陶酔したりすることのできない一種の不幸な性格をもっているから、一つの場面について残っている事実群をできるだけ多くあつめ、それらを透過してこれが真相だろうと私が思い、かつ大多数の良識の承認を得られるであろうということを積みあげてみたのである」[11]。そして氏が参照したのは、参謀本部編纂の『日露戦史』であるが、そこには事実の羅列のみあって、一行の真実も、軍隊運動についての価値観もなく、まして戦術上の批判も書かれていないため、掲載された戦況ごとの地図五百枚ほどを見ながら、一つ一つの価値をきめてゆかねばならず、その他の資料も含めて「自分自身が日露戦争そのものをあらためてやってみる作業であった」という[12]。ここに私は、事実の集積の上に、イデオロギーを排して、歴史を可能な限り客観的に再構成するという、あるべき歴史家の姿を司馬氏に見るのである[13]。それゆえ当然このこととかかわって第二に、「私はこの作品を書くにあたって日露いずれもえこひいきせず、人類がもった一時期の一局面という立場で公平に見ようとしたつもりである」[14]という公平観も出てくる。すでに藤岡信勝氏は、「司馬史観」の四つの特徴として、①健全なナショナリズム、②リアリズム、③イデオロギー不信、④官僚主義批判を掲げているが[15]、ここでは③を強く確認できるのである。

そして第三に、これが私の主張と深くかかわるのであるが、現代の眼から判断するのではなく、できる限り日露戦争当時の日本の置かれた環境の中で、日本人を捉えようという視点、すなわち私のいう「タテの異文化」理解がある。もし日本がロシアに負ければ、日本本土はその属邦になってしまうであろう。すくなくともそうなるまいと矮小《わいしょう》な国家が可憐なほど緊張した時代を、とくに「その気分の中に生きたひとびとを中心に書いてみた」[16]と。つまり、時代の雰囲気を捉える視点といってもよいであろう。この点もう少し別の箇所の指摘も含めて考えてみたい。『坂の上の雲』

第一巻「あとがき」[17]には本作品の目的が次のように述べられている。「たえずあたまにおいているばく然とした主題は日本人とはなにかということであり、それも、この作品の登場人物たちがおかれている条件下で考えてみたかった」[18]と。そして維新後、日露戦争までの三〇余年は、文化史的にも精神史のうえからも、ながい日本歴史のなかでじつに特異な時代と考える司馬氏は、左右のイデオロギーが国家や社会をふりまわしていた昭和二〇年までの昭和は、明治と比較して「別国の観があり、べつの民族だったのではないか」[19]とまでいうのである。

さらに司馬氏は、「江戸期の日本はべつの体系の文明だったが、まったくそれとはちがった体系の〝明治国家〟を成立させたということは、知的な意味での世界史的な事件ではないか」[20]ともいう。こうしてみれば、氏は江戸、明治、昭和それぞれの別の体系をもった文明と捉えており、先のアリエスのいう「諸時代の差異」を明確に意識していることがわかる。面白いことに氏は明治国家を人類の一遺産と考え、「たとえば、一九世紀のアメリカ東部に展開したプロテスタンティズムという精神の社会が、いまのアメリカ合衆国とじかにつながっていると見るよりも、歴史の中で独立し、ときには連鎖せずに孤立しているとみるほうがより親しみぶかく感じられるように、明治国家も、ある時期の世界史にそういう国があったと見るほうがわかりやすい」[21]とも述べている。現在私自身は、世界のそれぞれの地域と時代において、「タテの異文化」と「ヨコの異文化」を組み合わせた世界史を構想しているが、この文章の中にもそのための一つのヒントがあると思っている。

もう一つ実に興味深い指摘がある。「一つの時代がすぎ去るというのは、その時代を構築していた諸条件が消えるということであろう。消えてしまえば、過ぎさった時代への理解というのは、後の世の者にとっては同時代の外国に対する理解よりもむずかしい」[22]と。その例として、三国干渉後に流行した「臥薪嘗胆《がしんしょうたん》」という言葉をあげ、当時の日本人がどれほどロシア帝国を憎んだかは、「この当時にもどって生きねばわからないところがある」[23]と述べている。

それほどまでにこの言葉は時代のエネルギーにまでなっていたのである。確かに私も現存する「ヨコの異文化」にくらべて、消え去った「タテの異文化」の方が理解がより困難と感じており、この点で司馬氏に同感である。が、氏が過去それぞれの時代を異なった文明体系と捉え、さまざまな諸要素により組み立てられた構造と考えていることは疑いないであろう。それゆえ、先に触れた藤岡氏が示す司馬史観の四つの特徴に、過去を「タテの異文化」として見るもう一つの視点を付け加えることができるのではないかと思うのである。

三、明治国家と「国民」の心性、日露戦争

以上の観点から改めて『坂の上の雲』を読んでみた場合、司馬氏は当時の国家や民衆、戦争についてどのように考えていたのであろうか。

明治維新によって日本人ははじめて近代的な「国家」というものをもった。これによって日本人だれもが「国民」になったのである。司馬氏は、「不馴れながら『国民』になった日本人たちは、日本史上の最初の体験者としてその新鮮さに昂揚した。このいたいたしいばかりの昂揚がわからなければ、この段階の歴史はわからない」[24]といい、ここでも現代の眼で当時の状況を見ることをいましめている。もちろん見方によっては、庶民は重税にあえぎ、国権はあくまで重く民権はあくまで軽く、足尾の鉱毒事件があり女工哀史があり小作争議がありで、そのような被害意識のなかからみればこれほど暗い時代はないであろうが、しかし被害意識でのみみることが庶民の歴史ではないと氏は述べ

る[25]。氏の観点からすれば、明治ほど楽天的な時代はなかった。ヨーロッパ先進国と同じ近代国家をつくりあげようというのが、維新後の新国民たちの少年のような希望であった。「少年どもは食うものも食わずに三〇余年をすごしたが、はた目からみるこの悲惨さを、かれら少年たちはみずからの不幸としたかどうか」、「明治は、極端な官僚国家時代である。われわれとすれば二度と経たくない制度だが、その当時の新国民は、それほど厭《いと》うていたかどうか」と重要な問いかけをしている[26]。

さらに、二〇三高地における日本軍兵士の驚嘆すべき勇敢さについて、次のように述べる。すなわち、近代国家になったということが庶民の生活にじかに突きささってきたのは徴兵であった。近代国家というものは「近代」という言葉の幻覚によって国民にかならずしも福祉をのみ与えるものでなく、戦場での死をも強制するものであった。憲法によって国民を兵士とし、そこからのがれる自由を認めず、戦場にあっては、いかに無能な指揮官が無謀な命令をくだそうとも、服従以外になかった。もし命令に反すれば抗命罪という死刑をふくむ陸軍刑法があったのであって、国家というものが、庶民に対してこれほど重くのしかかった歴史はそれ以前にはない。にもかかわらず、明治の庶民にとってこのことがさほど苦痛でなく、ときにはその重圧が甘美でさえあったのは、「明治国家は日本の庶民が国家というものにはじめて参加した集団的感動の時代であり、いわば国家そのものが強烈な宗教的対象であったからであった[27]」。戦いに赴く兵士にすれば、「祖国の命令は絶対であり、その存在は人間のすべてを規定し、その祖国のために死ぬ死はうたがいもなく（すくなくともこの当時の日本人にとっては）崇高であると信じられていた。そうでなければ成立しようのない現象であった[28]」。

そして司馬氏は正岡子規の戦いの俳句「進め進め角《つの》一声月上《のぼ》りけり」「砲やんで月 腥《なまぐさ》し山の上」「野に山に進むや月の三万騎」を掲げながら、詩人の思想は、一国の社会の成熟の度合と緊密なかかわりがあり、同時代のフランスに生まれていれば全く別な詩人になったであろうし、昭和のいつころかに成人しておれば、国家のなかにおける彼の思想はもっとちがった成熟をとげていたにちがいないという。しかし子規は明治二〇年代という、そういう時代にいた。国家というきわめてロマンチックなものに対し、あくまでも一枚張りのロマンティストであった。「日本人そのものがそういう国民感情のなかにいた。子供がはじめてモデル・シップを手に入れてそれに対して最初の芸術的興奮をおぼえるように、日本人ははじめて手に入れた『国家』と戦争という国家最大の盛事に対し、ことごとくが子規のこの句にうかがえるような無邪気な昂奮に心をおどらせていた」のである。(29)

この点、子規の歌論に批判的な立場を示す梅原猛氏も、子規が「歌よみに与ふる書」によって、『万葉集』の「ますらをぶり」をきわめて高く評価し、逆に『古今集』の「たをやめぶり」を罵倒したのは、彼の心に存在していた愛国の情熱だという。すなわち、ヨーロッパ諸国の帝国主義的侵略を恐れる子規は、それに対抗できるびくともせぬ精神的城壁を作ることを己れの任と考えたのである。そのため勅撰集の「たをやめぶり」の精神では駄目なことは明らかであった。「『ますらをぶり』の復興を要求したのは彼の心の中に具体化した明治という時代の時代精神であった」。(30)子規の歌論改革の方向は、「時代の要求する方向」(31)への改革であった。梅原氏のこれらの指摘は、司馬氏のそれと微妙なトーンの違いはあるものの、本稿との関連できわめて重要だと私は考えている。天才子規も時代精神(一般民衆の「集合心性」といってもよい)から決して自由ではありえなかったのである。

最後に日露戦争そのものについて触れたいが、司馬氏もこの戦争の社会科学的評価はなおむずかしく、さらにひるがえっていえば歴史の価値論というのは一面むなしくもあると言っている。(32)が、次の指摘に改めて注目しておきたい。「人類は多くの不幸を経、いわゆる帝国主義戦争を犯罪とみるまでにすすんだ。が、この物語の当時の価値観はちがっていた。それを愛国的栄光の表現とみていた」(33)。ここでも現代の価値観で当時をおしはかってはならない点に注意を促している。

さて、対外的にみれば、幕末以来日本人が共有していたのは、日本がヨーロッパに侵略されるとか植民地にされるかもしれないという危機意識であった。司馬氏はこの恐怖がいかに深刻だったか、またその即物的反発としての攘夷感情、その副産物としての日本国意識（国家を、砕片の藩として見ず、日本国全体を運命共同体としてみる意識）がいかに強かったかについて述べている。(34)とりわけ一九世紀から日露戦争の時代にかけて、世界の国家や地域は、他国の植民地となるか、それがいやならば産業を興して軍事力をもち、帝国主義の仲間入りをするか、その二通りの道しかなかった。司馬氏は日露戦争の本質を露呈させてしまえば、日露の帝国主義の角のつきあいだという。日露双方が、大英帝国がモデルであるような、そういう近代的な産業国家になろうとし、それにはどうしても植民地が必要となり、ためにロシアは満州をほしがり、植民地のない日本は朝鮮に必死にしがみついた。「後世の人が幻想して侵さず侵されず、人類の平和のみを国是とする国こそ当時のあるべき姿とし、その幻想国家の基準を当時の国際社会に割りこませて国家のありかたの正邪をきめるというのは、歴史は粘土細工の粘土にすぎなくなる」、「日本は自立の道を選んでしまった以上、すでにそのときから他国（朝鮮）の迷惑の上においておのれの国の自立をたもたねばならなかった。日本は、その歴史的段階として朝鮮を固執しなければならない。もしこれをすてれば、朝鮮どころか日本そのものもロシアに併合されてしまうおそれがある。この時代の国家自立の本質とは、こういうものであった(35)」。「日露戦争はロシアの側では弁解の余地もない侵略戦争であったが、日本の開戦前後の国民感情からすれば濃厚にあきらかに祖国防衛戦争であった。が、戦勝後、日本は当時の世界史的常態ともいうべき帝国主義の仲間に入り、日本はアジア近隣の国々にとっておそるべき暴力装置になった(36)」。これらの指摘の中に、私は今とは異質の当時の国際環境の中に身を置いた、冷徹で客観的な司馬氏の観察眼を見るのである。

以上、私の「タテの異文化」理解という立場にひきつけながら、日露戦争当時の日本とそれを取りまく国際社会を見てきた。そうした観点に立つ時、『坂の上の雲』はまたとない素材や視点を提供してくれるのではないかと思うのである。

(1) 拙著『社会科教育の国際化課題』国書刊行会、一九九五年、一〇〜一七頁。
(2) 小谷汪之『歴史の方法について』東京大学出版会、一九八五年、九五頁以下。
(3) 小林道憲『近代主義を超えて』原書房、一九八八年、九二〜一一七頁。
(4) 詳しくは前掲拙著、第一章の三と補論ならびに第二章の三を参照。
(5) 近藤和彦『民のモラル』山川出版社、一九九三年、四頁。傍点は引用者。以下ことわりなき時は、引用文中の傍点はすべて引用者のものとする。こうした過去と現代の等価的異質性を強調し、それによって現代文明を客観化しようとする試みの、我が国における最も早い例は、木村尚三郎氏にみられる。同『歴史の発見』中公新書、一九六八年、一八〜二一頁。その他、同『「耕す文化」の時代』ダイヤモンド社、一九八八年、一一三頁以下参照。
(6) 井野瀬久美恵「歴史を楽しむための発想法」『ドゥ・ブック』一九九六年九月号、第九二巻、所収、一九頁。ただし「彼らなりの」という表現にはやや見下した感があり、「彼ら独自の」と言い変えた方がよいと思う。
(7) 前掲拙著、四五頁以下。科学史においては、村上陽一郎氏に多くを負うている。氏の「歴史の文化人類学化」という発想は、「タテの異文化」のそれに近接する。最近のものとして『文明のなかの科学』(青土社、一九九四年)をおすすめしたい。
(8) フィリップ・アリエス(杉山光信訳)『歴史の時間』みすず書房、一九九三年、三〇九〜三二五頁。
(9) 同(中内俊夫・森田伸子編訳)「心性史とは何か」『〈教育〉の誕生』新評論、一九八三年、所収、一五頁。
(10) 同、四九頁。

(11)　司馬遼太郎「『坂の上の雲』を書き終えて」『歴史の中の日本』中央公論社、一九七四年、所収、九七〜九八頁。以下「書き終えて」と略す。
(12)　同、九三〜九七頁。
(13)　この作品が、「小説でもなく史伝でもなく、単なる書きもの」と主張するのも（同、九七頁）、その客観性のあらわれであろう。
(14)　同、一〇一頁。
(15)　藤岡信勝「『司馬史観』から見た日本近現代史（下）」『社会科教育』No.三九八、一九九四年一一月、一二〇〜一二二頁。
(16)　「書き終えて」九六〜九七頁。
(17)　本稿では、文春文庫版全八巻（一九七八年）を使用するが、もともとは単行本全六巻であった。それぞれの「あとがき」は、すべて文庫版第八巻に収められている。
(18)　「あとがき二」『坂の上の雲（八）』二九五頁。
(19)　司馬『「明治」という国家』日本放送出版協会、一九九一年、七頁。
(20)　同、三〇四頁。
(21)　同、三〇五頁。
(22)(23)　『坂の上の雲（三）』四一頁。
(24)　「あとがき一」二九六頁。
(25)(26)　同、二九五〜二九七頁。引用文中の傍点は原文。
(27)　『坂の上の雲（五）』三九〜四〇頁。
(28)　『坂の上の雲（四）』一四七頁。また、宮古島でバルチック艦隊を発見し、島司の命をうけて電信局のある石垣島まで一七〇キロを決死の思いで力漕した五人の漁夫の壮挙が、二九年後の昭和九年まで知られなかったのは、島司に「これは国家機密だから、たれにても口外しないように」といわれたことを五人が妻にも洩らさず忠実に守ったからであった。司馬氏は、今からみれば異常だが、「日露戦争は日本人のこのような、つまり国家の重さに対する無邪気な随順心をもった時代におこなわれ、その随順心の上にのみ成立した戦争であった」ともいう。『坂の上の雲（七）』三二九頁。

(29)『坂の上の雲（二）』一一八～一一九頁。

(30) 梅原猛『美と宗教の発見』講談社文庫、一九七六年、一一六～一一七頁。

(31) 同、八六頁。

(32)「書き終えて」九六頁。

(33)『坂の上の雲（二）』四九頁。

(34)『「明治」という国家』八二～八三、一一三頁。

(35)『坂の上の雲（三）』一六三～一六四頁。

(36)「書き終えて」九六頁。

あとがき

「まえがき」にも少し触れたが、本書の内容の多くは一つの幸運によって出来上がったといって過言でない。前著『社会科教育の国際化課題』において国際化のことを一通り述べることができた私は、次の課題について思案していた。その際常に頭にあったのは、木下康彦氏（元文部省視学官・岐阜大学教育学部教授）の、私に対する注文であった。それは、高等学校の地理歴史科の方法論、具体的にいえば、地理と歴史を統一する方法論の確立という困難な課題である。前著では、地理＝「ヨコの異文化」、歴史＝「タテの異文化」という形で、異文化を軸として両者の統一を試みたわけであるが、今回さらに別の方法を探りたいと思ったのである。なかなか良い考えが思い浮かばず、思い切って私の勤める大学で地理を担当している外山秀一教授（日本を代表するプラントオパール研究の専門家）に相談してみた。その時に紹介していただいたのが、安田喜憲氏の書物であった（外山氏は安田氏を代表とする共同研究のメンバーの一人でもある）。もう五年以上前のことである。ちょうど早稲田大学で日本西洋史学会に参加する直前で、新幹線の中でまず最初に安田氏の『日本文化の風土』（朝倉書店、一九九二年）を夢中になって読んだことをなつかしく思い出す。内容がそれまで私が考えてきたことと非常にフィットしたものであったからである。私が学生時代から座右の名著としており、私の世界史論でも大きな比重をしめる和辻哲郎の『風土』が正当に評価され、また、大変驚いたことは、私が文化人類学から学び、私の理論の根本をなす文化相対主義が、ここでも歴史の相対主義という形で主張されていることであった。しかし、何よりも衝撃的であったのは、私がヨーロッパ一七世紀危機論の研究から感じ取っていた気候と文明の相関が、はるかに広い全人類学的パースペクティヴの下で展開されていることであった。しかもそれが森林破壊という環境問題とも深くかかわっている。これこそが私が探し求めていたものだと思った。気候と文明の相関こそ地理と歴史の統一的理解に欠かせないのではないか。それから安田氏の本を片っ端から読み、そうして出来上がったのが本書第二章の論文であることは、すでに「まえがき」に書いた。今思うと安田氏の本に出会わなければ、それを外山氏に紹介していただかなければ、とうてい本書は成り立たなかったであろう。お二人にどれほど感謝してよいのか、言葉が見つからない程である。もとより、書いたことの責任はすべて私にあることはいうまでもない。

ところで、安田氏は「環境考古学」というまったく新しい分野を創造された。そのひそみに倣って、私は、「環境世界史学」を提唱したいというのが本書出版のもう一つの動機でもある。

最後になったが、本書が出版されるにあたり、国書刊行会の奥山芳広氏には前書同様に大変お世話になった。ここに記して心より感謝申し上げる次第である。

以下に本書を構成している諸論文の初出を明らかにしておきたい。

初出一覧

第一章　「社会科教育の本質と創造性」……『皇学館大学教育学会年報』第一八号、一九九七年

第二章　「世界史教育における環境問題の取り扱い」……『皇学館大学紀要』第三四輯、一九九五年

補論一　「歴史理解を促す『発展』の扱い方」……『社会科教育』明治図書、№四八一号、一九九九年

第三章　「環境問題の文明史的考察」……『皇学館大学紀要』第三六輯、一九九七年

　補論二　「国際ボランティア認識上の問題点」……『ボランティアの育成及び活動手法の研究』三重県高等教育機関連絡会議、一九九七年

第四章　「ヨーロッパ一九世紀的知の再検討」

　一、「『発展』＝『進歩』＝『進化』概念の再検討」……『皇学館大学紀要』第三五輯、一九九六年

　二、「『個人主義』individualism の再検討」……『皇学館大学教育学会年報』第一九号、一九九八年

　三、「『時空』の再検討」……『皇学館大学教育学会年報』第二〇号、一九九九年

第五章　「日本史教育に環境問題を導入するために」……『皇学館大学紀要』第三七輯、一九九八年

第六章　「江戸と明治――断絶か連続か――」……『近現代史の授業改革　5』明治図書、一九九六年

第七章　「江戸時代のイメージ転換」……『近現代史の授業改革　9』、一九九八年

第八章　「江戸時代教育の問題点と展望」……『近現代史の授業改革　12』、一九九九年

　補論三　「『江戸時代像』教科書記述の見直し点」……『社会科教育』No.四六〇、一九九八年

第九章　「『坂の上の雲』もう一つの読み方」……『近現代史の授業改革　7』、一九九七年

著者紹介

深草　正博（ふかくさ　まさひろ）

1950年　名古屋市に生まれる
1974年　愛知教育大学（歴史教室）卒業
1977年　東京教育大学大学院文学研究科修士課程（西洋史学専攻）修了
愛知教育大学附属高等学校教諭・愛知教育大学兼任講師を経て、現在、皇学館大学文学部教育学科教授
著書
『初等・中等社会科教育』（共著、学術図書出版社、1990）
『現代社会科教育実践講座』（共著、第11巻、研秀出版社、1991）
『社会科教育の国際化課題』（単著、国書刊行会、1995）
『21世紀「社会科」への招待』（共著、学術図書出版社、2000）
『21世紀地球市民の育成』（共編、黎明書房、2001）など
論文
社会科教育関係の他、自己教育力やフランス近世史に関わる論文がある

環境世界史学序説

平成13年９月15日　印　刷
平成13年９月25日　発　行

ISBN4-336-03208-4

著作権者との
申合せにより
検　印　省　略

著　者　深　草　正　博

発行者　佐　藤　今　朝　夫

〒174-0056　東京都板橋区志村1-13-15

発行所　株式会社　国　書　刊　行　会

電話　03　5970（7421）代表　FAX　03（5970）7427

落丁本・乱丁本はお取替いたします。印刷・明和印刷（株）　製本・河上製本（株）